近代中日關係研究 第二輯 3

日本的作家與作品

塩田良平 編
陳鵬仁 譯

蘭臺出版社

目次

日本的作家與作品　8

森鷗外

【解説】

森《もり》鷗《おう》外《がい》の人と作品

文学博士　塩《しお》田《た》良《りよう》平《へい》

一、歴史小説《れきししようせつ》を書くまで

近代日本の生んだ優《すぐ》れた文学者と言えば、まず第一に鷗外森林太郎《おうがいもりりんたろう》を指すだろう。近代文学史をかざる文学者の中で、文豪《ぶんごう》と言われるような人は五指《し》にも満《み》たないが、鷗外はその少ない中の一人である。文豪とはたんなる天才的作家《てんさいてきさっか》を指《さ》すのではなく、その文学経歴《ぶんがくけいれき》が長いこと、一世を代表するような優《すぐ》れた作品をたくさん持っていること、そして作者自身が人間的にも偉大《いだい》であり、豊かな教養《きょうよう》と高い識見《しきけん》とを持っている人でなければならない。鷗外はそのいずれをも備《そな》えた人でまさに文豪という名にふさわしい。彼は文久《ぶんきゅう》二年（一八六二年）島根県津和野《しまねけんつわの》に生まれて、家は代々医者《いしゃ》であった。幼年時代から非常に俊才《しゅんさい》で明治七年十二歳の時東京医学校予科《とうきょういがっこうよか》に入学した。ほんとうは十四でなければ入学資格《にゅうがくしかく》がなかったのであるが、それだけの学力がじゅうぶん備《そな》わっていたので、彼はわざと戸籍《こせき》を二年先にさかのぼらせ万延元年《まんえんがんねん》生まれとして入学した。公《おおやけ》の履歴書《りれきしょ》に彼が二歳年上《としうえ》に

鷗外《おうがい》の生家《せいか》（島根県津和野町《しまねけんつわのまち》）

書かれているのはこのためである。今で言えば戸籍詐称《こせきさしょう》だが、当時は古い戸籍《こせき》は調べようがなかったからそれで通ったのである。彼はそのくらい英才であったのだ。明治十四年十九歳で東京大学医《とうきょうだいがくい》学部《がくぶ》を卒業し、軍医《ぐんい》となり、二十二歳の時軍医《ぐんい》学研究《がくけんきゅう》のためドイツ留学《りゅうがく》を命ぜられ、あしかけ五年の留学を終わって二十一年二十六歳で帰朝《きちょう》して陸軍軍医《りくぐんぐんい》学校《がっこう》の教官《きょうかん》となった。彼はドイツで専門《せんもん》の医学を勉強したばかりではなく、そのあいまに、文学《ぶんがく》、哲学《てつがく》、美《び》術《じゅつ》、演劇《えんげき》に親しんだので、そこで蓄積《ちくせき》された教養が帰朝後の彼の文学活動に大いに役立った。帰朝後まもなく読売新聞に翻訳《ほんやく》を載《の》せたが、鷗外の名が文壇《ぶんだん》に有名になったのは、雑誌「国民之友」に翻訳詩集《ほんやくししゅう》『於母影《おもかげ》』（明治二二年八月）を発表し、さらに翌年、『舞姫《まいひめ》』『うたかたの記』を発表してからである。後の二つは、翌二十四年一月発表された『文《ふみ》づかひ』とならんで浪漫的《ろうまんてき》な中編小説で、背景をドイツの三都市にとり、いずれも日本の青年を活躍《かつやく》させたもので、ことに『舞姫』は彼の青春記録をつづったものといわれる。『文づかひ』

明治21年　ベルリンで

を発表した明治二十四年は鷗外が文壇《ぶんだん》にめざましい活動をした時で、当時新しい文学界《ぶんがくかい》を支配していた坪内逍遙《つぼうちしょうよう》と　文学における理想《りそう》の問題について、逍遙はその主宰《しゅさい》する「早稲田文学」、鷗外はその主宰する「しがらみ草《そう》紙《し》」においてはなばなしい論戦《ろんせん》を展開《てんかい》した。そして鷗外はハルトマンの美学《びがく》を基礎《きそ》として論理を正確におし進《すす》め、相手を沈黙《ちんもく》させたので、批評家《ひひょうか》としての鷗外の名声《めいせい》もまたあがった。もちろん専門の医学においても研究を重ねこの年には医学博士《いがくはくし》となり、二十六年には軍医学校長となった。そして日清戦役《にっしんせんえき》には軍医部長《ぐんいぶちょう》として出征《しゅっせい》し、帰朝してから軍医学校長、さらに陸軍大《りくぐんだい》学教官《がくきょうかん》となり、二十九年一月からは雑誌「めざまし草」を創刊《そうかん》し、翻訳《ほんやく》、批評《ひひょう》、研究などに優《すぐ》れた業績《ぎょうせき》を示した。三十二年小倉《くら》の十二師団軍医部長《しだんぐんいぶちょう》となってから三十五年東京の第一師団軍医部長となるまでは、日本の文壇《ぶんだん》もだいたい沈滞期《ちんたいき》にあり鷗外もあまり文壇的活動を示さなかったが、それでも有名な『即興詩人《そっきょうしじん》』を発行したり、雑誌「万年艸《まんねんそう》」を創刊《そうかん》したりしたが、三十七年日露戦争がおこるや再《ふたた》び出征《しゅっせい》し、満州各地を転戦して、三十九年一月帰国、それから彼の文学活動は非常に活《かっ》発《ばつ》になった。当時四十五歳の壮年《そうねん》であった。彼の優《すぐ》れた歴史小説、現代小説は、だいたいこの明治《めいじ》末期から大正中期のあいだに発表されたもので、本書に収録《しゅうろく》された作品もこの活躍《かつやく》時代《じだい》に作られたものである。

以下その作品のあらましを発表年代順《はっぴょうねんだいじゅん》にしたがって説明しよう。

二、『鶏《にわとり》』、『蛇《へび》』

ドイツ留学時代《りゅうがくじだい》の鷗外《おうがい》（左端）

鷗外《おうがい》は明治四十二年一月雑誌「スバル」を創刊《そうかん》し、それに戯曲《ぎきょく》、小説などを載《の》せたが、この作品はその八月号に載《の》せられたものである。彼の小倉時代《こくらじだい》の生活を書いたもので、石田少佐《いしだしょうさ》は小倉師団《こくらしだん》に赴任《ふにん》したが、馬で司令部《しれいぶ》に通うので別当《べっとう》の虎吉《とらきち》をやとった。ある日昔の部下《ぶか》が、おんどりを一羽くれたので、石田はすぐめんどりを一羽買ってあてがうとこの虎吉がいっしょに飼《か》わせてほしいといって別のめんどりを買ってきた。そしてどのめんどりが卵を産《う》んでも自分の鶏《にわとり》が産んだのだと虎吉は言う。またそのうえ、月末に使った米の量《りょう》がばかに多いので女中《じょちゅう》に聞いてみると、虎吉が自分の米を石田の米びつにいっしょに入れておき、みそも醤油《しょうゆ》も漬物《つけもの》も石田家のものと全部同居だということである。石田はそれを聞いて今まであった米びつもその他の入れ物も、中身ごと全部鶏までもつけて虎吉《とらきち》にやるという筋《すじ》で、鷗外の小倉の生活ぶりがよくうかがわれるし、登場人物もくっきりと浮き上がり、鷗外の冷静《れいせい》な余裕《よゆう》のある態度《たいど》が事物の観察《かんさつ》を通してよくわかる作品である。

同じく小倉生活の断片《だんぺん》を写したものが『蛇《へび》』である。県庁《けんちょう》から宿として指定《してい》された穂積家《ほづみけ》で、客の理学博士《りがくはくし》がその家の妻の挙動《きょどう》が異常《いじょう》なのに注目《ちゅうもく》する。実は今の主人と結婚してから姑《しゅうとめ》と仲が悪く、たまたま姑が死んだ初七日《しょなぬか》の夜、妻が線香《せんこう》をあげに仏壇《ぶつだん》に近づくと、大きな蛇《へび》がとぐろをまいていたので、それ以来気が変になったのだが、その蛇は一度すてたがまたもや戻《もど》って今でもとぐろを巻《ま》いているというので、博士はその蛇をひくに入れて持ち去ることにし、あとは専門の医者に妻を見てもらうように注意して穂積家《ほづみけ》を去った。という筋《すじ》で、人間は放っておくと無知で困った存在であるが、それを人間らしくさせるのは理性の働きであると鷗外《おうがい》は言うのである。明治四十四年一月「中央公論」に発表されたものである。

三、歴《れき》史《し》小《しょう》説《せつ》

陸軍軍医学校長《りくぐんぐんいがつこうちよう》のころの鷗外《おうがい》

鷗外の現代小説には有名な『青年《せいねん》』とか『雁《がん》』とかがあるが、彼の作品でもっとも優《すぐ》れたものと言えば歴史小説である。歴史小説には、彼の言う「歴史離《ばな》れ」と、「歴史そのまま」という二つの型があり、前者は一応史実《しじつ》を借用するがその解釈《かいしゃく》は作者自身の主観《しゅかん》にまかせ、必ずしも精細《せいさい》な歴史《れきし》考証《こうしょう》をほどこさないという態度《たいど》で、後者は史実《しじつ》にあくまでも忠実で、できるだけ史的事《してきじ》実《じつ》を積み重ね、歴史時代という枠《わく》の中で人物を活動させ、作者自身の解釈を最少限《さいしょうげん》にとどめようとする態度である。鷗外は、このように自分の歴史小説を分けているが、実際は鷗外のような科学者《かがくしゃ》には、まったくの空想的歴史小説《くうそうてきれきししょうせつ》は書けないので、多くの場合両者を合わせたような作品になっている。陸軍《りくぐん》軍医総監《ぐんいそうかん》の最高職《さいこうしょく》にあり、政府の大官たちと交際《こうさい》の多かった鷗外には、現代小説を書いて自分の人間性を露骨《ろこつ》に表現したり、軍人としてあるいは役人として社会批判《ひはん》をそのまま発表することは、身分の上でもできなかった。したがって彼自身が現在持っている人生観《じんせいかん》や社会《しゃかい》観《かん》を発表して人間としての不満をもらすためには、やはり歴史上の過去の人物の心境《しんきょう》に托《たく》すよりほかはしようがない。その意味で彼の歴史小説は彼の人間観、社会観を示すとともに、ヒューマニストとしての鷗外の訴《うった》えを示したものであるから、彼の歴史小説は「歴史離れ」に近いわけであるが、鷗外自身の性格が非常にきちょうめんで客観主義的《かっかんしゅぎてき》であり、一つの事実を書くにも綿密《めんみつ》な調査《ちょうさ》を行なっているために、読者はいつのまにか歴史的世界の中に引きずり込《こ》まれ、人間がこういう環境《かんきょう》におかれたら、このように考え、行動するにちがいないと思いこむ。しかし実際はその人物が往々《おうおう》にして鷗外自身の分身であったりするのである。そして、この鷗外の歴史小説は在来の歴史小説よりもはるかにいきいきとしたものであったので、鷗外以降の歴史小説は、大なり小なり彼の影響《えいきょう》を受けて成長したと言ってよかろう。

四、『阿部一族《あべいちぞく》』

『阿部一族』は、大正二年一月「中央公論《ちゅうおうこうろん》」に発表されたものだが、この前年、すなわち明治四十五年に名天子《めいてんし》明治天皇がなくなられ、その後《あと》を慕《した》って乃木大将《のぎたいしょう》が殉死《じゅんし》した。鷗外はこれに感銘《かんめい》をうけて筆をとったものと言われる。つまり殉死《じゅんし》というものは場合によっては善《ぜん》とされあるいは不善《ふぜん》とされるが、その差異《さい》は人間感情や社会的習慣《しゅうかん》の差異からくると彼は説明するのである。この作品は簡潔《かんけつ》な文章でつづられ、鷗外の作の中でも傑作《けっさく》の一つと言われている。内容は肥後《ひご》の藩主細川忠利《はんしゅほそかわただとし》の死んだ時、幼少からつかえていた阿部弥一右衛門《あべやいちえもん》は当然殉死《じゅんし》するものと考えていたが、忠利は彼をきらってそれをゆるさなかった。しかし命を惜《お》しむものだという家中の非難《ひなん》を聞くとやりきれなくなり、主命《しゅめい》にそむいて追腹《おいばら》を切った。後を継《つ》いだ権兵衛《ごんべえ》は忠利の一周忌《いっしゅうき》の席で自《みずか》ら髻《もとどり》を切って覚悟《かくご》を示すが、それは主にたいするあてつけとみられ白昼《はくちゅう》しばり首にされた。そこで次男弥五兵衛《やごべえ》以下一族が屋敷《やしき》に立てこもり討手《うって》と戦って最後をとげたという筋《すじ》である。

五、『山椒大夫《さんしょうだゆう》』

大正四年一月の「中央公論」に発表された。山椒大夫《さんしょうだゆう》の伝説から取材した作品でもっとも多く人々に読まれているものである。陸奥掾正氏《むつのじょうまさうじ》の妻とその子安寿《あんじゅ》と厨子王《ずしおう》、それに乳母《うば》の四人は、筑紫《つくし》に行って帰らないあるじ正氏をたずねて旅に出たが、途中人買にあざむかれ、母と乳母は佐渡《さど》につれ去られ、幼い姉と弟は山椒大夫に売りわたされる。しかし、安寿《あんじゅ》は自分を犠牲《ぎせい》にして弟を逃《に》がし、厨《ず》子《し》王《おう》は都で関白師実《かんぱくもろざね》に見出《みいだ》され立身《りっしん》して丹後《たんご》の国守《こくしゅ》となる。そして任国《にんごく》で人身売買《じんしんばいばい》を禁じて奴隷《どれい》を解放し、さらに佐渡に出かけて母にめぐり会うという筋で、ここでは力のない人間、力を奪《うば》われた人間が力のある者にたいして苦しい戦《たたか》いをして打ち勝つというテーマをあつかっている。鷗外は幼い姉弟を通じて、人生に望みをすてず、どのような暗い現実でも人間が脱出《だっしゅつ》できない暗さはありえないとし、人生の光明面《こうみょうめん》を浮かびあがらせた作品である。ことに注目《ちゅうもく》すべきは姉の安寿《あんじゅ》で、彼女が運命

映画『山椒大夫《さんしようだゆう》』の一場面（大映作品）

の善意を信ずることはほとんど宗教的《しゅうきょうてき》な信仰《しんこう》にまで高められている。そのために弟が激励《げきれい》されて脱出《だっしゅつ》の決心をつけるという、姉の性格の強さは後の『最《さい》後《ご》の一句《いっく》』の少女「いち」と共通するものであるが、安寿《あんじゅ》の強さはいちのような人の心をつき刺《さ》すような強さではなく、もっと神々《こうごう》しい強さが示されている。結局ここではいかに苦しい現実でも信念《しんねん》をもてば生きぬくことができるということを作者が教えていると言ってよかろう。

六、『大塩平八郎《おおしおへいはちろう》』、『安井夫人《やすいふじん》』

『大塩平八郎《おおしおへいはちろう》』と『安井夫人《やすいふじん》』は大正三年一月「中央公論」、同四月「太陽」に載《の》ったものである。

大塩平八郎というのは天保《てんぽう》の飢饉《ききん》の際《さい》、庶民《しょみん》をそそのかして政府にたてついた謀反人《むほんにん》と江戸時代《えどじだい》では思われていた。鷗外は、なぜ大塩が立たざるをえなくなったか、その反抗《はんこう》の動機を当時の社会情勢《しゃかいじょうせい》を綿密《めんみつ》に調べあげて説明しているのであるが、結局《けっきょく》そういう正しい目的があっても、当時の政治情勢下《せいじじょうせいか》では成功することができなかったということを諄々《じゅんじゅん》と説くのである。鷗外の中にも大塩のような気持ちがあり大塩が理解されるだけに、彼の反乱《はんらん》の失敗を書きながら、彼の最後の心境を通して、人生とは結局《けっきょく》どういうものであるかということを示そうとしたのである。さて、この作が社会の不均衡《ふきんこう》を指摘《してき》した一種の社会小説であるのにたいし、不《ふ》均衡《きんこう》な人間から均整《きんせい》のとれた人間を見出そうとし、そこに優《すぐ》れた人間像《にんげんぞう》を求めたものが『安井夫人《やすいふじん》』である。片目で猿《さる》のような醜男《ぶおとこ》の安井仲平《やすいちゅうへい》と岡の小町《こまち》と評判《ひょうばん》された美人の佐代《さよ》との夫婦生活を書き、学問に努力する仲平に目をつけた佐代がなり振《ふ》りを忘れて夫を助ける。黙々《もくもく》として夫につかえ、少しもむくいを求めない優《すぐ》れた女性の姿がいきいきとして書かれている小説で、作者自身も仲平《ちゅうへい》夫婦の生き方に共感《きょうかん》を持っているために読んでなごやかな感じが与えられる。外形より心を信じあうということが、いかにりっぱな生き方であるかという教訓《きょうくん》も含まれている好短編である。

七、『最後《さいご》の一句《いっく》』

『安井夫人』が円満《えんまん》なできあがった女性を書いているのにたいし、この作の主人公は一つのことに自分を投げ出すほどの強い意志を持っているが、それがはげしすぎて人間的な均整《きんせい》がとれていない点を指摘《してき》した作品である。いちという十六歳の少女が死刑《しけい》にきまった父のために自分たち兄弟が殺されてもいいから父を助けてくれと奉行所《ぶぎょうしょ》に訴《うった》える。奉行はそれを聞いて子供たちの孝心を愛《め》でて父を助けることにするが最後に「そのかわりおまえたちはすぐ殺されるがそれでよいか。」と念《ねん》をおす。その時いちは「よろしゅうございます。お上のことにはまちがいはございますまいから。」と逆《ぎゃく》に念をおした。その態度《たいど》に奉行《ぶぎょう》は一種の空恐《そらおそ》ろしさを感じたという筋《すじ》で、けなげで愛すべき少女でありながら、なにか一点冷たいものを持ち、どこかに人間的な温かみの欠けているいちという少女の姿が鋭く見つめられている作品である。大正四年十月の「中央公論」に発表された。

八、『高瀬《たかせ》舟《ぶね》』

遠島《えんとう》の罪《つみ》を申し渡された者が高瀬舟に乗せられて大阪に送られる。ある時この高瀬舟に監視役《かんしやく》で乗った同心羽田庄兵衛《どうしんはねだしょうべえ》が不思議な罪人《ざいにん》を見つけた。弟殺しの罪に問われた喜助《きすけ》という男だが他の罪人とちがって晴れ晴れとした顔をしているのでなぜかと聞く。京では生活が苦しくてしかたがなかったのに島送りになって食べさせてもらえるばかりか二百文《ひゃくもん》の銭《かね》までいただいたのがうれしいのだと答える。それを聞いて庄兵衛《しょうべえ》は喜助《きすけ》の足《た》るを知る心に感心する。さらに弟殺しの事情《じじょう》を聞くと、病《やまい》のために兄にこのうえやっかいをかけまいとして弟がかみそりでのどを突《つ》いて自殺を企《くわだ》てたのを喜助《きすけ》が見つけたがもうおそかった。苦しいから早くかみそりをぬいてくれという弟の頼《たの》みで、彼がぬきとってやった現場を人に見とがめられて弟殺しの罪《つみ》を受けたのだと言う。庄兵衛《しょうべえ》にしてみれば喜助が弟を早く楽にしてやりたいためにかみそりをぬいてやったことがはたして罪なのであろうか疑問《ぎもん》であった。しかし自分より上の者の判断《はんだん》にしたがうよりほかはないと思ったが、それでもまだふに落ちなかったという筋《すじ》で、この小説には二つのテーマがある。つまり生きることの満足は自分自身に満足することにあるのだ、したがってどのようなみじめな状態《じょうたい》におかれても、理性《りせい》と感情との調和に安んじるものは満足で幸福なのだ。という考え方と、もう一つはこの安楽死《あんらくし》の問題を通じて善良《ぜんりょう》な意志《いし》でやったことでも法律《ほうりつ》にふれることがあるという矛盾《むじゅん》、つまり人間の作った法律は必ずしも最善《さいぜん》のものではないという考え方、これがこの作の大きな主題となっている。それはまた幕府時代《ばくふじだい》の法律ばかりではなく現代の法律にたいする抗議《こうぎ》ともうけとれるのである。この作は大正五年一月「中央公論」に発表されたものである。

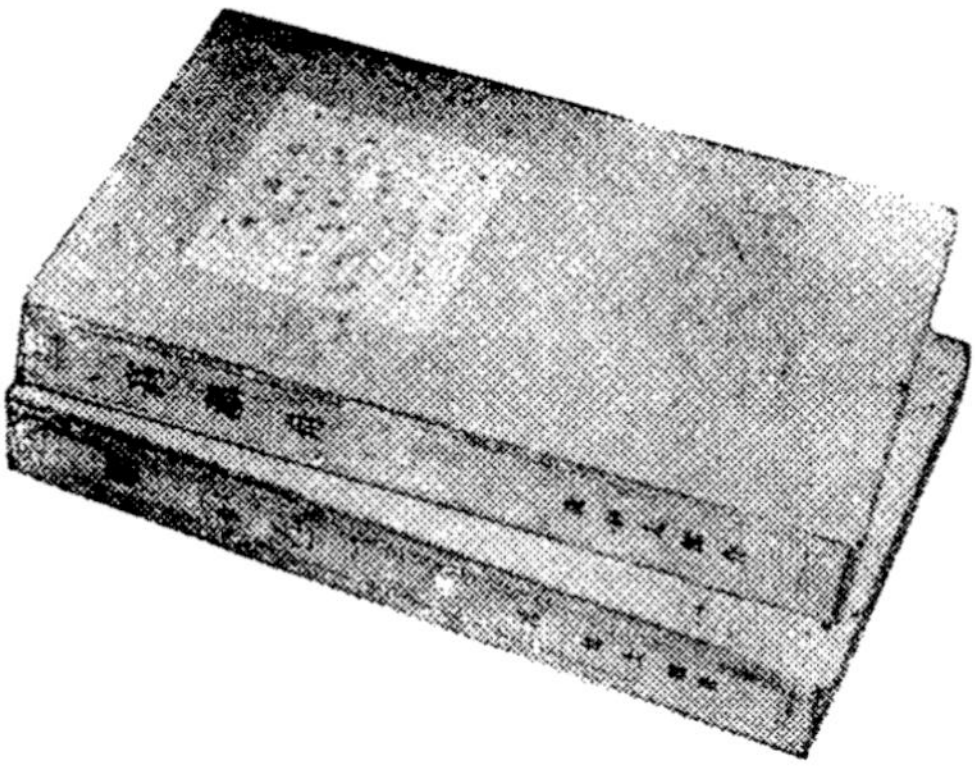

高瀬舟（春陽堂刊）と雁《がん》（籾山書店刊）

九、『寒山拾得《かんざんじっとく》』

高瀬舟における喜助の心境《しんきょう》は庄兵衛にとってはまだいろいろな疑問がのこるが、そういうなにかもたもたしたものを通りぬけて、さっぱりと澄《す》んだ心境を書いたものがこの作品である。唐《とう》の貞観《じょうがん》のころ、閭丘胤《りょきゅういん》という官吏《かんり》がいた。この閭丘胤が台州《たいしゅう》の主簿《しゅぼ》になり任地へ行こうとする時、はげしい頭痛《ずつう》を病《や》んだが、豊干《ぶかん》という男がまじないで即座《そくざ》に治《なお》してくれた。その時閭《りょ》が台州には会って為《ため》になるような人はいないかと豊干に聞くと、寒山《かんざん》と拾得《じっとく》であると答えた。さて台州についてこの二人に会ってみると、どちらもひどいいでたちで、かつ痩《や》せてみすぼらしい小男《こおとこ》であった。しかし閭《りょ》はうやうやしく二人に礼をして名乗《なの》りをあげると、二人は同時に閭を見て腹の底からこみあげてくるような笑い声を出したかと思うと立ちあがって逃《に》げてしまった。という筋《すじ》で大正五年一月「新小説」に発表されたものである。鷗外《おうがい》はここで、乞食《こじき》のままで文殊《もんじゅ》であり普賢《ふげん》である人間の高い境地を書こうとした。寒山《かんざん》も拾得《じっとく》も悟《さと》りをひらいた高僧《こうそう》だが、「世間人はこれを尊敬《そんけい》する時世間的な尊敬の方法しか知らない。閭は地位や権威《けんい》などの外観《がいかん》によって人を見ようとする。彼の二人にたいする尊敬《そんけい》の表現は台州《たいしゅう》の主簿《しゅぼ》としての威儀《いぎ》を正したのである。彼がしかつめらしく名乗《なの》る名誉《めいよ》や地位は無欲な二人の高僧《こうそう》にはおかしくてしようがない。つまり、そんなものにまどわされない二人を書くことによって、鷗外《おうがい》は自分のおよびもつかない高い人間像を見ようとしていたのである。『高瀬《たかせ》舟《ぶね》』と同時期のもので、この作品などはやや寓話《ぐうわ》めいて「歴史離れ」に近いものだが、鷗外の歴史小説はこのころから小説的構成をすてて学問的研究に近い考証《こうしょう》の綿密《めんみつ》な史伝ものに手をつけるようになった。

十、史《し》伝《でん》

陣中《じんちゅう》（満州奉天《まんしゅうほうてん》）の鷗外《おうがい》（明治38年）

彼は長い年代にまたがる陸軍生活《りくぐんせいかつ》をやめて大正五年四月予備役《よびえき》にはいった。自由に好きな読書や文献資料《ぶんけんしりょう》の読破に専念《せんねん》することができるようになったのである。かくして『渋江抽斎《しぶえちゅうさい》』（大正五年）『伊沢蘭軒《いざわらんけん》』（大正五～六年）『細木香以《ほそきこうい》』（大正六年）『北条霞亭《ほうじょうかてい》』（大正六年）等、輝《かがや》かしい長編が発表された。

これらは、文学ならぬ文学で、一見考証《こうしょう》に満ちた伝記ではあるが、そのなかには生きた真の人間像が精密《せいみつ》に浮き彫《ぼ》られていた。と同時にこの期《ご》になると彼は帝室博物館長《ていしつはくぶつかんちょう》、帝国美術院長《ていこくびじゅついんちょう》および臨時国語調査会長となり、芸術、学術その他諸文化《しょぶんか》に大きな貢献《こうけん》をするようになった。しかし、大正十年末より健康すぐれず大正十一年七月その長く輝かしい文化功績《ぶんかこうせき》を残して六十年の生涯《しょうがい》を閉じたのである。

≪解説おわり≫

森鷗外及其作品

陳鵬仁譯

森 鷗 外

1862-1922

撰寫歷史小說以前

如果有人問：近代日本所產生的卓越文學家是誰？首先，我將毫不躊躇地答說是鷗外森林太郎（譯註一）。在近代日本文學史上，堪稱爲文豪者實不出五個人，而鷗外就是其中的一位。所謂文豪，不但意味着他是個天才作家，而且他的文學經歷必須很長，擁有能代表一世的許多出色作品，作者本身是個偉大人物，並具備豐富的敎養和高超的見識。鷗外實具有這些條件而且名實相副的文豪。

鷗外於一八六二年，在島根縣津和野出生，其祖先代代業醫。他自幼就非常聰穎，一八七四年十二歲時進東京醫學校預科。該校的入學資格本爲十四歲，惟他這時已有足够的學力，所以他假報出生年月日，提早兩年入學。在正式的履歷表上，他比實際年齡要多兩歲，就是由於這種原因。這明明是虛報出生年月日，惟在當時無從査起，因此沒有發生問題。由此可見其爲英才的一斑。

一八八一年，鷗外以十九歲畢業東京大學醫學部，遂做軍醫。二十二歲時，被派往德國研究軍醫學，留德前後五年，二十六歲時回到日本，出任陸軍醫學校的敎官。在德國留學期間，他不僅研究其專門的醫學，並且對於文學、哲學、美學和戲劇也下過一番功夫，而爲回國後的文學創作打定了基礎。

回國後沒多久，鷗外曾有譯文發表於「讀賣新聞」，但使他成名文壇的還是在「國民之友」雜誌刊出翻譯詩集「背影」（一八八二年八月），和翌年刊登「舞姬」和「泡沫記」以後的事。後兩篇與下一年一月發表的「文使」同爲浪漫的中篇小說，以德國的三個都市爲背景，皆以日本青年爲主角，其中「舞姬」是他自己青春的紀錄。發表「文使」的一八九一年，鷗外在文壇非常活躍，這時他曾與支配着當日新文學界的坪內逍遙（譯註二），就文學的理想問題展開筆戰。這場筆戰的戰場是逍遙所主持的「早稻田文學」和鷗外所主辦的「柵草紙」（刊物名——譯者）。此時鷗外以哈爾特曼的美學爲其理論根據，而使對方啞口無言，作爲批評家之鷗外的聲望，由之更高了一層。

在另一方面，鷗外對於醫學的研究也有很大的成就，並於同一（一八九一）年獲得醫學博士學位，兩年後，更出任陸軍軍醫學校的校長。甲午戰爭時，他以軍醫部長的身份前往第一線，回國後又擔任陸軍軍醫學校校長和陸軍大學的敎官；一八九六年一月，創辦「醒草」雜誌，在翻譯、批評和研究方面留下輝煌的成績。

從一八九九年做小倉第十二師團軍醫部長，到一九〇二年出任東京第一師團軍醫部長的期間，日本文壇屬於沉滯時期，所以鷗外也沒有太多的文壇活動，但他却也出版過那著名的專書「卽興詩人」，和創辦「萬年草」雜誌。一九〇四年，俄日戰爭爆發，他又上戰場，輾轉於滿洲各地。一九〇六年一月回國。此後，他在文壇又開始活躍起來。是時他正當壯年（四十五歲）。他很出色的歷史小說和現代小說，大多發表於自明治末年到大正中期期間（亦即自俄日戰爭後到一九一八年左右——譯者），而本書所收的作品，也都撰寫於這個時代。

現在，我按照這些作品的發表年代順序來敘述。

「鷄」與「蛇」

鷗外於一九〇九年一月創辦「昴」雜誌，以刋登戲劇和小說，「鷄」這篇作品則刋載於「昴」八月號。它寫於小倉時代，主角石田少校赴任小倉師團後，因爲每天騎馬到司令部上班，所以另外雇用了馬夫虎吉。

有一天石田以前的部下送他一隻公鷄，爲了配搭，他遂買來了一隻母鷄，虎吉說希望一起養而也買了一隻母鷄來。每次母鷄下蛋，虎吉便說，這是他的母鷄下的。

到月底，米糧消耗得特別多，於是問下女爲什麼，下女答說，虎吉把他的米放進石田的米囤，味噌、醬油、醬瓜也都這樣做。石田這樣一聽，便把原來的米囤和其他容器加上鷄統統送給虎吉。透過這篇作品，我們能够了解鷗外在小倉的生活情形，故事中的人物也刻畫得淸淸楚楚，由此我們更可以看出鷗外冷靜而從容的態度。

同樣描寫小倉生活之片斷的就是「蛇」。在被縣政府指定爲宿處的穗積家，客人的理學博士感覺其住家妻子的舉動失常。穗積家的太太與其先生結婚後，一直跟婆婆處不好，婆婆死後第七天晚上，她到佛龕去燒香的時候，看見一條很大的蛇在那裏盤繞，因而神經突然變成不正常；這條蛇雖然曾經一度被丟在外頭，但又跑回來，仍然在盤繞，因此這位理學博士決定把這條蛇放在籠中帶走，並吩咐太太給專門的醫生看，而告別了穗積家。其情節如上，而根據鷗外的見解，人如果把他（她）擺在一邊不管，將是無知而束手無策的存在，所以要令他（她）像個人，唯有依靠理性的幫助。又，這篇作品發表於一九一一年一月號的「中央公論」。

歷史小說

鷗外的現代小說中，著名者有「青年」、「雁」等等，但就其整個作品來說，最出色的還是他的歷史小說。根據鷗外的說法，歷史小說有兩種型態：「離開歷史」與「歷史本身」。前者在原則上雖然也借用史實，但其解釋則一任作者爲之，他不一定去做精細的歷史考證；後者則完全忠於史實，盡量沿著歷史事實，在這個史實範圍內展開其情節，把作者本身的解釋降到最低限度。

鷗外雖然把他的歷史小說這樣分別，但科學家的鷗外在事實上不可能撰寫空想的歷史小說，因而大多變成摻雜兩者的作品。身居陸軍軍醫總監的最高位子，並與政府大員有許多交際的鷗外，着實不方便以現代小說很露骨地表達他的人性，和批評社會。所以，他也就祇有假托歷史上過去人物的心境，來發表他的人生觀和社會觀，以發洩他的不滿。

在這種意義上，鷗外的歷史小說無異是其人生觀和社會觀的流露，同時又是人本主義者鷗外的主張；因此他的歷史小說比較接近「離開歷史」型。加以鷗外的性格非常嚴謹而客觀，爲描寫一件事實，他都得要詳細調査清楚，所以讀者便會在不知不覺之中被引進歷史的世界，並會覺得一個人如果在這種環境之下，就會這樣思考和行動。不過在實際上，故事中的人物，往往是鷗外的化身。由於鷗外的歷史小說遠比以往的歷史小說生動而有力，因此鷗外以後的歷史小說，或多或少地都受着他的影響而成長。

「阿部一族」

「阿部一族」發表於一九一三年一月號的「中央公論」，前一年亦即一九一二年，明治天皇與世長辭，乃木（希典）大將跟着殉死。鷗外似爲此感動而執筆。他認爲，殉死有時候是善，有時候是不善，其差異實來自人世的感情和社會習慣的不同。這篇作品的文章非常簡潔，算是鷗外的傑作之一。它的故事是「肥後」（地名）的藩主細川忠利去世時，大家都以爲從小就服侍細川的阿部彌一右衞門一定會殉死，惟因細川不喜歡他，因而不許他這樣做。但他的家人却都責難他，說他怕死；受不了這種侮辱的他，終於違反其主子意思而自絕。繼承他的權兵衞，在細川一周忌席上，自剪其髮髻以表示覺悟，可是，他的行動却被解釋爲對其主子的諷刺而白晝被砍頭。於是次男彌五兵衞以下的一族，遂以其住宅爲據點，與來征討者作生死搏鬪，而統歸於盡。

「山椒大夫」

這篇作品發表於一九一五年一月號的「中央公論」。它取材於山椒大夫的傳說，而很受讀者的歡迎。陸奥（地名——譯者）椽（地方官名——譯者）正氏之妻與子女安壽、廚子王和乳母四人，為尋找一去築紫（今日的北九州——譯者）不返的正氏而出發，但在路上為人販子所騙，母親和乳母被帶到佐渡，年幼的姊姊和弟弟則被賣給山椒大夫。安壽犧牲她自己，讓其弟弟逃走，廚子王在京城受到關白（輔佐天皇的大臣，位在太政大臣之上——譯者）的賞識而出任丹後（今日的京都北部——譯者）的地方長官。他在任地禁止人身買賣，解放奴隸，並到佐渡去找到他的母親，這是這篇作品的梗概。

它以沒有力量的人，被奪去力量的人，對於有力量者的搏鬪，並終於獲得最後勝利為其主題。鷗外透過年幼的姊弟，呼籲人們不要對人生絕望，强調無論在任何黑暗社會，人都能夠贏得光明。尤其值得我們注意的是，姊姊的安壽相信命運的善意，幾乎達於宗教的信仰。由於姊姊堅强的性格，使她的弟弟決心逃脫，這跟鷗外日後的作品「最後一句話」裏頭的少女「依跡」（音譯）是相通的。但安壽的堅强，並不像依跡那種有如刺人的堅强，而是莊嚴的堅强。總之，鷗外所想告訴我們的是，不管在任何痛苦的現實，祇要有堅忍不拔的信念，人必定能夠生存下去。

「大鹽平八郎」與「安井夫人」

「大鹽平八郎」與「安井夫人」，分別刊登於一九一四年一月號的「中央公論」和同年四月號的「太陽」。

大鹽平八郎，在江戶時代，被以爲是在天保（一八三三—一八三六——譯者）饑饉之際，煽動老百姓反抗政府的造反者。鷗外曾就大鹽爲什麼非站出來不可，而詳細調查當時的社會情勢，以說明其反抗的動機，認爲就是目的正確，在當日的政治情勢之下還是不能成功。正因爲鷗外本身具有大鹽般的心情，並理解大鹽，所以他一方面寫大鹽叛亂的失敗，同時透過大鹽最後的心境，意圖說明人生究竟是什麼。如果「大鹽平八郎」是部指出社會之不均衡的社會小說：「安井夫人」便是想從不均衡的人羣中找出勻整的人亦卽理想中人的小說。「安井夫人」描繪獨眼、像猴子的醜人安井仲平與絕世美人佐代的夫婦生活，佐代看中努力於學問的仲平，而忘記她自己的美貌，一心一意幫助夫君。這是一部刻畫默默爲丈夫，一點也不求報應之傑出女性的動人小說，作者本身對於仲平夫婦的生活很有同感，因此讀來令人心平氣和。它告訴我們：外表不足重視，互信纔是最高的人生。

「最後一句話」

相對於「安井夫人」描繪圓滿而能幹的女性，「最後一句話」是描寫爲某件事她能不顧一切，惟其意志過於堅强，而失去勻整人象的小說。名叫依跡的十六歲少女，爲將被處死刑的父親，向有關機關陳情說，她們兄妹願以一死，以爲其父請命。法官嘉許兒女們的孝心，決定赦免她們的父親，但最後詢問她們一句話說：「妳們將被殺頭，有沒有異議？」對此，依跡反而叮囑「沒有異議，因爲法官所做的事是不會錯的」。法官對於依跡的這種態度，覺得非常恐怖。總之這篇作品所要刻畫的是，勤懇而可愛，但却缺欠人情味之少女的形象。又，它發表於一九一五年十月號的「中央公論」。

「高瀨船」

被判決送往遠島之罪的，要押上高瀨船送到大阪。有一次，在高瀨船上擔任監視的公安人員羽田庄兵衞發現了一個很奇怪的罪犯。這個被認爲殺死其弟的名叫喜助的人，跟其他的罪人完全不同，非常心情愉快的樣子。庄兵衞問其究竟，喜助答說，在京城苦得要命的他，現在將被送去遠島，不但有飯吃，而且還領了二百文的錢（即兩毛錢），所以很高興。庄兵衞很佩服喜助的知足之心。庄兵衞又問喜助爲什麼殺其弟弟，喜助答道，他的弟弟病久，覺得不能再拖累哥哥，便以剃頭刀割喉嚨，想自殺，這時喜助趕到，其弟弟感覺太痛，要他把剃頭刀拔掉，喜助正在替他弟弟拔剃頭刀時給人家看到，而被認爲他殺了弟弟。庄兵衞認爲，喜助爲幫助其弟弟而拔掉剃頭刀不應該有罪；雖然他的上司下了這樣的判斷，但庄兵衞還是不服氣。

這部小說有兩個主題。一個是，一個人對於自己生活的滿足，完全在於他是否能滿足於他自己；換句話說，不管在怎樣悲慘環境，祇要他能安於理性和感情的調和，他便會覺得滿足和幸福。另外一個是，就是善意而行的，也可能會犯罪這個矛盾，亦卽人所制訂的法律未必盡善這個主題。這也可以視爲對於幕府時代的法律和現行法律的抗議。「高瀨船」刋登於一九一六年一月號的「中央公論」。

「寒山拾得」

如上所述，「高瀨船」描寫庄兵衞對於喜助心境的種種疑問；反此「寒山拾得」則刻畫光明磊落之心境的作品。唐朝貞觀時代，有個名叫閭丘胤的官吏。當閭丘胤要到台州就任主簿的時候，忽然頭痛得很厲害，一個名爲豐干者，念些符咒卽時把他醫好。於閭丘胤問豐干他到台州後有沒有能助他的人，豐干答說是寒山和拾得。

閭丘胤抵達台州後與寒山、拾得見面，但這兩個人的衣着却都很差，長得旣瘦又小，毫無份量。閭丘胤對他倆仍然恭恭敬敬地行個禮自報名字，可是他倆見到閭丘胤這樣却同時洪聲大笑而站起來跑掉了。以上是這部小說的情節，它發表於一九一六年一月的「新小說」。

在這裏，鷗外想描繪的是，乞丐的文殊和普賢這種人的最高境地。寒山和拾得都是悟道的高僧，普通人尊敬他們時，用的祇是普通的方法。但閭丘胤却要以地位、權力等這種外表的東西來看人。他對寒山和拾得用於表達敬意的是，其做爲台州主簿的正襟危坐。因此，眼看這樣一副認眞自報其地位和榮譽的閭丘胤，對於無慾的這兩位高僧來講，簡直是滑稽到極點。

換句話說，透過描繪不爲任何事體所惑的兩個人，鷗外揭櫫其所不及的更高理想的人像。「寒山拾得」和「高瀨船」都是同一個時期的作品，而前者則有些近乎寓言亦即「離開歷史」；但鷗外的歷史小說，從這個時候開始，便捨棄小說的構成，而着手於近似學問之硏究的細密考證的史傳。

「史　傳」

鷗外於一九一六年四月，結束其長年的陸軍軍人生活，而被列爲預備役。至此，他始得自由閱讀自己喜歡的書刋，專心硏讀文獻和資料。由此他發表了「澁江抽齋」（一九一六年）、「伊澤蘭軒」（一九一六—一七年）、「細木香以」（一九一七年）、「北條霞亭」（同前）等燦爛的長篇小說。

這些雖然都是非文學的文學，充滿考證的傳記，但對於活生生的人却都有很精細的刻畫。與此同時，這時候鷗外出任帝室博物館長、 帝國美術院長和臨時國語調查會會長， 對於日本的藝術、學術、文化有過很大的貢獻。惟迨至一九二一年年底，因爲健康大損，翌年七月，遂與世長

辭，享年六十。（譯註三）

（譯註一）森鷗外，原名林太郎，別號觀潮樓主人、千朶山房主人、鷗外漁史、侗然居士、牽舟居士、小林紺珠、鐘禮舍、歸休庵、隱流、妄人等等。他是小說家、劇作家、翻譯家、評論家和軍醫，擁有醫學博士和文學博士學位。

（譯註二）坪內逍遙（一八五九——一九三五），原名勇藏，後來改爲雄藏（勇藏與雄藏在日語是同音）。小說家、評論家、戲評家、劇作家、英國文學家、翻譯家、教育家、岐阜縣人，東京大學畢業，被公認爲日本近代文學的創建人之一。

（譯註三）本文作者鹽田良平，曾任東京立教大學教授，文學博士，對於明治文學的研究很有貢獻；本文譯自森鷗外著「山椒大夫、高瀨船」一書的「解說」。

（原載一九八二年三月十三日「中華日報」）

志賀直哉

【解説】

志《し》賀《が》直《なお》哉《や》の人と作品

成城大学教授　高《たか》田《だ》瑞《みず》穂《ほ》

一、はじめに

志賀直哉《しがなおや》は、現在《げんざい》（昭和四十六年）、数《かぞ》え年八十九歳《さい》で、元気よく生き続けています。ほんとうに健康な人です。

志賀直哉の文学も、健康な文学です。直哉の作品が、今日《こんにち》もなお多くの読者に興味《きょうみ》と感動《かんどう》を与えるのは、そのためです。今日の日本の社会は、残念《ざんねん》ながら健康であるとは言いきれません。いろいろの不《ふ》健全《けんぜん》な問題が起こり続けています。そういう不健康な社会に生きるものに、何よりも必要《ひつよう》なものは、健康な肉体《にくたい》と心です。直哉の文学は、その点でかけがえのない価値《かち》を持っています。いつでも、読者の心に健康な息吹《いぶ》きを通わせてくれるのが直哉の文学です。

特に、年若《としわか》い人々にぜひ読んでもらいたいものの一つは、志賀直哉の文学です。

二、作家としての歩み

志賀直哉が、作家《さっか》として世に認《みと》められたのは、明治四十五年九月、雑誌《ざっし》「中央公論《ちゅうおうこうろん》」に『大津順吉《おおつじゅんきち》』を発表したことをきっかけとしてでした。その時から数えますと、直哉の作家生活《さっかせいかつ》は五十五年も続いたということになります。しかし、『大津順吉《おおつじゅんきち》』は、直哉の最初《さいしょ》の作品ではありません。最初の作品と考えていいものは『菜《な》の花《はな》と小娘《こむすめ》』です。この作品は、明治三十七年、学習院高等科《がくしゅういんこうとうか》の二年生の時に書かれたものです。数え年二十二歳の直哉は、この頃から小説家《しょうせつか》になろうと考えはじめたのでした。その明治三十七年から数えますと、直哉《なおや》の作家生活は、じつに六十三年におよぶということになります。そういう長い作家生活のうちには、いろいろなことが起こり、さまざまな変化《へんか》が生《しょう》じました。日本も変わりました。直哉も年をとってゆきました。いま、直哉の作家生活を、便宜上《べんぎじょう》いくつかに区分《くぶん》して考えることにしますと、だいたいつぎのような、四つの時期《じき》に分けて考えることができると思います。

第一期は、同人雑誌《どうじんざっし》「白樺《しらかば》」の創刊《そうかん》された明治四十三年から大正三年まで。この約五年間は、直哉が自分《じぶん》を見つめ、作家としての方向《ほうこう》を定《さだ》め、作家としての方法を確立《かくりつ》した時期《じき》です。この時期を代表する作品には、『大津順吉』『クローディアスの日記《にっき》』『清兵衛《せいべえ》と瓢箪《ひょうたん》』『范《はん》の犯罪《はんざい》』『児《こ》を盗《ぬす》む話《はなし》』などがあります。

第二期は、大正三年から約三年間続いた最初《さいしょ》の空白期《くうはくき》をへだてて、大正六年から昭和三年あたりまで。この約十二年間は、作家《さっか》直哉《なおや》の成熟期《せいじゅくき》で、直哉の文学を代表する重要《じゅうよう》な作品がつぎからつぎに書き続けられた時期でした。『城《き》の崎《さき》にて』『和解《わかい》』『小僧《こぞう》の神様《かみさま》』『焚火《たきび》』『濠端《ほりばた》の住《す》まい』『山《やま》科《しな》の記憶《きおく》』『邦子《くにこ》』などが、この期を代表する作品ですが、それらの全部につりあうほどの意味を持った、直哉のたった一つの長編『暗夜《あんや》行《こう》路《ろ》』の大部分が書かれたのもこの時期《じき》です。

第三期は、昭和四年から約五年間におよぶ第二の空白期をへだてて、昭和八年から第二次大戦の終わった昭和二十年まで。この時期の直哉

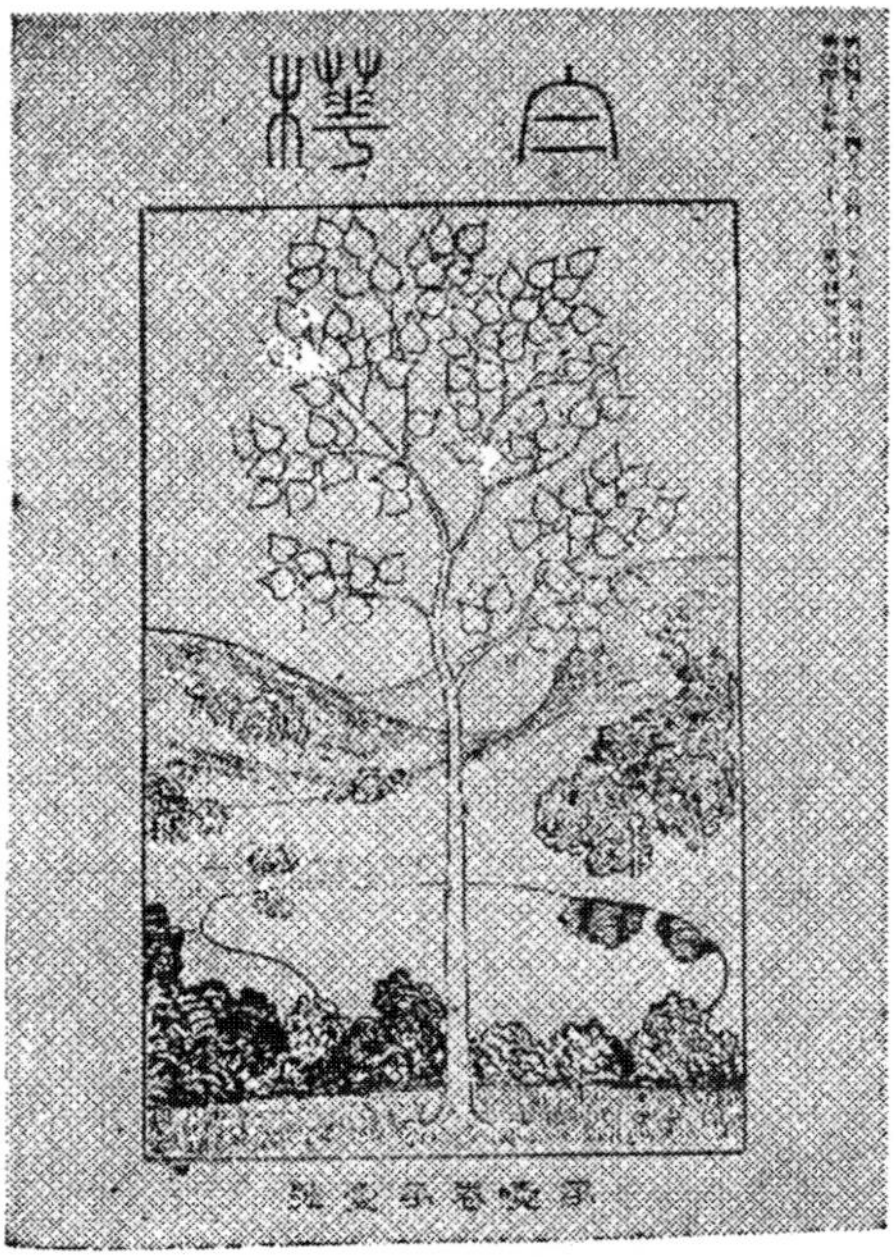

「白樺」創刊号の表紙

結婚《けっこん》したころの著者夫妻《ちょしゃふさい》（大正４年）

は、もう人生《じんせい》の戦《たたか》いをいちおう終わって、静かに物事《ものごと》をながめる、よゆうを持った人でした。第二期にくらべて作品の数も少なくなりました。『万暦赤絵《まんれきあかえ》』『日曜日《にちようび》』『早春《そうしゅん》の旅《たび》』などと、『暗夜行路』の最後の部分が書かれたこととが、この時期《じき》の性格《せいかく》を物語っています。

第四期は、戦後《せんご》から今日《こんにち》まで。『灰色《はいいろ》の月《つき》』『蝕《むしば》まれた友情《ゆうじょう》』『山鳩《やまばと》』『朝顔《あさがお》』『白《しろ》い線《せん》』などが書かれましたが、すでに直哉は、文壇《ぶんだん》からは離《はな》れた、歴史の中の人でした。

これら四つの時期のそれぞれの性格《せいかく》、それがどんなふうに作品に影《かげ》を落としているかは、後《のち》にその大体《だいたい》を記《しる》しますが、ここで、まず言っておきたいことは、直哉の作家的生涯《さっかてきしょうがい》の移り変わりが、きわめて自然《しぜん》な経路《けいろ》を示《しめ》していたということです。第一期の直哉は「戦う人」でした。それが第二期では「和解《わかい》する人」となり、さらに第三期では、物事《ものごと》を静かに「ながめる人」でした。第四期の直哉は、もう老人《ろうじん》にふさわしくいろいろな昔の出来事を「回想《かいそう》する人」でした。

こういう経路《けいろ》そのものが、まことに健康でした。

三、第一期「戦う人」

ここでは、直哉における四つの時期のそれぞれの性格と、その時期の作品の特徴《とくちょう》とについてそのだいたいを記《しる》すことにします。

第一期は、直哉の二十八歳から三十二歳にわたる青春期《せいしゅんき》に相当《そうとう》します。青春期と呼ぶには少し年がゆきすぎているようですが、そのことについては、直哉自身が、『創作余談《そうさくよだん》』の中で「今から思えば遅れていたものだ。」と言っています。直哉のこの第一の時期を特徴づけるものは、何よりも直哉と父直温《なおはる》との対立《たいりつ》でした。作家になろうとして大学を中途《ちゅうと》で退学《たいがく》してしまった直哉と、作家などというものを認《みと》めない、勤勉《きんべん》な実業家《じつぎょうか》であったその父との不和《ふわ》は、直哉の十代の終わりごろからしだいに目立《めだ》ち、『和解《わかい》』の書かれた大正六年まで続きました。大正六年には、直哉は三十五歳でした。そうしますと、直哉と父との対立は、前後《ぜんご》十七年におよんだことになります。

父と子の対立ということは、決して日本に限《かぎ》ったことでもなければ、近代《きんだい》に限ったことでもありません。しかし、直哉のように徹底的《てっていてき》に父に反抗《はんこう》し、一歩もゆずらなかった結果《けっか》、美しい和解《わかい》をとげたという場合《ばあい》は、珍《めずら》しいケースでした。それは、志賀家《しがけ》の父と子は、ものの考え方ははっきり違っていましたが、自分に忠実《ちゅうじつ》であった点は、よく似《に》ていたところから生《しょう》じたことでした。自分で正しいと信じたことについては、だれが何といおうと一歩も退《ひ》かない、おたがいにそう言いあったのですから、対立《たいりつ》は直哉が年をとるにつれて、しだいに激《はげ》しくなってゆきました。しかし、父も子も両方ともに正直《しょうじき》でありまじめであり、自分に忠実《ちゅうじつ》であったというところに、この父と子の和解の糸口《いとぐち》もあったのです。第一期の直哉は、こういう父との対立を、戦うことのうちから、作家としての自分を確立《かくりつ》していったのでした。当時《とうじ》の直哉にとって、小説《しょうせつ》を書くことそのことが、父に対する反抗だったのです。だから、第一期の作品の多くは、青年直哉の反抗精神《はんこうせいしん》が生み出したものでした。『大津順吉《おおつじゅんきち》』『清兵衛《せいべえ》と瓢箪《ひょうたん》』『児《こ》を盗《ぬす》む話《けなし》』などは、そういう第一期の性格をはっきり示《しめ》していました。

しかし、ここでもう一つどうしても言っておかなくてはならないことは、そういう父への激《はげ》しい怒《いか》りをくりかえしながらも、青年直哉は決して、自分の怒りに負《ま》けて、自分の人格《じんかく》を見失ってしまうことがなかったということです。対立には勝たなくてはならない、しかし不正《ふせい》なことはいっさいしたくないという気持ちは、わかりやすくいうと、スポーツマンシップに似《に》ています。だからこそ、第一期の作品が、作家としての道をうち立てることに役立ったのでした。そういう態度を直哉にとらせたことには、いろいろな理由が考えられます。十八の時から約七年間教えを受けた内村鑑三《うちむらかんぞう》の影響は、特《とく》に有力《ゆうりょく》なものだったにちがいありません。しかし、そういう外の力以上に、直哉を内から動かした力があったはずです。それがつまり直哉の健康さなのですが、それを作家としての直哉の個性《こせい》という立場《たちば》から言いなおすと、直哉の目の澄明《ちょうめい》さということになるにちがいありません。作家直哉は、どんなときにも、対象《たいしょう》を正確《せいかく》に見ることのできる肉眼《にくがん》の持ち主でした。たとえどんなに憎《にく》らしい人間の顔でも、それが立派《りっぱ》であれば、直哉の目ははっきり立派と見るのです。感情《かんじょう》におぼれて、自分勝手《じぶんかって》に対象《たいしょう》をまげて見ることを許さない、そういう目が直哉を作家にしたのでした。そしてそのことは、正直であること、自分をいつわらぬことと一つにとけあっていました。『網走《あばしり》まで』にすでにそういうよく澄《す》んだ目が輝《かがや》いていました。直哉のリアリズムがそこに生まれました。

四、第一期の作品

ここでは、第一期の作品から、つぎの七つを選びました。年若い読者には、この期の作品が特に興味深《きょうみぶか》いだろうと考えたからです。その一つ一つについて簡単《かんたん》に、注目《ちゅうもく》すべき点を示《しめ》しておきます。

『菜の花と小娘』は、直哉の最初に書いた作品です。明治三十七年、二十二歳の時に書かれたものですが、発表されたのはずっと後《あと》で、大正九年一月の童話《どうわ》雑誌《ざっし》「金《きん》の船《ふね》」に掲《かか》げられました。むろん習作《しゅうさく》といっていいものですが、そこに早くも、直哉の文学を考えるうえに忘れてならない二つのものが感じられます。一つは、自分を生かそうとする熱情《ねつじょう》、もう一つは澄《す》んだ目です。ことばをかえていうと、自我主義《じがしゅぎ》とリアリズムです。自分を生かそうという願いは、この作品では、「小さい菜の花」の「淋《さび》しいわ。」といううったえと、そのうったえを胸にしっかりと受け止めて、流れの中に菜の花を浮かべ、自分も一緒《いっしょ》に村までつきそってやる「小娘」との美しい結びつきによって暗示《あんじ》されています。そして、直哉の澄《す》んだ目は、自然に、正確《せいかく》で美しい表現《ひょうげん》を生んでいます。つぎ

『菜《な》の花《はね》と小娘《こむすめ》』のさし絵

（石井鶴三筆，昭和29年中央公論社版）

のようにです。

「『あつい手で持たれると、首がだるくなってしかたがないわ、まっすぐにしていられなくなるわ。』といって、うなだれた首を小娘の歩調《ほちょう》に合わせ、力なく振っていました。」

『網走《あばしり》まで』は、直哉が、学習院《がくしゅういん》の友だちの武者小路《むしゃこうじ》実篤《さねあつ》や有島武郎《ありしまたけお》などとはじめた同人雑誌《どうじんざっし》『白樺《しらかば》』の創刊号《そうかんごう》に掲《かか》げられた作品です。ここでは、特に直哉のリアリズムの芽生《めば》えを見てください。

『母の死と新しい母』は、明治四十五年二月、雑誌「ざむぼあ」に発表された作品で、書かれていることは、事《じ》実《じつ》そのままです。母銀《ぎん》の死んだのは、直哉の十三歳の時でした。この作品で特に見てほしいことは、直哉の、感《かん》情《じょう》におぼれない強さです。

『大津順吉』は、四十五年九月「中央公論」に発表《はっぴょう》された直哉の出世作《しゅっせさく》です。書かれている事実《じじつ》も、ほんとうにあったことです。『戦う人』直哉が、直哉自身の筆《ふで》で生き生きと描《えが》き出されています。特に注目《ちゅうもく》してほしい点は、終わりに近い「こんなやけらしいようすもしまいと思えばすぐよせる、しかしそれを厭《おさ》えたって偉《えら》くもない。」という「私」のことばです。

『清兵衛《せいべえ》と瓢箪《ひょうたん》』は大正二年の元旦《がんたん》の「読《よみ》売新聞《うりしんぶん》」に掲《かか》げられたものです。清兵衛《せいべえ》の「こういうがええんじゃ。」ということばに、目を注《そそ》いでください。清兵衛は、新しい、自然《しぜん》な形に美を見出《みいだ》していたのです。

直哉は単《たん》に「戦う人」であるだけでなく「美」を喜ぶ人でもあったのです。

『出来事』は大正二年九月、『児《こ》を盗《ぬす》む話《はなし》』は三年四月、ともに『白樺』に発表された作品ですが、後者が、直哉の尾道生活《おのみちせいかつ》の中から生まれた作品であることを言うに止《とど》めます。

五、第二期「和解《わかい》する人」

第一期から第二期への移《うつ》り行《ゆ》きは、反抗《はんこう》から調和《ちょうわ》へ、でした。意地《いじ》を張《は》り、自分を通そうとして人との間に対《たい》立《りつ》や不和《ふわ》を生《しょう》じ、ひいては悲劇《ひげき》を引きおこすよりは、相手《あいて》を理解《りかい》し、相手をいたわり、相互《そうご》の調和《ちょうわ》を考えるほうが、人間としてはるかに意味《いみ》のある生き方ではないか。このことに気づき、このことを実行《じっこう》したところに、第二期の直哉の特徴《とくちょう》がありました。そういう移り行きを一番はっきり告《つ》げているのが『和解』でした。直哉はすでに青春《せいしゅん》の時を過《す》ぎて、はっきり大人《おとな》でした。しかも今や、文壇《ぶんだん》の中心《ちゅうしん》に立つ作家の一人でした。

六、第二期の作品

ここでは、この期の数々《かずかず》の作品から、特に五編を選びました。いずれも、直哉の代表作といっていいものです。

『城《き》の崎《さき》にて』は大正六年五月「白樺」にのった作品です。直哉の澄《す》んだ目と澄んだ表現《ひょうげん》の見本《みほん》です。

『和解《わかい》』は六年十月「黒潮《こくちょう》」という雑誌《ざっし》に掲《かか》げられた作品です。長年にわたった父との対立が、自然《しぜん》に「和解」するに到《いた》る事実《じじつ》を、正確《せいかく》に書いた作品です。先にもふれましたのでここでは、第二章に出てくる「自分は自分の仕事のうえで父に私怨《しえん》を晴らすようなことはしたくない。」ということばを挙《あ》げるに止《とど》めます。

『小僧《こぞう》の神様《かみさま》』は大正九年一月「白樺」に掲げられた作品で、短編小説としてみごとな完成《かんせい》を示《しめ》しています。直哉はやがて、文壇《ぶんだん》における「小説の神様」と呼ばれるほどになってゆきました。

『焚火《たきび》』は、はじめ『山の生活にて』と題して大正九年四月の雑誌「改造《かいぞう》」に発表された作品です。『濠端《ほりばた》の住《す》まい』は大正十四年一月雑誌《ざっし》「不二《ふじ》」に掲《かか》げられた作品です。

『焚火』には赤城山《あかぎさん》での生活が、『濠端の住まい』には松江《まつえ》での生活が描かれています。『焚火』の中の「Kさんとおかあさん」の姿や『濠端の住まい』の殺される「猫」の鳴き声は、ふしぎな力をもって読者に迫《せま》ります。

七、第三期「ながめる人」とその作品

第三期は、要《よう》するに、第一期から第二期への移り行きを、そのまま自然におし進めたところに生まれた時期《じき》です。「ながめる」と言ったのは、すでに「戦う人」であるよりは、人生《じんせい》の戦いを、静かに、ありのままにながめるおちついた態度《たいど》をさしたのです。文壇《ぶんだん》はちょうどプロレタリア文学の全盛期《ぜんせいき》から、転向《てんこう》の文学の時をへて、戦《せん》時下《じか》の文学という特殊《とくしゅ》な状態《じょうたい》に落ちこんで行く、そういう時期でした。直哉はそういう文壇そのものをも、「ながめる人」だったのです。『万暦赤絵《まんれきあかえ》』『日曜日《にちようび》』『早春《そうしゅん》の旅《たび》』などのうち、『日曜日』は、ここにも取りたかったものの一つです。しかしそのよゆうがありませんでした。

八、第四期「回想《かいそう》する人」

終戦《しゅうせん》の年昭和二十年には、直哉はもう六十三歳になっていました。日本は、この年を境《さかい》に、明治以来《いらい》の日本と違った、新しい道をたどりはじめます。明治、大正、昭和と生き続けた直哉の心に、さまざまな感慨《かんがい》のわいたのも当然《とうぜん》でした。そしてそれが、主《しゅ》として、昔のこと、過ぎ去った出来事《できごと》への「回想」であったとしても、そこには何のふしぎもないはずです。それで「回想する人」と言ったのです。しかしその「回想」の表現は、やはりすぐれた正確《せいかく》さと美しさとを示《しめ》していました。直哉の目は、老眼鏡《ろうがんきょう》はかけていたにしても、物事《ものごと》のほんとうの姿《すがた》を見ぬく力を失《うしな》いませんでした。

九、第四期の作品

後列左端直哉（明治40年3月）

『灰色《はいいろ》の月《つき》』は、昭和二十一年一月、雑誌「世界」の創刊号《そうかんごう》をかざった作品です。戦後《せんご》の日本が、自分の生命《せいめい》すら「どうでも、かまわねえや。」とつぶやく少年工の姿を通して、はっきり描《えが》き出されています。ごく小さな一情景《じょうけい》が、そのまま戦《せん》後《ご》日本の荒廃《こうはい》という現実《げんじつ》を暗示《あんじ》する力を持つということは、容易《ようい》ならぬ表現力《ひょうげんりょく》といわなくてはなりません。

『白い線』は、昭和三十一年三月の「世界」に発表された作品です。この期には、『蝕《むしば》まれた友情《ゆうじょう》』『奇人脱哉《きじんだっさい》』『祖《そ》父《ふ》』など、回想《かいそう》による作品が多く書かれていますが、これもその一つです。二十九歳の時に書いた『母の死と新しい母』を、七十四歳になってふりかえって、「ほんとうのことがよくわからずに小説にしているということをはっきり感じた」直哉が、母の死をめぐる「ほんとうのこと」を示《しめ》した作品がこれです。そこには、「今でもはっきり憶《おも》い出《だ》せるのは母の足のふくらはぎに白い太い線のあったこと」などが記《しる》されています。『白い線』とは、母の死後五十二年をへて、直哉の心になお生き続けている、生きた母の肉体《にくたい》の線だったのです。

《解説おわり》

志賀直哉及其作品

陳鵬仁譯

志賀直哉

1883-1971

一

志賀直哉現在（一九七一年）已經八十九歲了，但還是很健康。志賀直哉的文學，是很健康的文學。直哉作品之所以在今日仍能予許多讀者以興趣和感動，其理由在此。今日日本的社會，無論如何不能說是很健康的社會，因爲她繼續不斷地產生着各種各樣的不健全的問題。想在這樣不健康的社會裏生存，最需要的是健康的身體和精神。在這一點，我深信直哉的文學具有不可磨滅的價值。它將予讀者的心靈以健康的新鮮空氣。因此我尤其要向年輕的一代，推薦志賀直哉的文學。

二

志賀直哉於一九一二年九月，在「中央公論」發表「大津順吉」而建立了他作爲作家的地位。從那時候算起，到現在，直哉已經過了五十五年的作家生活。不過，「大津順吉」並非直哉最早的作品。他的最早作品應該算是「青菜花與小姑娘」。這篇作品寫於一九〇四年，他在學習院高等科二年級的時候。二十二歲的直哉，從這時就開始立志要做小說家。如果從一九〇四年算起，直哉的作家生活，竟達六十三之久。在這長久的作家生活期間，曾經有過許許多多的事情和變化。日本也變了。直哉也老了。現在，我想把直哉的作家生活，暫時分成四個階段來敘述。

第一個時期是自創辦同人雜誌「白樺」的一九一〇年到一九一四年。這大約五年是直哉反省自己，確定作爲作家的方向，和確立作爲作家之方法的時期。而代表這個時期的作品是「大津順吉」、「克羅廸亞斯的日記」、「清兵衞與葫蘆」和「偷小孩的故事」等等。

第二個時期是經過自一九一四年以後三年左右的第一個空白的一九一七年到一九二八年。這大約十二年，是作家直哉的成熟時期，而代表直哉文學的重要作品開始產生於此時，「在城崎」、「和解」、「學徒的神」、「灶火」、「濠邊的住家」、「山科的回憶」、「邦子」等便是；又跟這些作品對稱的，直哉的唯一長篇小說「暗夜行路」也是寫於這個時期。

第三時期是相隔自一九二九年以後五年左右的第二個空白的一九三三年到一九四五年。這個時期是，直哉完成了人生的戰鬪，並能冷靜觀察事物，比諸第二時期，作品也減少了。寫了「萬曆赤繪」、「星期日」、「早春的旅行」等和「暗夜行路」的最後部份，說明了這個時期的性格。

第四個時期是戰後到現在。在這個時期，他寫了「灰色的月亮」、「被侵蝕的友情」、「山鳩」、「牽牛花」、「白線」等等，但這時，他已經是離開文壇的歷史中人物。

關於這四個時期的各種性格，以及它們對於作品的影響，下面我將另行簡述，現在我所要說的是，直哉的作家生涯的變遷，是極其自然的經過這件事。換句話說，第一個時期的直哉是「搏鬪者」；第二個時期爲「和解者」；第三個時期是幽靜的「觀察者」；第四個時期爲老年人的「回想者」。

三

下面，我就來簡述這四個時期的性格，以及其作品的特色。

第一個時期相當於直哉從二十八歲到三十二歲的青春時期 。把它叫做青春時期是有些年紀大，而實際上直哉自己在其「創作餘談」裏也說「現在回想起來的確很晚」。這個時期的特徵是，直哉跟他父親的對立。爲了要做作家而退學大學的直哉，與討厭作家，但其本身却是勤奮的實業家之直哉父親的不和，從直哉在十幾歲的時候就很明顯，而一直繼續到撰寫「和解」的一九一七年。一九一七年時，直哉是三十五歲。這等於說，直哉與其父親的對立。前後達十七年。

父子不和這樁事，不祇限於日本，更不限於現代，不過像直哉這樣澈底反抗父親，一步也不讓，結果很美滿地和解的却是很少。這是由於志賀家父子的想法雖然不同，但在各忠於自己這一點非常類似所導致。自己認爲正確的事，不管誰怎麼說都不肯妥協，雙方都這樣主張，因此，隨直哉年齡的增長，其對立便愈來愈激烈。惟父子都非常正直而認眞，而忠於自己，所以纔有和解的餘地。

第一個時期的直哉，在這樣與他父親對立、搏鬬的過程中，確立了其做爲作家的地位。對於當時的直哉來講，寫小說就是對他父親的反抗。因此第一個時期的許多作品，可以說是青年直哉之反抗精神的產物。而「大津順吉」、「清兵衞與葫蘆」、「偷小孩的故事」，充分顯示出這個時期的性格。

不過在這裏，我想強調一點，那就是對其父親他雖然這樣頑强抵抗，但直哉却並沒有因爲這樣生氣而自損其人格。對立固然必須戰勝，但他却絕不作弊，是卽直哉實具有運動家風度。因此，第一個時期的作品，纔能奠定其做爲作家的基礎。而直哉之所以採取這種態度，可以有各種原因。從十八歲起，大約七年，受敎於內村鑑三（譯註一）的影響，可能是很大的原因，但我却認爲，直哉本身的精神力量的作用更大。

換言之，這就是直哉的健康性，如果從直哉的個性這種立場來看，卽是直哉眼光的透徹。作家直哉，無論何時，都能很正確地認識對象。縱令很討厭的人，如果他（她）長得好，在直哉心目中，他（她）是長得好。不感情用事，不隨便揑造形象，不自欺，是直哉能成爲作家的主要原因。而這在「到網走」已經發揮無遺。直哉的寫實主義，產生於此時。

四

從第一個時期的作品，我們選了下面的七篇。我覺得，各位尤其是年輕的讀者，會喜歡這些作品。現在，我就這些作品一一敍述其特色。

「靑菜花與小姑娘」是直哉最早的作品，寫於一九〇四年，他二十二歲的時候，但經過很久以後纔發表，亦卽刋登於一九二〇年一月號的童話雜誌「金船」。當然這是練習作品，但從它我們可以看出直哉文學的兩種特徵。一種是發揮他自己的熱情；另一種是他淸澈的眼光，也就是自我主義和寫實主義。欲發揮他自己這種願望，在這作品中，以「小靑菜花」說「很寂寞」，由之泛靑菜花於河流中，自己也一起跟到村莊之「小姑娘」美麗的結合來暗示。直哉淸澈的眼光，產生自然、正確而流利的表達。它這樣寫道：「『一被用熱熱的手拿着，我的脖子就覺得懶倦，而不能肅立』，並以與小姑娘的同一個步調，無力地搖着低下的頭」。

「到網走」是刋載於直哉與學習院的朋友武者小路實篤和有島武郎（譯註二）等所創辦同人雜誌「白樺」創刋號的作品。直哉的寫實主義，在這篇作品尤其明顯。

「母親之死與新母親」是一九一二年二月，發表於雜誌「詹波亞」（平假名的音譯——譯者）的作品，而其所寫的，全是事實。他母親（叫做銀）死於他十三歲的時候。這篇作品告訴我們：他非常堅强，不爲感情所誤。

「大津順吉」是發表於一九一二年九月號「中央公論」的直哉成名之作。其所寫的也是事實。「搏鬪者」直哉，以直哉自己的筆，刻畫得有聲有色。

「淸兵衞與葫蘆」刋登於一九一三年元旦的「讀賣新聞」。我們應該留意淸兵衞的「這樣的好」這句話。淸兵衞發現美於自然。是卽直哉不祗是「搏鬪者」，而且是喜愛「美」的人。

「變故」和「偷小孩的故事」，分別發表於一九一三年九月和一九一四年四月號的「白樺」；而後者是直哉在尾道（地名——譯者）生活時的產物。

從第一個時期到第二個時期，是由反抗到協調。亦卽第二個時期的特徵是，直哉認爲，理解對方，照拂對方，互相協調，遠比堅持己見，與人對立，因而產生悲劇更好，更有意義，所以他便這樣做。而表現這種轉變最顯著的就是「和解」。這時，直哉已經是大人了，並且是文壇的重要作家之一。

五

從這個時期的作品當中，我們選了五篇，這些可以說都是直哉的代表作。

「在城崎」刋載於一九一七年五月號的「白樺」；是直哉清徹眼光之表達的典型。「和解」發表於一九一七年十月號的「黑潮」。它把與其父親長年的對立，自然「和解」的經過，全盤托出。他在其第二章這樣寫着：「我不希望在自己工作上，對我父親報私怨」。

「學徒的上帝」刋登於一九二〇年一月號的「白樺」，是非常精采的短篇小說；從此以後，直哉就被喩爲「小說神」。「灶火」起初以「山上的生活」的題目，發表於一九二〇年四月號的「改造」；「濠邊的住家」出現於一九二五年一月的「不二」雜誌。「灶火」是赤城山的生活寫照；「濠邊的住家」是在松江的生活狀況。「灶火」裏頭的「K氏和母親」的風采，以及「濠邊的住家」裏「猫」被宰的叫聲，都非常有吸引力。

六

第三個時期是，第一個時期到第二個時期之轉變的自然延續。我說「觀察」，乃是指直哉已由「戰鬪者」，而成爲冷靜地觀察人生之戰（奮）鬪的態度而言。此時，文壇是自所謂普羅文學的全盛，經過「轉向」（離開左翼陣營的意思——譯者）的文學，而進入戰時的文學這種特殊狀況。對這種文壇，直哉是個「觀察者」。

七

日本戰敗那一年，直哉已經六十三歲了。以這年爲轉捩點，日本走上了跟明治以來日本所走的不同道路。對於生活過明治、大正、昭和三代的直哉來講，自不無感慨。這種感慨，自然而然地使他成爲回想過去的「回想者」。但他「回想」的表達，還是非常正確而美麗。就是帶上了老花眼鏡，直哉的眼光仍然能够看得很淸楚。

八

「灰色的月亮」發表於一九四六年一月的「世界」雜誌創刋號。用年輕工人自言自語連自己生命也不要，以描繪戰後日本的面目。以小小的光景，能這樣暗示戰後日本荒廢的現實，實在很不容易。

「白線」是刊登於一九五六年三月號「世界」的作品。這個時期，他寫了「被侵蝕的友情」、「奇人脫哉」、「祖父」等回想作品，而「白線」也是其中的一篇。七十四歲回顧他二十九歲時所寫「母親之死與新母親」，而「感覺還不大懂得事實就把它寫成小說」的直哉，在「白線」纔眞正就其母親之死寫了「事實」。他說：「現在，我還記得很清楚的，就是我母親腳腓有白色粗線這件事」。要之，「白線」不外乎是其母親死後五十二年，而仍然生存於直哉之心田的，其母親之肉體的線條。（譯註三）

（譯註一）內村鑑三（一八六一——一九三〇），宗教家、評論家，東京人，札幌農學校（今日的北海道大學農學部）畢業，留學美國，研究神學，主張無教會的基督教，作家志賀直哉、有島武郎及小山內薰等人是他的徒弟，有「內村鑑三全集」二十卷（岩波書店）的著作等。

（譯註二）武者小路實篤（一八八五——一九七六），小說家、劇作家、詩人、東京人，戰前的貴族，東京大學肄業，與里見弴、有島武郎、志賀直哉等創辦「白樺」雜誌，而成為日本文學上的一大派。後來到九州宮崎縣，購地建設理想鄉，並出版「新村」雜誌。有「友情」、「真理先生」、「我也不知道」等名作。有島武郎（一八七八——一九二三），小說家，東京人札幌農學校畢業，留學美國，與有夫之婦波多野秋子情死。

（譯註三）本文作者高田瑞穗是成城大學教授，本文譯自志賀直哉著柏楊社出版「學徒的上帝」一書的「解說」。

（原載一九八二年五月十八日「青年戰士報」）四五

芥川龍之介

【解説】

芥《あく》川《たがわ》龍《りゅう》之《の》介《すけ》の人と作品

立教大学教授　長《なが》野《の》甞《じょう》一《いち》

一、東京っ子

芥川龍之介《あくたがわりゅうのすけ》は明治二十五年（一八九二年）、東京の下町《したまち》に生まれました。東京の「下町っ子」、これが彼の人となりや、作風《さくふう》を決定《けってい》する第一の要素《ようそ》となりました。

同じ東京でも、山《やま》の手《て》とちがって、下町には江戸の気風《きふう》がなお深く残っておりました。おいなり様をまつり、幽霊《ゆうれい》を信じ、三味線《しゃみせん》をたしなむ――そういう気風が、この下町の人びとのあいだには、なお残っていたのです。彼らはまた、義理《ぎり》や人情《にんじょう》を重《おも》んじ、世間《せけん》ていをひどく気にしました。芥川にも、こうした気風が大いに影響《えいきょう》しています。彼は幽霊《ゆうれい》は信じないまでも、そういう化《ば》け物《もの》に対《たい》して興味《きょうみ》をもち、また世間《せけん》ていをたいそう気にかけるたちでありました。

芥川の小説には、『羅生門《らしょうもん》』『偸盗《ちゅうとう》』『地獄変《じごくへん》』や、『開化《かいか》の殺人《さつじん》』『妖婆《ようば》』『玄鶴山房《げんかくさんぼう》』などうすきみの悪い作品が少なくありません。これらは、彼が幼少の時代から育《そだ》った東京下町の気風《きふう》と、化《ば》け物《もの》に対する興味《きょうみ》とから、生まれたのかもしれません。

それに、芥川の小説は、どれもこれもみなきちんと整《ととの》っていて、どこといって欠点《けってん》や傷《きず》がありません。この、傷がないのが、かえって傷になってさえいるのです。そんな理屈《りくつ》があるものかと、みなさんは不思議《ふしぎ》に思うでしょう。しかし、たとえば「品行方正《ひんこうほうせい》、学術優等《がくじゅつゆうとう》」というような生徒は、クラスの人たちから尊敬《そんけい》はされても、なんとなく親しみにくいという感じを、もったことはありませんか。人間は少しの傷《きず》くらいあったほうが、かえって親しみやすいものです。小説はその人間を描《えが》くものでありますから、それが少しの欠点もなく整《ととの》いすぎておりますと、かえって親しみにくく、ひいてはそれが欠点にすらなるのです。芥川の小説は、これという傷がないことが、大きな特色《とくしょく》ではありますが、それが同時に長所《ちょうしょ》ともなり、短所《たんしょ》

結婚式の龍之介夫妻（田端の天然自笑軒にて）

ともなっているのです。そうしてそのような特色《とくしょく》は、彼の性格《せいかく》からきたものであり、その性格は世《せ》間《けん》ていを気にする「下町っ子」の気質《きしつ》が土台《どだい》となっていると思われます。

東京の人は、いなかの人に比《くら》べますと、ことばづかいから着物の着かたにいたるまで、都会風《とかいふう》で、しゃれております。どろくさいところがありません。だから、東京で生まれ育った作家は、いなかから出て来た作家に比《くら》べますと、文章が都会風にみがかれており、ことに会話《かいわ》がたくみです。尾崎《おざき》紅葉《こうよう》・夏目漱石《なつめそうせき》・永井荷風《ながいかふう》・谷崎潤一郎《たにざきじゅんいちろう》などは、みな東京出身《しゅっしん》の作家であり、したがってその作品にも、都会風なみがきがかけられております。芥川も、やはりこの系列《けいれつ》にはいる作家だといえましょう。彼の文章は、みがきにみがき、こりにこった名文《めいぶん》です。文章のお手本《てほん》にしてもよいくらいな名文です。が、これもまた、あまりにすきがなさすぎて、きゅうくつだという人もあるのです。

二、狂《きょう》人《じん》の子

芥川《あくたがわ》の父親は新原敏三《にいばらとしぞう》といって、山口県から東京へ出てきて、牛乳屋《ぎゅうにゅうや》をはじめた人でした。今でこそ牛乳屋はたくさんありますが、明治の二十年代としては、新しい職業《しょくぎょう》です。アメリカの公使《こうし》ハリスが下田《しもだ》に来たときに、異人《いじん》は牛《うし》の乳《ちち》を飲《の》むから牛くさいと言われた幕末《ばくまつ》から、まだそんなに時がたっていたわけではありません。そういうじぶんに、牛乳屋をはじめたところから考えますと、この父親はかなり進歩的《しんぽてき》な人であったと、いわなければなりますまい。芥川はのち東京大学《とうきょうだいがく》の英文《えいぶん》科《か》へはいり、西洋の文学をむさぼるように読みましたが、そういう進学《しんがく》コースをとったのには、この父親の進歩的な気質《きしつ》が、いくぶんでも影響していたかもしれません。

ところが、母親は、父とはだいぶ違った血すじの人であったようです。彼女の名はふくといって、芥川家《あくたがわけ》から嫁《よめ》にきた人です。不幸《ふこう》なことに、この母親は、龍之介《りゅうのすけ》が生まれて九か月目ごろに、突然《とつぜん》発狂《はっきょう》してしまいました。妻は発狂し、乳飲《ちの》み子《こ》をかかえた父親は、とほうにくれてしまいました。

第三中学校時代の龍之介《りゅうのすけ》

そこで彼は、赤ん坊の龍之介を、妻の実家《じっか》である芥川家へ養子《ようし》にやってしまいました。こうして龍之介は「新原龍之介《にいはらりゅうのすけ》」から「芥川龍之介《あくたがわりゅうのすけ》」に変わったのです。それは本人《ほんにん》がまだ西も東もわからない、赤ん坊の時でした。

芥川は成長してから、自分の母親が発狂《はっきょう》したことを知りました。実母はまもなく死にましたが、自分が狂人《きょうじん》の子であ

大学時代の龍《りゅう》之《の》介《すけ》

るという記憶《きおく》は、芥川の頭の中から片時《かたとき》も消えることはありませんでした。人いちばい神経質《しんけいしつ》な彼は、自分もまたそうした母親《ははおや》の血を受けついで、いつかは発狂するかもしれぬという恐れをいだきました。見えやていさいを気にする芥川としては、これはたえられない苦痛《くつう》でありました。のちに彼が自殺《じさつ》した原因《げんいん》の一つにこれはなっているかもしれません。胆《きも》っ玉《たま》の太い人なら、それくらいのことに、あのように苦しむことはなかったでしょうが、芥川は気が小さく、人いちばい神経質《しんけいしつ》で見えぼうであっただけに、こんなに苦しんだものと思われます。

そのうえ、芥川は長身でやせぎす、からだの弱い人でありましたから、のちにいろいろな病気にかかるようになりますと、どうせ自分のいのちは長くないだろうから、息《いき》のあるうちに、あれもこれもやっておこう、書いておこうと、ずいぶんいそいだ形跡《けいせき》があります。病弱なからだにむち打って、夜どおし机にかじりついていることがよくありました。こういう無理《むり》がたたって、弱いからだをいっそう弱くした形跡《けいせき》もあります。彼が短編《たんぺん》しか書かず、長編《ちょうへん》は書こうとして、いつも失敗《しっぱい》したのも、こうした彼の弱い体質《たいしつ》によるものと思われます。その短編も、美しく、よくまとまってはいるが、ゆうゆうとしたところがないと言われたのも、やはりこの体質のせいでしょう。「文は人なり」ということわざがありますが、芥川の文学は、よくもわるくも彼の人がらや体質《たいしつ》の反映《はんえい》したものと、いわなければなりません。狂人の母をもった子の悲劇《ひげき》を、彼ほど痛烈《つうれつ》に味《あじ》わったものはありますまい。

母も子も、その点では実《じつ》に気の毒《どく》な人でした。

三、秀《しゅう》才《さい》作《さっ》家《か》

養家《ようか》の芥川家は、江戸時代から下町《したまち》に住み、隅田川《すみだがわ》の水を朝夕ながめてくらした家でした。養父は母の実兄《じっけい》ではありましたが、養子《ようし》の身ではわがままも言えません。そうでなくてさえ他人の目を気にする芥川が、養父母《ようふぼ》の心にさからわないようにと気を使ったことは、ひととおりではありません。彼はだれの目にも、孝行《こうこう》なむすこでありました。養父母はよい養子を得《え》たことを喜《よろこ》び、龍之介に大きな期待《きたい》をかけるようになりました。小学校から中学・高校と進むにつれて、龍之介の成績《せいせき》がつねに抜群《ばつぐん》であったからです。

東京市江東《こうとう》小学校・東京府立《ふりつ》第三中学校（現在の都立両国《りょうごく》高校）・第一高等学校（現在の東大教養学部《とうだいきょうようがくぶ》）・東京大学英文科――これが芥川の歩いた進学コースです。世にいう秀才《しゅうさい》コースです。しかも彼は、中学・高校・大学を、いずれも二番という好成績で卒業しております。ついに一番にはなれませんでしたが、天下の秀才が集まる名門校を終始《しゅうし》二番で出るということは、容易《ようい》なことではありません。偉大《いだい》な作家といわれるほどの人なら、だれでも頭の悪かろうはずはありません。しかしたいていの作家は、自分の好きな課目《かもく》、たとえば国語とか英語というようなものにはずぬけた才能《さいのう》をあらわしても、反対にきらいな課目は捨《す》ててかえりみない、という人が多いものです。ところが芥川は、なにをやらせても、抜群《ばつぐん》の成績をおさめたのです。こういう作家は珍《めずら》しい。「秀才《しゅうさい》作家《さっか》」――そうよぶにふさわしい人であったわけです。

事実《じじつ》、芥川は、かりに作家にならなかったとしても、学者として、あるいは評論《ひょうろん》家《か》として、十分、大をなした人と思われます。

東西《とうざい》古今《ここん》にわたる広い知識《ちしき》は、芥川の強みです。それは勉強と読書によって得られたものでした。彼はこの武器《ぶき》を生かして、多くの小説を書きました。古典《こてん》から材料を取った作品が多いのはそのためです。『羅生門《らしょうもん》』『鼻《はな》』『芋粥《いもがゆ》』『偸盗《ちゅうとう》』『藪《やぶ》の中《なか》』『六《ろく》の宮《みや》の姫君《ひめぎみ》』などは「今昔物語《こんじゃくものがたり》」から『地獄変《じごくへん》』『竜《りゅう》』は「宇治拾遺物語《うじしゅういものがたり》」から、『俊寛《しゅんかん》』『袈裟《けさ》と盛遠《もりとお》』は「平家物語」「源平盛衰記《げんぺいせいすいき》」

から、『素戔嗚尊《すさのおのみこと》』は「古事記《こじき》」からというように、自由自在《じゆうじざい》に古典《こてん》から材料を取っています。西洋の作家の作品を読みあさって、そこから多くの知識やアイデアを得たことは、いうまでもありません。

つまり芥川は、道行く人びとを観察《かんさつ》して人生を知ったのではなく、書物によってそれを知ったのです。読書による知識《ちしき》、これは学者ならともかく、作家としては、強みであるとともに、また弱みでもありました。彼の小説を読むと、いかにも才人《さいじん》らしく理知的《りちてき》で、こちらもりこうになったような気はするけれど、実際《じっさい》の人生がそこに描《えが》かれているという気がしない――そう言われるのも、秀才作家《しゅうさいさっか》の宿命《しゅくめい》なのでしょうか。

それに、芥川がつねに優等生《ゆうとうせい》であったことは、養父母《ようふぼ》に大きすぎるほどの期待《きたい》をいだかせました。同じ年ごろの親せきの青少年たちは、彼を模範《もはん》にせよとつねづね言われていたらしい。それが龍之介の心を圧迫《あっぱく》し、ますます自由がきかなくなったようです。

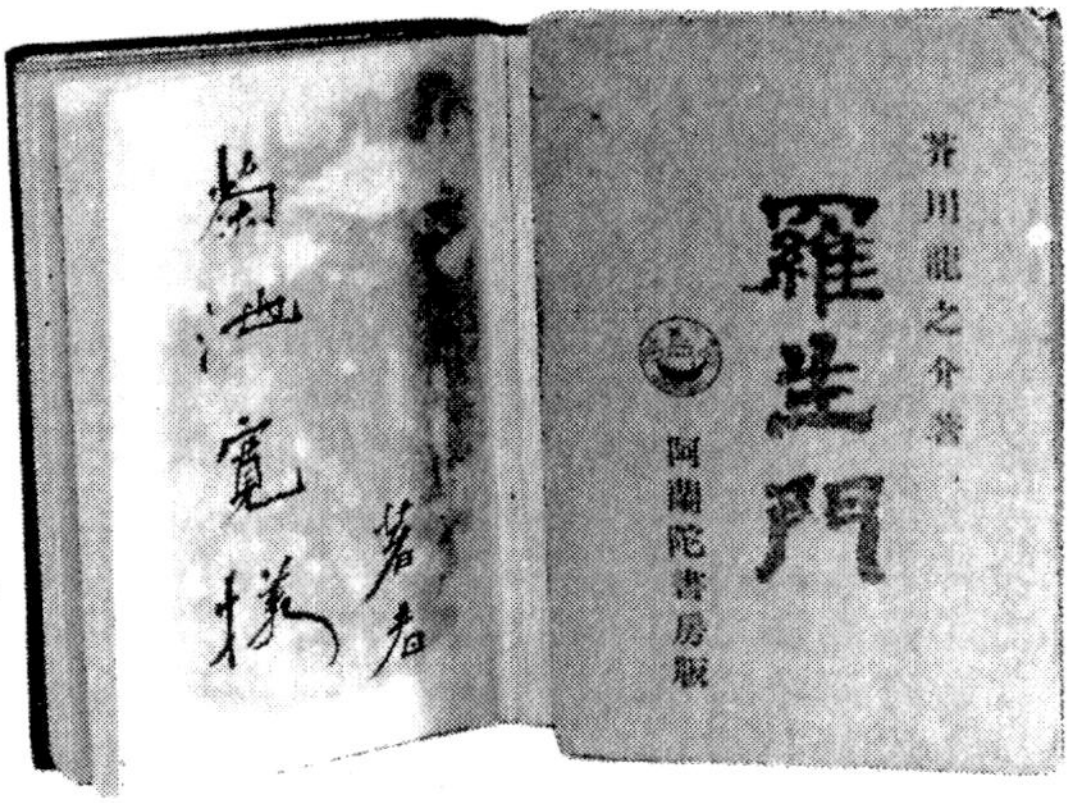

菊池寛への献呈本

『彼の弟は彼のために圧迫《あっぱく》を受けやすいのにちがいなかった。同時にまた、彼も彼の弟のために自由を失っているのにちがいなかった。彼の親《しん》せきは彼の弟に「彼を見ならえ」と、言いつづけていた。しかしそれは彼自身《じしん》には手足をしばられるのも同じことだった。』

これは、芥川の自叙伝《じじょでん》『或阿呆の一生《あるあほうのいっしょう》』の中の一節《せつ》で、文中に「彼」とあるのが芥川です。こういう気持ちが、みなさんにはわかりますか。ああ秀才《しゅうさい》の悲劇《ひげき》、まさしくそれにちがいありません。

四、師《し》と友《とも》

芥川は一高から東大の学生時代に、よき友にめぐまれました。井川恭《いがわやすし》・久米正雄《くめまさお》・菊池寛《きくちかん》・松岡譲《ゆずる》・成瀬正一《なるせしょういち》・山本有三《やまもとゆうぞう》などと、彼は同級になりました。井川恭《いがわやすし》は現在の法学者恒藤恭《ほうがくしゃつねとうやすし》で、芥川にとっては、終始《しゅうし》変わらぬ好意《こうい》をもちつづけた親友《しんゆう》であり、久米《くめ》・菊池《きくち》らは文学上の友だちでありました。これらの文学好きの学生たちが集まって、第三次および第四次の「新思潮《しんしちょう》」という同人雑誌《どうじんざっし》を出し、その雑試《ざっし》に翻訳《ほんやく》や小説を発表したのが、芥川をして作家になろうと決心させた動機《どうき》になりました。学生時代の友人ほど、たいせつなものはありません。もし彼らがいなかったなら、芥川は英文学者《えいぶんがくしゃ》になっていたかもしれません。

しかし、こういう友人たちがいても、もうひとりの偉大《いだい》な先生がいなかったなら、芥川の作家とし

『羅生門《らしようもん》』の出版記念会《しゆつぱんきねんかい》（左の手前が龍之介・大正５年）

ての出発はなかったかもしれません。少なくとも、その出発はずっとおくれたにちがいありません。その偉大な先生、それが夏目漱石《なつめそうせき》です。芥川が漱石《そうせき》の家をおとずれて、直接《ちよくせつ》その教えを受けたのは、わずかに一年そこそこの短い期間《きかん》にすぎません。けれども、この偉大な師《し》から、芥川は十分な栄養《えいよう》と、作家として出発するチャンスとをつかみました。『漱石山房《そうせきさんぼう》の冬』は、漱石の家をおとずれた時の、いくつかの思い出をつづった随筆《ずいひつ》です。

　読書による知識《ちしき》、よき友、偉大《いだい》な師《し》、それらによって芥川の才能《さいのう》は、いっせいに花を咲かせました。『鼻』によってまず夏目漱石《なつめそうせき》にみとめられ、『芋粥《いもがゆ》』によって文壇《ぶんだん》へ登場《とうじよう》し、『戯作《げさく》三昧《ざんまい》』『地獄変《じごくへん》』によって、押しも押されもしない花形作家《はながたさっか》となりました。彼の未来《みらい》にはバラ色の光がさしています。

五、死

それから約十年間、芥川はそうした光をあびて活躍《かつやく》しました。文名《ぶんめい》はあがり、人気は衰《おとろ》えることがないかに見えました。しかし、そういう表面のはなばなしさとは逆比例《ぎゃくひれい》して、彼の健康はおそいくるさまざまな病魔《びょうま》にむしばまれて、急速《きゅうそく》に衰《おとろ》えてゆきました。年令はまだ三十代の半《なか》ばに達《たっ》しないというのに、息《いき》をしているだけが精一杯《せいいっぱい》という状態《じょうたい》になりました。それでも彼は書きつづけました。ペンを持つさえいたいたしいほどにやせさらぼうた手、骨と皮と神経《しんけい》だけで生きているようなからだ、そのころの彼の写真を見ますと、これでも人間かと思われるほどやつれはて、太い血管《けっかん》が浮いて見える面長《おもなが》な顔に、両の目だけが異様《いよう》に大きく、らんらんと輝《かがや》いています。

昭和二年（一九二七年）七月二十四日の明け方、彼は多量《たりょう》の睡眠薬《すいみんやく》をのんで、自殺しました。まくらもとにはバイブルがおかれ、寝巻《ねまき》のふところには、夫人や親友にあてた数通《すうつう》の遺書《いしょ》が入れられておりました。わずかに三十五歳でした。

なぜ芥川は自殺《じさつ》したのか、これはいまだにわかりません。が、彼のからだがもう少し健康《けんこう》であったなら、あるいは神経《しんけい》がもう少しずつ太《ふと》かったなら、いのちをみずからの手で断《た》つようなことはしなかったでしょう。刀折《かたなお》れ、矢尽《やつ》きて倒れた武将《ぶしょう》の最期《さいご》にも似《に》て、それはまったく悲壮《ひそう》な死の姿《すがた》でありました。

芥川の作品は、どれもこれも粒《つぶ》がそろっておりますから、なにが一番傑作《けっさく》かときかれても、返答《へんとう》に困ります。『鼻《はな》』『芋粥《いもがゆ》』『地獄変《じごくへん》』『六の宮《みや》の姫君《ひめぎみ》』のような「王朝物《おうちょうもの》」がよいという人もありますし、『秋』や『蜃気楼《しんきろう》』『玄鶴山房《げんかくさんぼう》』のような「現代物《げんだいもの》」の肩《かた》をもつ人もいます。さらにはまた『舞踏会《ぶとうかい》』のような「開化期物《かいかきもの》」や、『トロッコ』『蜜柑《みかん》』のように、少年少女の心や姿《すがた》をさらりと描《えが》いたものがよい、そう主張《しゅちょう》する人もいます。

長男比呂志と田端にて

とにかく芥川は、大正期《たいしょうき》を代表《だいひょう》するすぐれた作家であったことは、まちがいありません。

≪解説終わり≫

芥川龍之介及其作品

芥川龍之介

1892-1927

東京人

芥川龍之介於一八九二年，出生於東京的工商業區（譯註一）。他的出生地，成爲決定他的爲人和文學風格的第一個因素。

同爲東京，跟知識份子和白領階層的住區不一樣，工商業區還遺留着不少江戶（譯註二）的風氣——祭五谷神，信鬼魂，喜彈絃子等等。他們重義理、人情，愛面子。芥川很受這種影響。他雖然不相信幽魂，但對於妖怪却很有興趣，也非常愛面子。

芥川的小說，譬如「羅生門」、「偷盜」、「地獄變」、「開化的殺人」、「妖婆」、「玄鶴山房」等等，都是會令人作嘔的作品。這些作品，很可能是他幼年時代所成長的東京工商業區的風氣，和對妖怪之興趣的產物。

而且，芥川的小說，篇篇工工整整，一些缺點也沒有。這個沒有什麼缺點，反而變成了它的缺點。「品學兼優」的學生，在班上雖然會受到尊敬，但却不容易爲同學們親近。同樣道理，人要有些缺點，纔會使人與他親近。小說要描寫人，這個人如果毫無缺點的話，就不可能爲讀者帶來親切感，從而成爲它的瑕疵。芥川的小說沒有這種瑕疵是它最大的特色，但這個長處却同時也是它的短處。這個特色，係來自他的性格，而此種性格實以愛面子這種氣質爲基礎。

東京人比鄉下人，無論在措詞和衣着方面，都要時髦而漂亮，一點也不土裏土氣。所以成長於東京的作家，比鄉下出身的作家，文章老練，尤其會話寫得好。尾崎紅葉、夏目漱石、永井荷風、谷崎潤一郎等人（譯註三）皆出身東京的作家，因此他們的作品，都非常精練，當然芥川也屬於這一類。他的文章，係推敲再三的名文。他的文章，可以為人們撰文的模範。不過對他這種名文，也有人認為呆板。

瘋人的兒子

芥川父親的名字叫做新原敏三，是個由山口縣來東京，經營牛奶店的人。今日雖然有許多牛奶店，但在一八七〇年代，這是一種新的行業。美國公使哈利斯抵達下田時，距離說洋人喝牛奶有牛臭味的（德川）幕府末年，在時間上還沒多久。在這種時代開設牛奶店，芥川的父親可以說是相當開明的人。日後芥川進東京大學英文系，廣讀西方文學，而他此種升學方向與其父親前進的氣質或許不無關係。

可是他母親的血統就不相同了。她的名字叫「福」（原為片假名——譯者），來自芥川家。不幸的是，龍之介出生後第九個月左右，他的母親突然發瘋。束手無策的龍之介父親，遂把龍之介送給芥川家做養子。於是「新原龍之介」遂變成「芥川龍之介」。

芥川長大以後知道他的母親發了瘋。不過沒好久他母親就死了。芥川始終在乎他是個瘋人的兒子。遠比人家神經質的他，因為有母親的血統關係，以為有一天他也會發瘋。對於愛體面的他，這是極其難堪的事情。這也許是他日後自殺的主要原因之一。芥川器量小，非常神經質，又愛面子，因此纔會那樣痛苦。

不獨此，芥川人瘦，身體差，後來又患上各種病症，覺得自己生命不會太長，所以曾經特別賣力寫文章。身體病弱，又日以繼夜地寫作，因而把身體搞得愈來愈糟。他之祇寫短篇，寫不出長篇小說，跟他這種病弱的身體，似有不可分割的關係。人們之說他的短篇很美，又工整，但不悠然，可能也是由於這種體質所導致。古人說：「文者人也」。芥川的文學，無論如何是他的人品和體質的反映。他可以說，是爲瘋人兒子之悲劇的典型。

秀才作家

龍之介之養父母的家——芥川家，是從江戶時代就居住商業區，朝夕面對隅田川之流水過日子的家庭。養父是乃母的哥哥，芥川非常孝順他的養父母；他的養父母也以能够得到這樣好的養子而高興，並寄予龍之介以很大的希望。從小學、中學以至高等學校，他的成績一直是超羣出衆。

東京江東小學、府立第三中學、第一高等學校（譯註四），東京大學英文系，這是芥川的升學經過，亦卽世人所謂的秀才學歷。而且，他在中學、高校、大學的成績始終都是第二名。雖然沒有得過第一名，但在集天下秀才於一堂的一高和東大，從頭到尾第二名，實在也不簡單。他是大衆所公認的偉大作家，當然不可能是個笨蛋。不過大部份的作家對於自己喜歡的科目，譬如日文或英文的成績大多特別好，但對於討厭的科目，則完全棄而不顧。可是，芥川却什麼都行。這是很不容易的，而這也是爲什麼人們說他是「秀才作家」的主要原因。我認爲，不管令芥川做作家、學者或評論家，我相信他一定都會有很大的成就。

具有古今中外的知識，是芥川的最大本錢。這些知識來自讀書。他以這些知識爲武器寫了許多小說。他有很多作品取材於古典就是這個道理。詳而言之，「羅生門」、「鼻子」、「甘諸稀飯」、「偷盜」、「草叢中」、「六宮之姫」等等作品，係取材自「今昔物語」（譯註五）；「地獄變」、「龍」以「宇治拾遺物語」（譯註六）爲題材；「俊寬」和「袈裟與盛遠」來自「平家物語」（譯註七）和「源平盛衰記」（譯註八）；「素戔鳴尊」以「古事記」（譯註九）爲材料。除此而外，他也利用了許多西方的知識和觀念。

換句話說，芥川不是觀察路上的人以知人生的，而是得自書本。由讀書獲得知識，如果是學者還無所謂，但對於一個作家來講，這是他（她）的長處，同時也是他（她）的短處。讀他的小說，會覺得他是個才子，非常理智，從而會令讀者頓覺自己也變得聰明些，但在實際上，他並沒有寫出眞正的人生。這或許是秀才作家的一種宿命。

並且，芥川的一直爲優等學生，使他養父母寄予他太大的期望。因此跟他年齡相若的親戚孩子們，似多被要求以他爲他們的模範，這似乎給他心理上很大的壓迫，更使他失去自由。

「他的弟弟，因爲他容易受到壓迫。但他因爲他弟弟而失去自由。他的親戚對他弟弟一天到晚說：『應該向他看齊』。但這等於要綁他的手脚。」

這是芥川的自傳「一個呆子的一生」的一段，文中的所謂「他」就是芥川龍之介。這不是秀才的悲劇是什麼？

師與友

在一高、東大學生時代，芥川有不少好朋友。井川恭、久米正雄、菊池寬、松岡讓、成瀨正一、山本有三等人都是他的同班同學。井川恭是日後的法學家恆藤恭，是芥川最久的親友；久米、菊池是他在文學上朋友。這些文學青年一起創辦了同人雜誌第三次和第四次「新思潮」，並在這個刊物上發表譯文和小說，促成芥川走上作家的道路。如果沒有這些文學青年的朋友，芥川也許變成英國文學家也說不定。

不過，就是有了這些朋友，如果沒有一個偉大的老師，芥川或許也不會去做作家。至少，他不會那麼快就成爲作家。這個偉大的老師就是夏目漱石。芥川之往訪夏目家請敎，祗不過是一年左右的時間，但他却由夏目充分獲得了做爲作家的營養。而「漱石山房之冬」就是他回憶訪問夏目公館的隨筆。

由讀書而得的知識、好朋友、偉大的老師，這些因素使芥川的才華一下子開花。亦即他的最早期作品「鼻子」大受夏目的欣賞，以「甘諸稀飯」躍登文壇，因「戲作三昧」和「地獄變」而名副其實地成爲名作家。

與世長辭

爾後大約十年，芥川一直是最受歡迎的作家。文名隆盛，文運大通；但與此同時，他的健康却江河日下。當時他不過是三十多歲，可是他却變成皮包骨頭的身體，而靠他的精神勉强繼續寫作。看他當日的照片，瘦得簡直不像個人，血管浮起來，細長的臉，兩隻眼睛顯得特別大。

一九二七年七月二十四日凌晨，他吃大量的安眠藥自殺。他枕頭旁邊有本聖經；睡衣口袋裏裝着給夫人和親友的幾封遺書，是年僅僅三十有五。

芥川爲什麽自殺，至今還是個謎。他的身體如果好些，或者他如果「傻一點」，他也許不致於自殺。他的死，實有如刀斷箭盡而倒下的武將，悲壯至極。

芥川的作品，篇篇精采，所以很難說那一篇是最好的傑作。有的人喜歡以「王朝」爲題材的「鼻子」、「甘諸稀飯」、「地獄變」和「六宮之姬」等等；有的人推崇描寫現代的「秋」、「蜃氣樓」、「玄鶴山房」等作品；有的欣賞以日本開國時期爲舞臺的「舞踏會」；有的更偏愛描繪少年少女心情和風采的「手推車」、「橘子」等等。

總而言之，芥川龍之介是代表大正時代的出色作家。（譯註一〇）

一九八一、十二、四　於東京

（譯註一）其原文爲「下町」，住有許多商人的地方。在東京，通常指臺東、千代田、中央、港四個區的地區而言。

（譯註二）江户，係東京的舊名，通常意味着德川時代，亦卽江户時代，指自一六〇三年至一八六八年而言。

（譯註三）尾崎紅葉（一八六七——一九〇三），原名德太郎，以「金色夜叉」的著作馳名於世；夏目漱石（一八六七——一九一六），原名金之助，東京大學畢業，留學英國，被公認爲日本第一位文豪，他的小說被譯成幾個國家的語文；永井荷風（一八七九——一九五九），原名壯吉，東京外語大學肄業，受過文化勳章；谷崎潤一郎（一八八六——一九六五），東京大學肄業，受過文化勳章，他的文名並不亞於諾貝爾文學獎得主川端康成。

（譯註四）第一高等學校，簡稱一高，是戰前日本最好的高等學校，對於東京大學的升學率最高。

（譯註五）「今昔物語」，亦稱「今昔物語集」，是三十一卷的故事集，成於十二世紀前葉，集錄中國、印度和日本古今佛教、世俗故事，是文學、歷史、民俗、社會史的重要資料。

（譯註六）「宇治拾遺物語」，十五卷，故事集，編者不詳，撰於十二世紀初，其中一部份內容與「今昔物語」相同。

（譯註七）「平家物語」，亦稱「治承物語」或「平語」，十二卷，是日本戰爭小說的代表作品，作者不詳。

（譯註八）「源平盛衰記」，四十八卷，軍事小說，著者不詳，大約寫於一二四七年至一二四九年之間，描寫源氏與平氏爭天下的經過。

（譯註九）「古事記」，三卷，史書，完成於西曆七一二年，其目的在於宏揚日本皇統，是非常富於政治性的，現存日本最古老的史籍。

（譯註一〇）本文作者長野嘗一，曾任東京立教大學教授。本文譯自芥川龍之介著「羅生門・地獄變」一書的「解說」。

（原載一九八一年十二月二十日「青年戰士報」）

小泉八雲

作者と作品について（解説）

英文学翻訳家　平井呈一

一、おいたち

一九〇四年（明治三十七年）、小泉八雲《こいずみやくも》が早稲田大学文学部《わせだだいがくぶんがくぶ》の講師《こうし》になったとき、大学へだした履《り》歴書《れきしょ》を、はじめに紹介《しょうかい》しましょう。

「小泉八雲《こいずみやくも》（ラフカディオ＝ハーン）元英国臣民《もとえいこくしんみん》。一八五〇年アイオニア列島《れっとう》リュカディア（サンターマウス）に生まる。アイルランド・イングランド・ウェールズで成人《せいじん》した。一八六九年、アメリカに渡《わた》って、印刷工《いんさつこう》や新聞記者《しんぶんきしゃ》になり、やがてニューオーリンズの新聞の文芸部《ぶんげいぶ》主筆《しゅひつ》になった。ニューオーリンズで当時《とうじ》開催《かいさい》された世界博覧会《せかいはくらんかい》の日本事務官《にほんじむかん》服部一三《はっとりいちぞう》氏《し》に会《あ》う。一八八七年から一八八九年まで仏領《ふつりょう》西インドのマルティニークに滞在《たいざい》。一八九〇年（明治二十三年）、ハーパー書店《しょてん》から日本に派遣《はけん》された。当時《とうじ》の文部次官《もんぶじかん》服部一三《はっとりいちぞう》氏《し》の好意《こうい》で、島根県松江《しまねけんまつえ》の県立中学校に英語教師《えいごきょうし》の地《ち》位《い》をえた。一八九一年の秋、熊本《くまもと》に移《うつ》り、第《だい》五高等学校《こうとうがっこう》の教師《きょうし》となる。一八九四年、神戸《こうべ》に移《うつ》り、しばらく『神戸クロニクル』の記者《きしゃ》となる。一八九五年、帰化《きか》して日本臣民《にほんしんみん》となる。一八九六年東《とう》京帝国大学《きょうていこくだいがく》に招《まね》かれて講師《こうし》となり、一九〇三年まで英文学《えいぶんがく》の講座《こうざ》を担当《たんとう》した。その間《かん》六年七か月。日本に関《かん》する著書《ちょしょ》十一部がある。」

この履歴書《りれきしょ》でもわかるように、八雲《やくも》は世界の文《ぶん》豪《ごう》のなかでも、いっぷう変《か》わった経歴《けいれき》の持《も》ち主《ぬし》です。まずその出生《しゅっしょう》からして変わっています。父はアイルランド人、母はギリシア人で、八雲《やくも》の血《ち》のなかには、生まれながらにして、この二つの特異《とくい》な血が流れていたのです。このことは、八雲《やくも》の性情《せいじょう》と、かれの作品の傾向《けいこう》・特質《とくしつ》を考えるうえに、宿命的《しゅくめいてき》なことがらとして、見のがすことのできない重要《じゅうよう》なカギであるといえましょう。

それともう一つ、八雲《やくも》の生涯《しょうがい》に大きな影響《えいきょう》をあたえたと考えられるものは、かれの生家《せいか》の家庭の事情《じじょう》でしょう。アイルランドのハーン家《け》は、その先祖《せんぞ》が一城《じょう》のあるじであった由緒《ゆいしょ》ぶかい家《いえ》がらでした。そのために、ギリシア生まれの八雲《やくも》の母は、生活や習俗《しゅうぞく》のちがう、伝統《でんとう》のやかましい家庭にはいって、想像以上《そうぞういじょう》の苦労《くろう》をしたようです。

けっきょく、八雲《やくも》が六才のとき、母は離縁《りえん》されて、父は新しい妻《つま》と再婚《さいこん》しましたが、この去《さ》られ

幼年時代の八雲《やくも》と大叔母《おおおば》

た生母《せいぼ》に対《たい》する八雲《やくも》の愛慕《あいぼ》と同情《どうじょう》は、生涯《しょうがい》かれにつきまとうことになったのです。それが後年《こうねん》、古い日本の女性《じょせい》の貞淑《ていしゅく》をほめたたえたかれの心情《しんじょう》につながっているのです。このこともわすれてはなりません。

さて、母に別《わか》れた少年八雲《やくも》は、お金持《かねも》ちの大叔母《おおおば》にひきとられて、なに不自由《ふじゆう》のない少年時代を過《す》ごすことになりました。けれども父母《ふぼ》の愛情《あいじょう》に飢《う》えたかれは、生まれつき視力《しりょく》の弱かったことなども手つだって、とかく夢見《ゆめみ》がちな少年に育《そだ》っていきます。のちに文学者になるだけの素質《そしつ》は、すでにこのころからそろそろ芽《め》ばえはじめていたのだといえます。

しかし、大叔母《おおおば》のもとで送《おく》ったためぐまれた平和《へいわ》な暮《く》らしも、八雲《やくも》がようやく物ごころのつくころになって、思わぬ方面《ほうめん》から破綻《はたん》がやってきました。破産《はさん》した親類《しんるい》のまきぞえをくって、大叔母《おおおば》が無一文《むいちもん》になったのです。それは、八雲《やくも》の十六才のときでした。それから十九の年にアメリカへ渡《わた》るまでは、親戚《しんせき》の世話《せわ》になって、フランスの学校へあがったりしましたが、それも長つづきはしませんでした。そこで、とうとう自分ではたらく決心《けっしん》をして、すこしばかりの旅費《りょひ》をもらって、ひとり

16才ころの著者《ちょしゃ》

でアメリカ大陸《たいりく》へ渡《わた》ったのです。

新大陸《しんたいりく》アメリカが、西も東も知らない、ひとりぼっちのかれのために用意《ようい》していたものは、びんぼうと、飢《う》えと、孤独《こどく》でした。いつどこで死ぬやらわからない、心ぼそい異国《いこく》の空の下で、年若《としわか》いかれは三十以上《いじょう》もの職業《しょくぎょう》を転々《てんてん》としたということです。

二、アメリカ時代

さまざまの苦しみをなめた末《すえ》、八雲《やくも》は、ニューヨークを去って、オハイオ州のシンシナチへ移《うつ》りました。そして、印刷《いんさつ》職工《しょっこう》をはじめ、いくつかの職《しょく》をへたのち、「インクワイヤラー」という新聞社《しんぶんしゃ》に雇《やと》われました。

このことがかれの文筆《ぶんぴつ》で生《い》きていく、そもそものきっかけになったのです。入社後《にゅうしゃご》まもなく、シンシナチの市民《しみん》をおどろかした「製皮工場事件《せいひこうじょうじけん》」という殺人事件《さつじんじけん》がありました。その記事《きじ》をかいて一躍文才《やくぶんさい》をみとめられたかれは、正式《せいしき》に社会部記者《しゃかいぶきしゃ》となり、社会面《しゃかいめん》の記事《きじ》や雑報《ざっぽう》をかくかたわら、文学性《ぶんがくせい》の豊《ゆた》かな随筆《ずいひつ》や小品《しょうひん》や評論《ひょうろん》を発表《はっぴょう》して、いよいよ社内に重《おも》きをなしていったのです。

小説『ユーマ』の舞台《ぶたい》となったマルティニーク島

それらの初期《しょき》の文章《ぶんしょう》は、八雲《やくも》の死後《しご》、その一部が遺稿《いこう》としてアメリカで出版《しゅっぱん》されましたが、いま読《よ》んでみますと、いかにも若いロマンチシストらしい面目《めんもく》のあふれた、小さいながらどれも宝石《ほうせき》のようなふしぎなかがやきをもった、りっぱな作品ばかりです。

わたしたちは八雲《やくも》というと、とかくすぐに「日本」に結《むす》びつけ、かれの『怪談《かいだん》』を思いだしがちです。が、それはべつとして、ひとりのふう変《が》わりな作家《さっか》として冷静《れいせい》に考えますと、この初期《しょき》の、ほとんど鬼才《きさい》ともいえる絢爛《けんらん》で珍奇《ちんき》なその才能《さいのう》は、さらに見なおされなければならないと思います。

こうして八雲《やくも》は、日本へくるまでの約《やく》二十年間アメリカで過《す》ごしたわけです。そのあいだの文学的業績《ぎょうせき》としては、当時《とうじ》のヨーロッパの新しい文学――とくに自然《しぜん》主義《しゅぎ》時代《じだい》のフランス作家《さっか》――を紹《しょう》介《かい》した、すぐれた翻訳《ほんやく》事業《じぎょう》があります。ゴーチェ・ピエル＝ロティ・モーパッサン・フローベール・ゾラの作品の翻訳《ほんやく》は、悪訳《あくやく》の多かった当時のアメリカ文壇《ぶんだん》に、良心的《りょうしんてき》な翻訳《ほんやく》として賞賛《しょうさん》されました。その数《かず》は、百編《ぺん》ちかくにものぼります。

とくに、ピエル＝ロティには深く傾倒《けいとう》して、その影響《えいきょう》をうけて小説も二編《へん》かきました。

著者の旅行姿《りょこうすがた》，日本にくる途《と》中《ちゅう》，同行《どうこう》の画家《がか》がかいたもの

『チタ』と『ユーマ』がそれです。また、ロティの日本を題材《だいざい》にした小説『お菊《きく》さん』によって、まえからあこがれていた日本漫遊《まんゆう》の希望《きぼう》をいっそう強めたことは、ここに特記《とっき》しておいていいでしょう。

文明《ぶんめい》ぎらいの八雲《やくも》は、シンシナチからさらにずっと南のニューオーリンズにゆき、さらに仏《ふつ》領《りょう》西インドのマルティニーク島に移《うつ》っていますが、年齢《ねんれい》もそろそろ初老《しょろう》にちかく、自分の限界《げんかい》と今後《こんご》の方途《ほうと》について思いを深める年ごろになっていました。そこへ思いがけなくも、日本派遣《はけん》というしごとがきゅうに具体化《ぐたいか》してきたのです。かれとしては、じつに千載一遇《せんざいいちぐう》の好機《こうき》で、さっそくすべてをなげうってとびついたというわけです。

熊本《くまもと》に住んでいた当時《とうじ》の八雲夫妻《やくもふさい》

三、日本へきてから

ハーパー書店の一派遣員《はけんいん》として、一八九〇年(明治二十三年)四月、はじめて日本の土をふんだ八雲は(この時三十九才)、さいしょは、ほんの一、二か月の滞在予定《たいざいよてい》だったといいます。ところが、日本にきてみると、なにもかもめずらしいものずくめで、一、二か月のみじかい期間《きかん》では、とうてい、この国の知識《ちしき》や研究《けんきゅう》はえられそうもないことを知って、早々《そうそう》に予定《よてい》を変更《へんこう》し、当分腰《とうぶんこし》をすえることに決心《けっしん》したのです。

その当分《とうぶん》が、とうとう十四年の長きにわたりました。その間《かん》に、日本人の妻《つま》をむかえて、日本に帰化《きか》し、そしてこの国を墳墓《ふんぼ》の地《ち》とさだめたこと（明治三十七年九月二十六日没《ぼっ》・行年《ぎょうねん》五十四才）を思いますと、わたしたちは運命《うんめい》の奇縁《きえん》におどろくまえに、いかに八雲《やくも》が日本という国を愛《あい》したかということに、深く思いをいたすべきでしょう。

その十四年のあいだに、八雲《やくも》は日本に関《かん》する本を十二冊《さつ》あらわしました。『日本瞥見記《にほんべっけんき》』『東の国から』『心』『仏《ほとけ》の畑《はたけ》の落穂《おちぼ》』『異国風物《いこくふうぶつ》と回想《かいそう》』『霊《れい》の日本』『明暗《めいあん》』『日本雑記《ざっき》』『骨董《こっとう》』『怪談《かいだん》』『日本』『天《あま》の川綺譚《がわきだん》』がそれです。これらの書物《しょもつ》は、みな英文《えいぶん》で、英米《えいべい》の人びとのためにかかれたものですが、これをわたしたち日本人が読《よ》むと、おのずからまたそこに趣《おもむき》のことなった感《かん》があります。つまり、西欧人《せいおうじん》の目をとおして見た日本の姿《すがた》に、日本人として新《あら》たな

松江市《まつえし》にある八雲《やくも》の旧宅《きゅうたく》

反省《はんせい》をうながされます。

むかしから日本を訪《おとず》れて、日本のことを書物《しょもつ》にあらわした外国人《がいこくじん》の数《かず》は少なくありませんが、しかしそのなかで、八雲《やくも》のあらわしたものは一頭地《とうち》をぬいています。それはほかでもなく、八雲《やくも》の日本に対《たい》するこまやかな愛情《あいじょう》と深い理解《りかい》のためなのです。その意味《いみ》では、八雲《やくも》のまえに八雲《やくも》なく、八雲のあとにも八雲はないといっても、けっしていいすぎではないでしょう。

八雲《やくも》の滞在《たいざい》した当時《とうじ》の日本は、ちょうど明治維新《めいじいしん》のあとをうけて、国力《こくりょく》をのばすのに全力《ぜんりょく》をあげていた時代でした。外国を相手《あいて》に、大きな戦争《せんそう》を二どもしました。八雲《やくも》はそういうはげしい時代のなかにいてまだ新しい文明《ぶんめい》の波《なみ》からとりのこされていた日本の古《ふる》い伝統《でんとう》や習俗《しゅうぞく》を、庶民《しょみん》のなかにさぐり求《もと》めて、そこに日本人の本質《ほんしつ》と真髄《しんずい》を見つけようとしたのです。

みなさんは、八雲《やくも》の見つけたものを、どう受けとりますか。これは今日《こんにち》もなお、――いや、今日《こんにち》こそ、若《わか》い世代《せだい》の人たちに課《か》せられた大きな課題《かだい》でありましょう。

なお、『虫《むし》の音楽家《おんがくか》』に入《い》れてある虫のカットは、八雲《やくも》が知《し》り合《あ》いの画家《がか》にたのんでかいてもらったものを転載《てんさい》いたしました。

≪解説おわり≫

小泉八雲及其作品

小泉八雲

1850-1904

出生

一九〇四年，小泉八雲出任早稻田大學文學部講師時，向該大學所提出的履歷書曾經這樣寫着：「小泉八雲（Lafcadio Hearn），原爲英國臣民。一八五〇年，出生於愛奧尼亞列島劉加笛亞（散達茅斯），長在愛爾蘭、英格蘭、威爾斯。一八六九年前往美國，做過印刷工和新聞記者，在紐奧爾良擔任過報館文藝欄主筆。在紐奧連斯當時所舉辦的世界博覽會，跟日本事務官服部一三氏認識。從一八八七年到一八八九年，旅居法屬西印度的馬地尼克。一八九〇年，由哈巴書店派到日本。承蒙當時文部次官服部一三氏的好意，獲得島根縣松江的縣立中學英文教師的工作。一八九一年秋季，移居熊本，就任第五高等學校教師。一八九四年，遷往神戶，暫爲『神戶新聞』（The Kebe Chronicle）記者。一八九五年，歸化爲日本臣民。一八九六年，應邀出任東京帝國大學講師，以至一九〇三年，講授英國文學，凡六年七個月。出版十一本有關日本的專書。」

由這份履歷書，我們可以知道小泉八雲是世界文豪中，經歷很特別的一個人。第一個特別是他的出生。他父親是愛爾蘭人，母親爲希臘人，他一降世就具有這兩種不同的血統。我認爲，八雲的性情，其作品的傾向與特質，都跟這個因素有不可分割的關係。

另外一個影響八雲生涯的因素是，他的家庭問題。愛爾蘭的杭家是個世家，因此，出生希臘之八雲的母親，嫁到在生活習慣不同，擁有嚴格傳統的家庭以後，似歷盡了滄桑。

所以，八雲六歲的時候，父母離婚，父親又結婚，可是八雲對其生母的愛慕和同情，却一輩子一直不變。日後，他很讚揚古代日本女性的貞淑，實根源於這種心情。

跟母親離別後的少年八雲，遂由其富裕的大姨媽領養，而過了很自由的少年時代。可是欠缺父母愛情的他，加以他一生下來就眼睛不好，因此常常作夢。惟其做爲文學家的素質，則似已開始萌芽於此時。

可是，在大姨媽處的和平生活，迨至八雲稍懂事的前後，却因爲意外事件的發生而終焉。亦即八雲十六歲，由於受到親戚破產的連累，其姨媽竟變成身無分文。因此到十九歲那年西渡美國以前，他便不得不寄居親戚家，唸法國學校，但還是維持不下去。於是決心自立更生，而要些旅費，隻身前去美國大陸。

在新大陸，等着不知東西南北，無依無靠之他的是貧窮、饑餓和寂寞。在不知道將於何時死在何地的異邦天空之下，年輕的八雲，竟換了三十幾種職業。

在美國的時代

歷盡各種各樣的折磨後，八雲告別了紐約，搬到俄亥俄州的辛西那底。在那裏起初幹印刷工人，爾後又換幾個工作，最後就業於「印乖雅拉」報館。

這是他以筆桿謀生的開端。他進報館以後沒多久，就發生震撼辛西那底市民的殺人事件（製皮工廠事件）。因爲這個報導一舉成名的他，遂正式成爲該報社會部記者，邊在社會版寫些雜文，同時發表文學性很高的隨筆、小品和評論，而逐漸爲報館所器重。

這些初期的文章，迨至八雲去世以後，其一部份曾在美國出版，現在讀來，其年輕的浪漫主義者面目，躍然紙上，雖然都是短文，但却有如寶石，非常精采。

我們一談到小泉八雲，往往會卽時聯想「日本」，和他的「鬼怪故事」。但我們如果心平氣和地回想這個與衆不同的作家，八雲在其初期就發揮之絢爛而稀奇的才華，實在很值得我們重視。

如此這般，來到日本以前的大約二十年，他在美國這樣過日子。在這期間，他的文學上成績是，介紹（翻譯）當時歐洲的新文學（特別是自然主義時代的法國作家）的作品。他有關戈替耶（T. Gautier）、比耳・羅蒂（Pierve Loti）、莫巴桑（H.R.A. guy de Moupassant）福羅貝爾（G. Flaubert）、佐拉（E.E.C.A. Zola）等人作品的翻譯，受到有許多亂譯的當時美國文壇很大的稱讚。其譯作，將近有一百篇。

他尤其傾倒於比耳・羅蒂，並受其影響而寫了兩篇小說，「紀達」和「猶瑪」就是。而羅蒂以日本爲題材的小說「阿菊」，更堅定了他要到嚮往已久之日本的決心。這是值得我們大書而特書的。

討厭文明的八雲，又由辛西那底遷往更南部的紐奧爾良，然後更搬到法屬西印度的馬地尼克島。在這裏，自覺逐漸衰老的他，愈感覺自己力量的有限，而深思其今後的前途。這時，他突然奉派到日本工作。這眞是千載一遇的好機會，因而一口答應。

到日本之後

以哈吧書店駐日特派員身分，於一八九〇年四月，抵達日本國土的八雲（三十九歲），本來祇預定呆一、兩個月而已。可是來到日本以後，一切的一切對他極其稀奇，覺得一兩個月時間，不可能獲得有關日本的知識和研究，因此卽時變更預定，準備暫時要待在日本。

但這個暫時，竟變成十四年。在這期間，他討了日本老婆，歸化日本，並落葉歸根於此地（一九〇四年九月二十六日去世，時爲五十四歲），這些事實使我們驚愕命運的奇緣，同時令我們深知八雲如何地喜愛日本這個國家。

在這十四年，八雲寫了十二本有關日本的專書，「日本瞥見記」、「從東方國家」、「心」、「佛祖田地的落穗」、「異國風物的回顧」、「靈魂的日本」、「明暗」、「日本雜記」、「古董」、「怪談」、「日本」和「銀河綺譚」等是。

這些書，都是爲美英國人，而用英文寫的，但從日本人的立場來讀，則自有其特別的風趣。換句話說，西歐人心目中的日本，可以爲日本人反省的借鏡。

自古以來，訪問日本，並寫過有關日本之專書的外國人，是不少，但小泉八雲的東西，的確高別人者一等。這是由於他對日本具有很深的愛情和理解所導致。在這種意義上，我們可以說在八雲之前沒有八雲，在八雲之後也沒有八雲。

八雲所滯留的當時日本是，明治維新之後不久，正在全力增强其國力的時代。她跟外國打過兩次大戰。八雲處於這樣激變的時代，在人民生活中，摸索還沒受過新文明之洗禮的日本古老傳統和習俗，俾尋求日本人的本質。（譯註）

（譯註）本文作者平井呈一是英國文學的翻譯家，本文譯自小泉八雲著「怪談」一書的「解說」。

（原載一九八二年二月十七日「臺灣日報」）

武者小路實篤

【解説】

武《む》者《しゃ》小《こう》路《じ》実《さね》篤《あつ》とその作品

実篤文庫　中《なか》川《がわ》孝《たかし》

武者小路実篤先生は、明治十八年（一八八五年）五月十二日に、武者小路実世《むしゃこうじさねよ》三十四歳を父に、母は秋子（なる子と訓《よ》む。勘解由小路《かでのこうじ》家の出）三十二歳との間に、八番目の末子として生まれた。

この武者小路家の先祖は、遠く藤原公季公《ふじわらのきみすえこう》を祖とする三条家《さんじょうけ》の一族で、初代武者小路公種《きみたね》は三条西《さんじょうにし》家《け》の出である。すなわち公種《きみたね》は、三条西実条の二男で、邸《やしき》が京都の武者《むしゃ》の小路《こうじ》に在《あ》ったため、これをとって姓とし一家を立てた。公種の出た三条西家は権大納言公時《ごんだいなごんきみとき》を祖として、この公時が藤原氏北家より分かれた三条内大臣実継《さんじょうないだいじんさねつぐ》の二男であったので、武者小路家は正統《せいとう》なる藤原家一門となる。

武者小路家の二代実陰《さねかげ》は、ときの霊元天皇《れいげんてんのう》から「古より今世に至るまで歌人と称するに足るものは、人麿《ひとまろ》、貫之《つらゆき》、定家《ていか》、逍遙院《しょうよういん》及び朕《ちん》の弟子実陰《さねかげ》のみ」と称《たた》えられ、和歌を以って準大臣《じゅんだいじん》に補《ほ》せられた人である。そしてその家集《かしゅう》には「芳雲集《ほううんしゅう》」、他に「初学考鑑《しょがくこうかん》」等の著があって、特に「芳雲集」の命題《めいだい》は桜町《さくらまち》天皇の勅賜《ちょくし》による。つぎに、実陰の孫実岳《さねたけ》にもその家集《かしゅう》「武者小路実岳集《むしゃこうじさねたけしゅう》」があり、実岳の孫実純《さねずみ》にも「武者小路実純御詠《むしゃこうじさねずみぎょえい》」なる家集があって、近世和歌史《きんせいわかし》上に残した武者小路家の事蹟《じせき》は大なるものがあって、もともと文筆《ぶんぴつ》の血筋《ちすじ》をひいていると言える。

武者小路先生の父実世《さねよ》は子爵《ししやく》で、二十二歳の時、公卿華族《くげかぞく》の同族中《どうぞくちゆう》から選ばれて、岩倉具視《いわくらともみ》と共に留学を命ぜられて、五年の間ドイツにいた。そのころはまだ日本に議会政治《ぎかいせいじ》のなかった時分で、外国の議会のことなども調べたのであろう、議会政治についての翻訳書《ほんやくしよ》など出版した。それは我が国の国会が開設《かいせつ》された明治十八年に先立つ数年前のことである。そういう法律《ほうりつ》のことなどを留学中に勉強されたのだろうという。この父の残した蔵書《ぞうしよ》にも古めかしい法律の本にまじって、ゲーテ、シルレル、シャミッソーのものなどがあったが、他にフィヒテの初版本《しよはんぼん》やオシアンの本、ナシマイヤーの百科辞典《ひやつかじてん》などもあった。父の残したドイツ語の本の影響《えいきよう》で、後に先生は学習院でドイツ語を選ぶことになった。

武者小路先生が、この父上についての思い出で一番忘れられないことは、父が先生兄弟に向かって抱《いだ》いていた大きな予期《よき》のことである。

父は死を前にして、兄公共《きんとも》に対しては「この子は悪ゆきしても公使《こうし》にはなるだろう」、先生に対しては「よく育ててくれるものがあったら、世界にひとりという男になるのだがな」といわれたことだ。これらの言葉は十六、七のころ、よく祖母から聞かされたが、後年母からも父が大きな予期を抱いていてくれたことを何度も聞かされた。

兄公共《きんとも》は駐独大使《ちゆうどくたいし》を最後に外交官生活《がいこうかんせいかつ》を終わり、帰朝《きちよう》して宗《そう》ちつ寮総裁《りようそうさい》等を歴任《れきにん》して、今から三年

合宿所で昼食をしたためる（前列左）

前長逝《ちょうせい》されている。

武者小路先生は幼少のころ、三歳から九歳までは、毎年夏はうちじゅうで鎌倉《かまくら》へ避暑《ひしょ》をされた。そのころの思い出の一つを先生の文章から抜いてみよう。

『ある時兄がやっと潜《も》ぐることができるようになった。兄は得意《とくい》になって水の中に潜ぐってあぶくを出した。それを母や姉が面白《おもしろ》がった。自分は兄にせがんでそれを見せてくれと言った。兄は浅いところではだめだと言って深いところへ自分をつれて行った。自分はゆけるところまで深いところへ行った。兄は潜《も》ぐって見せた。そうしてあぶくを出した。自分はそれを一心に見ていたら波が来た。自分はとび上がることを忘れて見とれていたので波にさらわれた。そうして少し深い方へ持ってゆかれた。姉がびっくりして自分を抱いて浅い

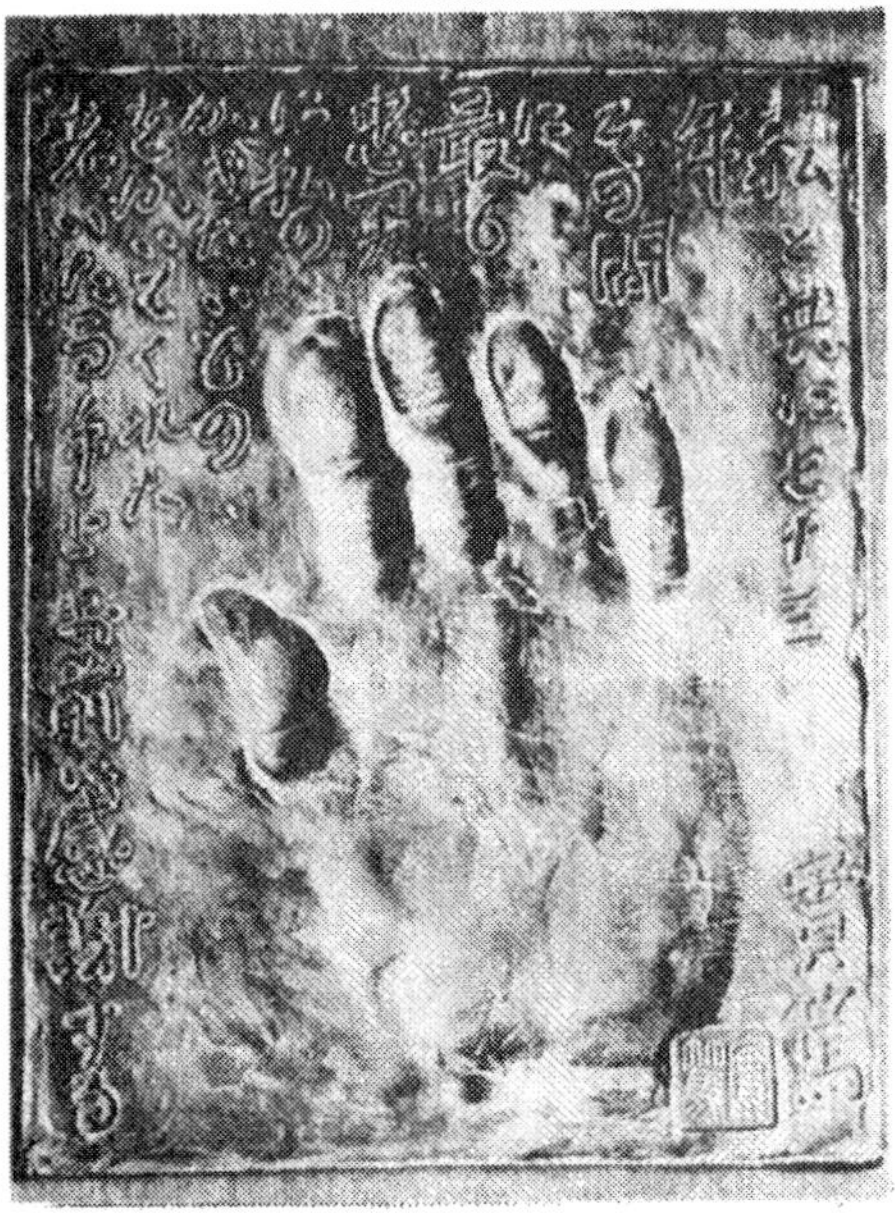

ペンを執り絵筆を持ち鍬を握つた創造の手

方へつれて行った。母はその時ぼんやりして僕がおよげるようになったのかと思って見ていたそうだ。
このことを思う度《たび》に自分は理由《りゆう》もなく姉は自分の生命の恩人《おんじん》だと思った。』

先生が、学習院初等科に入学されたのは、明治二十四年（一八九一年）六歳の時である。入学当時、父という言葉の意味がよくわからなかった。親は母だけのものだと思っていた。そのくせ母はその時分よく、「おとうさんは今にお馬を持って帰っていらっしゃる。」と先生達きょうだいに言って聞かせた。自分はよく「おとうさんはいつお馬を持って帰っていらっしゃるのでしょう。」と聞いた。先生はその時、お馬がほしかったのだという。

学習院での学業は中の上、三十人のうち十番以内にはたいがいいて、褒賞《ほうしょう》ぐらいもらっていたのだが、兄が学習院第一の秀才《しゅうさい》で、そのため母からはいつも怠《なま》けものとして絶えず残念《ざんねん》がられていた。

初等科のころの思い出の一つに「祖母《そぼ》の目鏡《めがね》」という先生の一文がある。

『祖母はこのうえない怒りっぽい、怖《こわ》い女として母や女中に怖《こわ》がられていた。なるべく皆さわらないようにしていた。自分を一番かわいがってくれたが、自分も時々は怒《おこ》られて怖かった。

自分が学校で「ワシントンが父から斧《おの》をもらって喜んだあまり父の秘蔵《ひぞう》の桜を切って、父が誰が切ったと怒ったとき私が切りましたと正直《しょうじき》に白状《はくじょう》したので父にほめられた」話を読本《とくほん》でよんでまもなくのことだった。

自分は過失《かしつ》で祖母の目鏡《めがね》をこわした。びっくりしたが祖母に怒られるのが怖いので黙ってびくびくしていた。祖母がそれに気がついた時、祖母は案《あん》の条《じょう》「誰がこわしたのだ。」と怒鳴《どな》った。皆黙っていた。祖母は益々《ますます》怒った。自分はこの時ワシントンの話を思い出した。「ここだ。」と思った。正直に言えばきっと許してくれてそのうえほめられると思った。それでびくびくしながら「僕がこわしたのです。」と言った。しかし祖母は許してくれなかった、ましてほめてはくれなかった。そうして散々《さんざん》叱《しか》られた。母があやまってくれてやっと助かった。

自分は暫《しばら》くの間怒《おこ》られたことを不思議《ふしぎ》に思った。そのうちに自分はワシントンの話を聞いて自分はワシントンの正直だということに感心するまえに、正直にするとほめられる、だから正直にする方が得だと考えていたことに気がついた。そうしてワシントンの話は正直にすると得をする、だから正直にしろと教えるよくない話だと思った。

いまだにその時の疑問《ぎもん》をはっきり覚えている。』

明治三十年（一八九七年）学習院初等科を卒業《そつぎょう》し、中等科に入学した。十二歳。不得意《ふとくい》な学課《がっか》は作文《さくぶん》、体操《たいそう》、唱歌《しょうか》、そして図画《ずが》だった。

先生は十歳の時から、夏は鎌倉《かまくら》へゆくのはやめて、毎年金田《かねだ》に行った。三浦半島《みうらはんとう》の南端に近く、金田湾に臨《のぞ》んでいて真正面《ましょうめん》に房州《ぼうしゅう》の鋸山《のこぎりやま》が見える、小さな静かな村だった。ここには母の弟勘解由小路《かでのこうじ》資承《すけつぐ》が住まっていた。この叔父は半農の生活をして、自分で畑もつくり、肥料も自分でかつぐという、なにもかも自分でやっていた。叔父のこの生活を子供の時から見ていて、またどろ運びなども手伝った経験《けいけん》が、後年《こうねん》新しき村の生活を始める時に不安を感じなかった原因ともなった。しかしこの叔父から受けた一番大きな影響《えいきょう》は、トルストイを教えられたことである。もっともそれは十八、九になってからのことではあるが。

そのころ、先生が「アフガニスタンの王様」になろうという空想《くうそう》をした話を、先生の文章から聞こう。

『自分は地理の時間に先生からアフガニスタンの話を聞いた。

当時（日清戦争《にっしんせんそう》がすんで二、三年たったころ）秀吉《ひでよし》や、ジンギスカンや、アレキサンダー大王や、ナポレオンを崇拝《すうはい》していた自分は先ずアフガニスタンの王様になって、アジアからロシアとイギリスを追い出して日本と同盟《どうめい》して支那《シナ》をやっつけてアジアをのこらずとって日本の天皇に献《けん》じようというくわだてを空想した。

その時分鉄砲《てっぽう》や大砲《たいほう》が発明されなければどんなによかったろうと思った。そうしたら牛若丸《うしわかまる》のように山にはいって撃剣《げきけん》の極意《ごくい》をさとって日本刀《にほんとう》ではたらいてやるのだがと思った。その時分朝早く起きて石を投げたり、棒をふりまわしたり、夜くらがりでそっと坐禅《ざぜん》をくんだりした。そうして孫子呉子《そんしごし》の講義本《こうぎぼん》を「兄にたのまれたのだ」と独言して本屋から買って帰って机《つくえ》の抽出《ひきだし》にしまっておいたのを見つけられておこられた。

今思うとくすぐったいが、その時はずいぶん一生県命になって、アフガニスタンの王様になるくわだてをしたものだった。

これはトルストイにかぶれるずっと前に思いきってしまったが今だに大きなことを空想しているところは当時の根性《こんじょう》がのこっているのだとも思える。

疎開《そかい》さきの秋田《あきた》県《けん》稲住《いなずみ》温泉《おんせん》で描《えが》いた絵
（昭和19年ごろ）

その時分、夏はもう鎌倉《かまくら》にゆくのはやめて三浦の金田というところに叔父《おじ》の家があったので、金田に自家《うち》じゅうで出かけた。

ある日人相見《にんそうみ》が来て皆の人相を見た。その時自分は陸軍《りくぐん》になるときっと大将《たいしょう》になれると言われた。ある従弟《いとこ》は少佐《しょうさ》にきりなれないと言われた。自分はその時なにしろアフガニスタンの王さんになろうと考えていたのだから、大将になると言われても大将になっても始まらないと思っていた。しかしさすがに嬉《うれ》しかった。そうして大将になってからアフガニスタンの王様になってもいいなとも思った。』

『友情《ゆうじょう》』は、大正八年（一九一九年）十月十六日から十二月十日まで、大阪毎日新聞の夕刊紙上に、四十八回に分載《ぶんさい》されて完結《かんけつ》した。（当時日曜づけの夕刊は休みであった。今はまたそのころに返って日曜夕刊がなくなった。）

武者小路先生はその時三十四歳で、建設《けんせつ》二年目の日向《ひゅうが》の新しき村に住まって、この中編を執筆《しっぴつ》された。その年の六月には雑誌「白樺《しらかば》」に連載《れんさい》した長編『幸福者《こうふくもの》』を終わり、八月からは伝記『耶蘇《ヤソ》』を雑誌「新しき村」に連載しはじめた。その間の八月から九月にかけて、一気にこの『友情』を書き上げたのである。久しぶりに小説らしい小説、理屈《りくつ》のほとんどはいらない小説をかいた、と当時「白樺《しらかば》」の六号雑記（九月十九日づけ）の中で先生は『友情』のことを述べている。この長編ははじめ「福岡日日新聞」の依頼《いらい》をうけて執筆《しっぴつ》したわけだったが、注文《ちゅうもん》の枚数より長くなり、一応は短く縮めるべく努めては見られたが福岡日日の迎えるところとならず、ついに「大阪毎日」が喜んで連載することとなった。

このことと、『友情』の文章の張《は》りについて諸家の言うところと関連《かんれん》があろうか。上記の事情から『この小説が少し短くされているらしいところのあるのは、その痕跡《こんせき》がのこっているのであると、先生も書いていられる。

最前列実篤　その右が妻房子（大正8年8月）

これを書いた当時の新しき村における先生の日常をうかがうには「白樺」の六号に次のような文がある。

『朝七、八枚書いて畑に出て、午前に三時間、午後に五時間位、鍬《くゎ》で土地を耕《たがや》して、帰って来てから人と話したり、本よんだり、ハガキの二、三枚位、かけるようになりました。我孫子《あびこ》に居た時分は（大正五年から村をはじめるまで）。一時間耕すとまいりきったものですが、このごろはやり方もうまくなり、三、四時間つづけてやっても、そうまいらなくなりました。きのうは朝四時間ほど大豆《だいず》の中耕《ちゅうこう》をし、午後五時間ほど、ぶっ通しに麦をかり、晩十時近くまで人と話をし、それから十枚原《げん》稿《こう》をかきました。自分ながら元気になり、ここの生活にからだがなれてきたのをうれしく思い……働きながらいろいろのことを考える余裕《よゆう》ができました。かえって一日なにかで働かないと心細くなります。』

このようななかで『友情』が書き上げられ、初版の序文《じょぶん》には、

『人間にとって結婚《けっこん》は大事なことにちがいない。しかし、唯一《ゆいいつ》のことではない。する方がいい、しない方がいい、どっちもいい。同時《どうじ》にどっちもわるいとも言えるかも知れない。しかし自分は結婚については楽観《らっかん》しているものだ。そして本当に恋しあうものは結婚すべきであると思う。しかし恋にもいろいろある。一概《いちがい》には言えない。……

自分はここではホイットマンの真似《まね》をして、失恋《しつれん》するものも万歳《ばんざい》、結婚するものも万歳と言っておこう。』

また、再版《さいはん》の序文においては、なお付《つ》け加《くわ》えて、

『新しき村の若い人達が今後、結婚したり失恋《しつれん》したりすると思うので両方を祝したく、また力を与えたく思ってかき出したのだがかいたら、こんなものになった。三人を仲よくさせたかったのだが流れるままに流れさしたら、こんな終わりになったのである。

この主人公達はまだ新しき村の人間になりきっていないのだからやむを得ない。新しき村でこういうことが起こったらどうなるかはまだ自分は知らない。しかしどっちにころんでも自己の力だけのものを獲得《かくとく》して起き上がるものは起き上がると思う。』

そのころの先生の感想の中に、

「ともかく一番大事なのはその人が立派《りっぱ》な人間になることだ。人間として起き上がろうとするものに祝福《しゅくふく》あれ、人間として立派に生きているものに賛美《さんび》あれ！」とある。

『芳子《よしこ》』は、先生自身、処女作《しょじょさく》とする、とよく書かれる。二十二歳の作。それ以前の作を習作《しゅうさく》として、この作に先生の小説家としての出発と愛着《あいちゃく》とを自身認《みと》めている、としていい。その半年前には処女単行本『荒野《あらの》』が出版され、またはじめて小説らしきものを書いたのは、十九か二十くらいのことと書いている。この最初の小説は、志賀直哉《しがなおや》氏に見せほめられたが、今は知るすべがない。

『小さき世界』の表紙（大正５年）

『初恋《はつこい》』大正三年二月作、原題《げんだい》『第二の母』、戦後改題《かいだい》、その時は、母という言葉が自分には尊い思い出になっているので、母を使わぬ方が気持ちいいのでと述べている。

『小さき世界《せかい》』大正三年十一月作。志賀《しが》氏をはじめ当時の友人が登場している。

『母としてのわが母』大正六年十月作。

『土地《とち》』大正九年二月作。

『或《あ》る日の一休《いっきゅう》』大正二年四月作。

武者小路實篤及其作品

武者小路實篤

1885-1976

一

武者小路實篤先生降生於一八八五年五月十二日，是父親武者小路實世（三十四歲），母親勘解由小路秋子（三十二歲）的第八個小孩，也是最小的兒子。

武者小路家的祖先是，以藤原公季爲祖的三條家的一族，而第一代武者小路公種是三條西家的出身。亦卽公種是三條西實條的次子，由於其公館位於京都武者的小路，遂取之爲其姓而成一家。公種之所由出的三條西家，係以權大納言公時爲祖，而公時又是由藤原氏北家分出來的三條內大臣實繼的次子，因此，武者小路家是正統的藤原家的一族。（譯註一）

武者小路家的第二代實陰是，被當時的靈元天皇稱讚爲「自古至今，堪稱爲歌人者，祇有人麿、貫之、定家、逍遙院和朕的徒弟實陰」，而以和歌被任命爲準大臣。有家集「芳雲集」，和「初學考鑑」等著作，而「芳雲集」的題目，乃櫻町天皇之所賜。又，實陰的孫子實；也有其家集「武者小路實岳集」實岳的孫子實純也有「武者小路實純御詠」的家集。是卽武者小路家在日本近世和歌史上遺留下來很大的事功，其筆墨血統，實爲一脈相承。

二

武者小路先生的父親實世是子爵，二十二歲，由公卿華族（譯註二）的同族中被遴選，與岩倉具視（譯註三）留學德國五年。這時日本還沒有議會政治，可能他曾就外國的議會做了研究，因此出版過議會政治的翻譯書。這是早於日本開設國會的一八八五年幾年的事情。他在德國留學期間，主要地學習法律。但他所遺留下來的藏書裏頭，除古色古香的法律書外，却還有歌德、席勒、和沙米索的著作，費希特的初版書，歐西安的書，和那西邁亞的百科全書。由於乃父遺留下來的德文書影響，後來在學習院（譯註四），武者小路先生便選修了德文。

武者小路先生對他父親最難忘的是，他父親對他們兄弟抱着很大的期望這件事。詳而言之，他父親即將去世的前夕，曾就他哥哥公共（譯註五）說：「這個小孩，最差也能做到公使」；而就他則說：「如果有人能好好養他，他會成爲世界無雙的人」。這些話是他十六、七歲的時候，他祖母常講給他們聽的話，也是日後一再地由其母親嘴裏說出來的話。

乃兄公共以駐德大使爲最後職務，而結束他的外交官生活；回國以後，曾歷任宗秩寮（譯註六）總裁等，於一九六二年與世長辭。

武者小路先生小時候，亦即從三歲到九歲，全家人每年夏天都到鎌倉去避暑。他回憶這段時間的文章，有這樣的一段：「有一天，哥哥能潛水了。哥哥很得意地潛入水裏，吐着氣泡，母親和姊姊都覺得這很好玩。因此我央求哥哥表演給我看。哥哥說淺的地方不行，而把我帶到水深的地方。我儘量往水深處走去。哥哥潛水了，並吐氣泡給我看。我因爲一心一意地看着，所以海浪來的時候忘記跳起來，而被海浪沖走，並在稍微水深的地方停下來。於是姊姊趕緊把我抱到水淺的地方。據說，這時母親以爲我會游泳了。我每想到這件事，就覺得姊姊是我生命的恩人。」

武者小路先生於一八九一年，六歲時進學習院初等科。入學當時，他連父親的意思都弄不清楚，他以爲人祗有母親。不過那時母親却常對他們說：「父親很快就會帶一匹馬回來。」他也常問：「父親什麼時候會帶馬回來？」據說，他那時很希望有一匹馬。

他在學習院的成績算是中上，亦卽在三十個同學當中，他總是在十名以內，所以有時候也能得些奬品，惟因他哥哥在學習院的成績最好，因此他母親常說他是個懶鬼。

三

回憶他初等科時代，武者小路先生有篇題名「祖母的眼鏡」的文章。它這樣寫着：

『祖母非常容易生氣，而爲母親和下女所害怕。因此大家都敬遠她。她最喜歡我，但她有時候也會罵我，所以我也怕她。

這是我在學校，讀了「華盛頓的父親給他斧子，由於太高興而砍斷了他父親最喜愛的櫻樹，父親怒問說是誰砍的，我坦誠地答說是我砍的，因而受到父親的稱讚」的故事以後發生的事情。

因爲過失，我打破了祖母的眼鏡。我很害怕被祖母責駡而發抖。祖母發現她的眼鏡被打破後，如所逆料，大發雷霆問：「誰打破的？」沒人說話。祖母愈來愈怒髮衝天。這時我想起了華盛頓的那個故事，以爲坦承說出，祖母不但會原諒我，而且還會稱讚我。於是邊發抖說「是我打破的」。可是，祖母不僅沒寬恕我，更沒有稱讚我，並且大罵我。最後由母親向她陪罪才了事。

有一陣子，我一直對於爲此而被責罵覺得奇怪。後來我才發覺，在佩服華盛頓之誠實以前，我有如果誠實的話會受到稱讚，所以誠實比較佔便宜這種想法。因此認爲，華盛頓這個故事是，「誠實將佔便宜，所以人應該誠實」這種說法的壞故事。

現在，我還很淸楚地記着當時的疑問。

一八九七年，武者小路先生畢業學習院初等科，而進入中等科。不行的課目是作文、體育、音樂和畫圖。

從十歲以後，每年的暑假改往金田。這是靠近三浦半島的南端，面向金田灣，正前方可以望見房州之鋸山的小村莊。他母親的弟弟勘解由小路資承住在這裏。這個舅舅在此地過着半農的生活，種田、挑糞，統統自己動手。從小就目睹舅舅這種生活，而且自己又幫忙過撥泥濘，乃是日後使他開始新村生活時不覺得不安的主要原因。但這個舅舅給他的最大影響，還是敎他閱讀托爾斯泰的著作，這是他十八、九歲左右的事情。

這時，武者小路先生曾經夢想過要做「阿富汗國王」。就此，他這樣寫着：

「我在地理的課堂上，由老師得知有關阿富汗的事。當時（一八九八年左右），崇拜豐臣秀吉（譯註七）、成吉思汗、亞歷山大大王和拿破崙的我，夢想做阿富汗國王，然後從亞洲趕走俄國人和英國人，並與日本結爲盟國，攻陷中國，從而把整個亞洲獻給日本天皇。

那個時候想，如果沒有洋鎗大砲的話多好。若是，我將跟牛若丸（譯註八）一樣，入山練劍，練成劍王，用日本刀大幹一番。我每天很早起來，投石，揮棒，晚間偷偷地坐禪。更說是哥哥托他，買來孫子吳子的書擺在抽屜裏而挨罵過。

現在回想起來，眞是荒唐，不過在當時，我的確拚命努力於想做阿富汗國王。

這個夢想，雖然在我熱中托爾斯泰很早以前就放棄，但夢想大事的根性，則仍然存在。

當時，我們在夏天已經不到鎌倉，而全家人前往三浦的金田，舅舅的家。

有一天，算命的來給我們看相。算命的說，如果我當陸軍，可以晉升到上將；而對我堂弟則說，他祇能做到少校。由於這時我想做阿富汗國王，所以對於能做上將並不覺得怎麼樣。不過聽來還是很高興。因此甚至於想，做了上將以後再做阿富汗國王也不錯。」

四

「友情」是從一九一九年十月十六日，到十二月十日，在「大阪每日新聞」的晚刊連載的作品。（當時星期天沒有晚刊，現在又跟當時一樣，沒有晚刊。）

這時，武者小路先生是三十四歲，在九州建設新村的第二年，他撰寫了這個中篇小說。同年六月，在「白樺」連載完畢長篇「幸福者」；從八月份開始在「新村」雜誌連載「耶穌」的傳記。在這期間，自八月到九月，一下子寫完了「友情」。

當時，他曾在「白樺」第六期雜記（九月十九日）中，就「友情」說，這是他很久沒寫過的輕鬆小說。這個長篇，本來是應「福岡日日新聞」之邀請執筆的，惟超過對方所要求的字數太多，雖然曾縮短了些，但沒爲「福岡日日新聞」所接受，而被「大阪每日新聞」拿去連載。

關於武者小路先生當日在新村的生活，上述第六期「白樺」有這樣的一段：

「現在，我能早晨寫一千五、六百字以後，到田地工作三個小時，下午耕田五個小時左右，回來後跟人家談話，看書，寫兩三張明信片。還在我孫子（地名—譯者）的時候（一九一六年到一九一八年），祗要耕田一個小時，就覺得很累，但現在就是繼續工作三、四個小時，也不覺得怎麼樣。昨天上午，中耕大豆約四個小時，下午割麥五個小時左右，晚間跟人家談到將近十點鐘，然後寫了兩千字的文章。我深深感覺自己身體健康，習慣於此地的生活而愉快……。現在我能邊作工，邊思索。如果一天不作工，反而會覺得不安。」

在這樣的環境下，武者小路先生寫成了「友情」，並在其初版的序文裏這樣說：「對於一個人，結婚的確是一件很重要的事情，但不是唯一的事情。我認爲，結婚也好，不結婚也好，都好；也許都不好。我對結婚，抱着很樂觀的態度。眞正互相喜愛的，應該結婚。不過愛也有幾種，不能一概而論。……現在，我想學惠特曼，說失戀者萬歲，結婚者萬歲。」

武者小路先生在其再版序文又這樣說：「新村的年輕人，今後總會結婚或失戀，我爲祝福和鼓勵他（她）們，而寫成它。我本來希望三個人和好，惟自然而然地變成這個樣子。由於這些主角，都還沒完全變成新村的人，所以這是不得已的。在新村如果發生這樣的事，將會怎麼樣，我不知道。但我相信，不管如何，自强者，還是能站起來。」

武者小路先生此時的感想，有這樣的一段：「總之，最重要的是每個人要做個頂天立地的人。我祝福肯站起來的人，我讚美想做個頂天立地的人！」

五

「芳子」，是武者小路先生自稱爲其處女作。寫這篇小說時，他是二十二歲。他自己認爲，在這以前的作品是練習，「芳子」纔是他做小說家的開端。他自己又說，早其半年，他首次出版單行本「荒野」；眞正開始寫文章是他十九歲、二十歲的時候。又據說，這篇小說曾給志賀直哉氏（譯註九）看過，並得到其稱讚。

「初戀」作於一九一四年二月，原題「第二母親」，第一次大戰後改題爲「初戀」，理由是，當時母親這兩個字對他非常尊貴，所以不喜歡使用母親兩個字。

「小小的世界」，寫於一九一四年十一月，志賀等當時的朋友是作品中的人物。「做爲母親的我母親」，撰於一九一七年十月，「土地」，一九二〇年二月：「某日的一休」，一九二三年四月完成。（譯註一〇）

（譯註一） 藤原氏，爲源、平、藤、橘四姓之一，起初掌管大和朝廷神事，稱爲中臣氏，對大化革新有功的鎌足承天智天皇賜予藤原朝臣之姓，繼而於西曆六九八年，文武天皇特賜鎌足次子不比等後裔稱藤原姓。爾後，藤原氏在日本歷史上佔盡政治權勢，幾達一千年以上，而近衛也是它的後裔。

（譯註二）公卿，亦稱上達部或月卿，太政大臣，左右大臣爲公，大中納言，參議，三位以上的朝官爲卿，合這兩者稱爲公卿。華族，係指具有公、侯、伯、子、男五爵位的家族。

（譯註三）岩倉具視（一八二五——一八八三），京都人、公卿、政治家、號對岳，爲創建明治日本的大功勞者之一。

（譯註四）學習院，於一八八七年，華族會館開設的華族學校，官立，二次大戰後改爲私立。

（譯註五）武者小路公共（一八八二——一九六二），東京大學畢業，曾任駐土耳其、德國大使，著有「留歐八千〇一夜」，「閒逛十萬里」等書。

（譯註六）宗秩寮，係以往宮內省的一個寮，掌管有關皇族、皇族會議、王族、公族、華族、貴族、爵位、有位者的事務。

（譯註七）豐臣秀吉（一五三六——一五九八），現今愛知縣人，安土桃山時代的武將。日本幕藩體制的功勞者。

（譯註八）牛若丸，係源義經（一一五九——一一八九）幼年時的名字，亦稱九郎，號源九郎。

（譯註九）志賀直哉（一八八三——一九七一），宮城縣人，東京大學肄業，小說家，曾獲文化勳章，有「暗夜行路」，「和解」等名作。

（譯註一〇）本文作者中川孝，服務於實篤文庫；本文譯自武者小路實篤著「友情」一書的「解說」

一九八二年三月三十日於東京

（原載一九八二年四月十七日「臺灣日報」）

山本有三

【解説】

山《やま》本《もと》有《ゆう》三《ぞう》の人と作品

共立女子大学助教授　越《お》智《ち》治《はる》雄《お》

山本有三先生は、明治二十年の生まれですから、すでに八十歳に近く、みなさんからみればたいへんなおとしよりに見えることでしょう。しかし、その先生は、先日お目にかかった時、ソ連から来たサーカスをぜひ見たいと思っているのだが、と言われる方でもあるのです。わたしはその時先生の書かれた戯曲《ぎきょく》についてうかがっていたのでしたが、先生は、近ごろの戯曲の作り方が自分の信じているものと変わってきた、もっとも自分の戯曲に対する考え方が古いのかもしれぬが、と話されました。そして、わたしがいいえと言おうとすると、いや古くてもかまわない、もし間違《まちが》っているとわかればいつでも改めるのだから、ともおっしゃったのです。サーカスの例でわかるような、今なお好奇心《こうきしん》に満ちた若々しさ、戯曲に対する考えに示されるような、信念への誠実さと、しかしがんこにおちいらぬゆとり、どちらもわたしには先生の人がらがよくしのばれたことでした。

この話からみなさんは、『路傍《ろぼう》の石《いし》』の吾一少年にも、どこかそういう作者の人がらがうつっているように思えないでしょうか。

『路傍の石』にはたしかに、先生の自伝的要素《じでんてきようそ》があるのです。父は武士階級《ぶしかいきゅう》の出身者で、明治維新《めいじいしん》にさいして没落《ぼつらく》し、裁判所勤《さいばんしょづと》めをしていましたが、新しい時代に生きるために、福沢諭吉《ふくざわゆきち》を尊敬し、その著書を少年勇造（有三は筆名です）にも読むように勧《すす》めた人でした。読書好きの少年だった先生は、高等小学校（『路傍の石』の中で説明されています）卒業後、東京浅草の呉服店《ごふくてん》に奉公に出されました。そのころについて先生が話されたことを、その親しみ深い元気なお話しぶりのうかがえるように、写してみましょう。

父元吉氏と幼年時代の有三（6歳のころ）

「あんまりぼくの父ってのは、昔のことをしゃべらないんですよ。裁判所でけんかするかなんかして、それで急にあきんどになったわけですね。おやじのやってた呉服屋ってのは、高いもので柄《がら》のいいものとかね、多量に売ってするというよりは、いいものを売ってするというんでね、だからとくいも決まっていました。昔はね、ぼくは学校に行きたいなんて言ったって、おやじになんか言えませんでしょう。やっと母に言ってですね、そして何もとりあげ

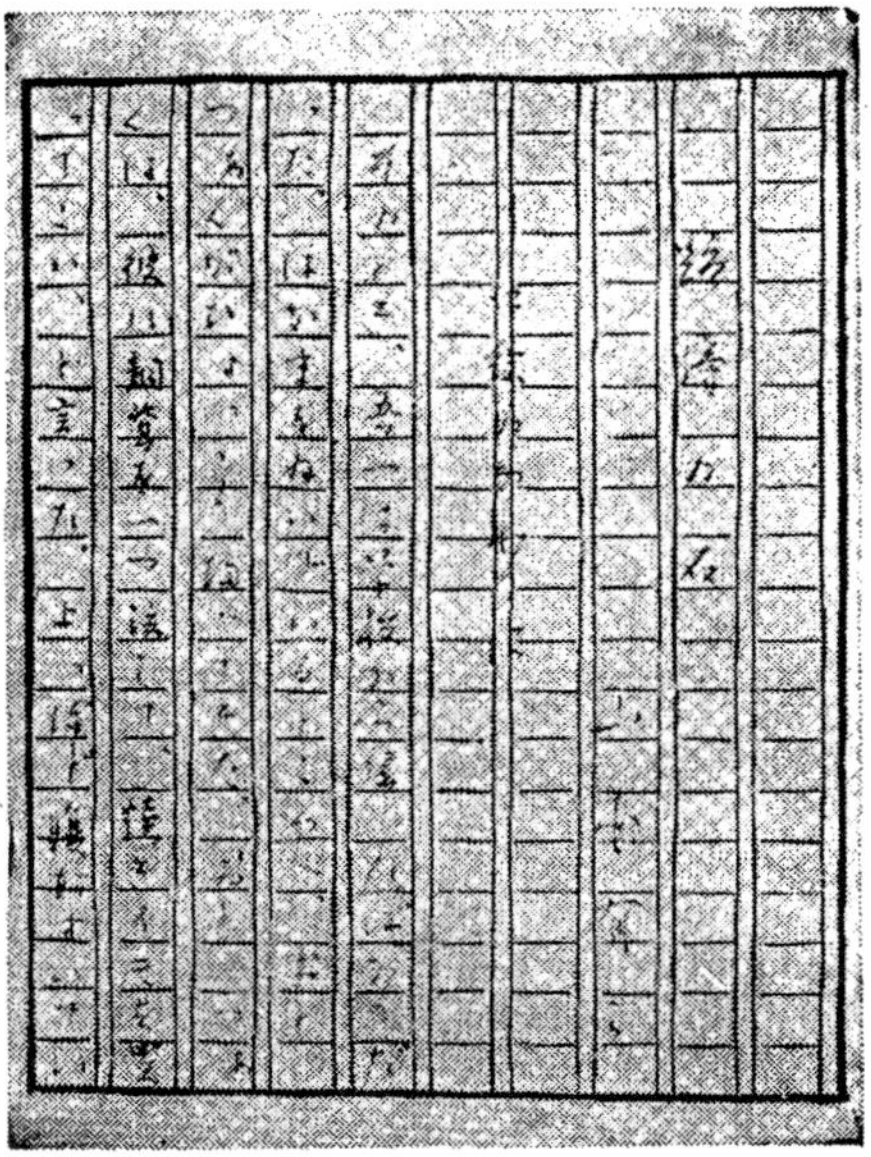

「路傍《ろぼう》の石《いし》」の原稿

られないで、したがって奉公に行くんだったらもう行くもんだとそういったものですね。満《まん》で言えば十五です、浅草ではかなり大きなうちでした。むろん、外へ使いにもやらされましたけどね、あの時期《じき》蔵番《くらばん》していて、そして本を読んでたら、おこられて、本をとりあげられちゃったわけですよ。」

これで、『路傍《ろぼう》の石《いし》』にある自伝的要素という意味は、みなさんにも納得《なっとく》が行くことと思います。しかしたとえば、吾一の奉公するのが東京ではないように、『路傍の石』が先生の自伝でないことも忘れてはならないでしょう。先生の少年時代のさまざまな思い出が、作品ににじみ出ているという意味に考えるのが正しいのです。吾一の勉強をしたくてしょうがない気持ちに、作者の切実《せつじつ》な体験が生かされていることは、いうまでもありません。

吾一は奉公をやめて東京に出ますが、実際の先生は、一年ばかりの奉公ののち、ついに郷里に帰り、学問をすることを望んだのでしたが、学問は商人に不要だと考えている父の許しは容易に得られませんでした。いくどか父と衝突《しょうとつ》したのち、母のとりなしで、再び勉強を始めたのは十八歳の時でした。先生の最初の小説『生きとし生けるもの』は、貧しい炭鉱夫の子どもに生まれた周作が、十二（数え年でしょう）の時から働き始め、十八歳の時、ふとしたきっかけで学問をつづけることができるようになっています。これも、作者自身とどこか似かよっているでしょう。先生はわたしに、遅《おそ》く勉強を始めたために非常にあせったと、話されました。それで思い出したのですが、先生の戯曲《ぎきょく》の傑作《けっさく》『坂崎出羽守《さかざきでわのかみ》』の主人公について、先生は、「自分自身では、あせるのはじゅうぶん悪いと知っていながら、その場になるとついくだらないところへ踏《ふ》んごんでしまう。坂崎はどうもそういった人間のような気がして来た。しかしひるがえって自分をみると、わたしは年中あせってはヘマばかりやっている」と、以前に説明してもおられるのです。考えれば、吾一の心の中にもそれがあるように思えませんか。そして、わたしたちみんなの心の中にもさまざまなあせりが見いだせるように思いませんか。

ところで、先生はあせってばかりおられるわけではもちろんありません。すがおの先生は落ちついたゆったりした方です。「すわり」という文章がありますが、そこで先生は、コマがよくまわって、まるで動かないように見える時、それを子どものころ、「コマがすわる」と言っていたと記《しる》し、さらにこう書いておられるのです。

「すわる」ということは動かないことではない。一見、動かないように見えるけれども、じつは、最《もっと》も烈《はげ》しく動いていることである。最も烈しく回転すればこそ、コマははじめてすわるのであって、

「すわり」は活動の絶頂《ぜっちょう》である。

先に述べたように、先生の心の中には吾一少年のようなあせりもあったでしょう。しかしまた、先生は動きながらすわること、そして「すわることは澄《す》む」という境地《きょうち》を、求める気持ちも常に持っておられるわけです。これだけの引用《いんよう》では、すわりの意味はむずかしいかもしれません。が、たとえば吾一が京造に対して感じているものを思い出せば、わかってくるのではないでしょうか。こうみてくると、あせりとすわり、先生の心の中にある二つのものが、『路傍の石』にも現われているように思われ、それが出てくる人物が生き生きとした印象を読者に与える一つの原因であろうとも思われます。つけ加えて言いますと、第二次世界大戦中にも先生は平和を念じつづけ、好戦的《こうせんてき》な人たちのいかりをかったことさえあるほどで、激しく動く時代で人間が理性を失いがちな戦争の時期にも、歴史の正しい方向を見とおすすわりを、かたときも忘れなかったわけです。

こうして、『路傍の石』には、先生の実際の経験や、性質、考えなどが織《お》りこまれていることが、みなさんにもはっきりしてきたと思います。が、この作品がわたしたちにいつまでも忘れがたいものになるのは、まだそのほかにも理由がありましょう。言うまでもなく、つらい苦しい境遇《きょうぐう》をはねのけて生きて行こうとする少年吾一の魂がそれであるはずです。そして、このような吾一の生き方自体が、また先生の人生に対する考えと一致しているのです。『雪』という作品の中にこんな言葉があります。

ごらん。
　どぶのなかの
　かげろうだって
　みんな天をめざしている。

どぶのなかに生まれることは不幸です。吾一も題の示すように道ばたの石ころにも似ています。ただ、どんな人間でも、天をめざし、光をめざし、幸福をめざして生きてゆく、また生きてゆくべきだという先生の考えそのままに、吾一は、さまざまな人や事件に出会いながら成長をつづけてゆくわけです。

先生はまた戦後「竹」と題して講演をされたことがあります。もともと、先生は竹がお好きだとのことで、わたしがお宅を訪問したときも、庭の竹の青さ、美しさに、心を洗われるような思いでした。なぜ、竹が好きか、その理由を先生はその講演で次のように話されたのです。

『路傍の石』執筆当時の著者とミタカの住居（昭和13年ころ）

「途中で曲がったり、くねったりしないで、いちずに、天を目ざしている姿は、ただ一つのものだけを信じて、生きてゆこうとしている心と、何か、似かようものがありはしないでしょうか。また、竹は、どんな時でも、一本立ちでいるということがありません。自分ひとりだけ、ふとろうとか、高く伸びようとか、いう気持ちもありません。かれらは、いつも、一家、一族と言いますか、はらからと言いますか、みんながいっしょになって、共同の生活をしています。そして、土の下で、しっかりと手をにぎり合っています。」

先生の作風が理想主義《りそうしゅぎ》と呼ばれ、多くの人々に生きる力と励《はげ》ましを与えてきたのも当然でありましょう。

さて、『路傍の石』は明治三十二年に始まっています。吾一の中に今日のみなさんと共通するものをたくさんみいだせることは事実だとしても、作者は特定のある時代に生きるひとりの少年を描《えが》こうとしたわけです。みなさんがこの時代について持っている知識を思い出してみてください。一方で、日本の国力の伸長《しんちょう》していった時期でもあります。しかしまた一方では、「物価騰貴《ぶっかとうき》」の章に示されているような社会不安や貧しい人たちの苦しみの多かった時期でもあります。そういう時代の姿は、いなば屋の安吉と次野先生の会話にも、武士かたぎが抜けず、新しい時代についてゆけない父庄吾の「うつりかわり」にも、描き出されています。つまり、作者は、ひとりの少年の成長をその心の中の変化だけで考えるのではなく、周囲の人々、社会とのかかわりで描き出そうと意図《いと》していたのです。もちろん、最初のうち、幼い吾一は実力がものを言う子どもの世界とおとなの世界が違うことに気がつくだけで、条約改正《じょうやくかいせい》のような大きな政治の動きにはまだ無関心でした。しかし、彼が成長するにつれて、政治や社会への目を持ち始めるのは当然です。実は、もと書かれた原稿では、印刷所に勤《つと》める社会主義の青年から、貧しい「おれたちは手をつなぎ合って、みんなおっこちないようにしなくっちゃだめだと思う」、と聞かされるようにもなるのです。吾一はそれに対して、貧乏人だけでなく、人間「みんな、なかよく手をつながなければいけない」と考え、必ずしも賛成していないのですが、軍国主義の時代ですから、社会主義者が出てくるというだけの理由で、書き進められないような圧迫が加わり、ついに中絶してしまったのです。時代との関連で人間の生き方を描こうという先生の意図が、受け入れられないような不自由な時期に、『路傍の石』が未完に終わったのはやむを得ないことでした。妥協《だきょう》して自分を曲げることをしりぞけたところに、わたしたちは先生の強さを見ることができるでしょう。

「新編路傍の石」の初版本
（昭和16年・岩波書店刊）

　みなさんの読んだ『路傍の石』は、戦後、一応の区切りのつくところまでにして、作者がまとめたもので、作品としては完結していません。おそらく、だれもが、こののち吾一はどうなるはずだったかを知りたいと思うでしょう。しかし小説は、長い戦争が終わった時、すぐそのつづきを書けるといった簡単なものではありますまい。先生が、もし書きつづけていたら「ずっとおとなまで——仕事は事業家ですね」、と以前の構想を語っておられることで、満足しなければならないわけです。

けれども、そのことは、この作品が不完全な作品であるということを意味するのではありません。みなさん自身も読み終えて、心に残り、強く感じる部分がたくさんあったに違いないのです。わたしはここで、みなさんに二つの問題をとくに出しておきたいと思います。おそらく、それは先生の考えでもあると信じるからです。その一つは、吾一の成長のきっかけになるものです。みなさん自身の今までの生活をふりかえってみてください。どんなとき、どんな人が、どんな言葉が、みなさんの心に深く響くものを与えたでしょうか。それぞれに何か経験があるでしょう。同様に、吾一もさまざまな人との出会いによって一歩ずつ進んでゆくのです。次野先生のように、のちにまた吾一の前に現われる人もいますが、印刷所の炊事《すいじ》場《ば》にいる、腰の曲がった老人のように、名もなく、そして一度吾一の前から消えたら二度と登場しないだろうと思われる人もいます。考えてみると、わたしたちも、自分だけで考え、生きているように思いこんでいながら、どんなに多くの人とのかかわりで成長して来ていることでしょう。吾一の人生を、そういう点からみなおしてください。

いま一つの問題は、人間の描かれ方です。吾一をめぐって実に多くの人物が登場しますが、そのさまざまな姿は、人間の複雑さを示しているように思われます。そしてさらに重要なことは、世の中にいろいろな人がいるのが複雑だということだけではなく、ひとりの人間が実に複雑なものを持っているということです。わたしたちは、とかく、他の人々を割り切って考えてしまいがちです。でも、人間は決してそんな単純なものではない。たとえば、みなさんは、父親庄吾《ちちおやしょうご》についてどう思いますか。一番最初に、先生が『路傍の石』を書き始められた時、この父は、本当に身勝手ないやな人間に描かれていました。しかし、先生は書き改めて、いまの相川庄吾《あいかわしょうご》を創造《そうぞう》されたのです。みなさんの見る庄吾は、一面ひどい父親でしょう。が、何かを追い求めている人でもありま

昭和13年に上映された「路傍の石」（母おれんと吾一少年）

「新編日本少国民文庫」
(昭和31年4月新潮社版)

す。それから、「物価《ぶっか》騰貴《とうき》」の章の終わりで、庄吾が犬に対して感じたものは何でしょうか。彼が悲しい寂しい気持ちを抱いていることもわかります。そういう複雑な心のひだのある人物を描き出す、先生の人間を見つめる目に注意してください。先生は、「すべては見る目だ、見る心だ。見る人の問題だ。」とも書いておられます。それは先生の信念ですが、わたしたちみんなの持つべき心がまえでもありましょう。

先生のお宅での話に、働きながら学んでいる現在の少年たちのことが出たことがありました。先生は、つらかった昔を思い出しながら、今、そういう生徒はどのようにして勉強しているのかと、熱心に質問されるのでした。考えてみますと、先生は長い間にわたって、少年少女のためにすぐれた書物、雑誌を世にあらわし、また子供のための読書の指導もつづけてこられました。わたしも、「日本少国民文庫」と名づけられた叢書《そうしょ》の、『心に太陽を持て』という書物を深い感動にひたって読んで来たのです。ある詩からとられたこの書の言葉は、わたしの心のどこかでいつも鳴っている、そう思われます。

『路傍の石』の中に、こんな言葉がありました。「人間はな、人生というトイシで、ゴシゴシこすられなくちゃ、光るようにはならないんだ」。吾一はまだ完成した人間ではありません。みなさんがみて、その考え方などに疑問を持つ部分もあるでしょう。それは当然のことなので、作品同様、吾一も未完成なのです。しかし、そのかわり、彼には未来があります。「人生というトイシ」にぶつかり、ぶつかり、吾一はたくましく正しく生きてゆくに違いありません。この作品の結びの言葉を覚えていますか。吾一は「やります。やります。」と言ったのでした。そういう気持ちを抱いた毎日が、読者である少年少女のものであることを、きっと先生は願っておられるはずです。作品が完結しなかったのは残念ですが、「しっかりやります」と誓っている吾一の姿は、そこで終わっているだけに、かえって彼の姿を永遠の少年として、わたしたちの心にきざみこむことになったとも言えるでしょう。

アメリカ国会図書館における放送
（昭和31年11月）

山本有三及其作品

山本有三

1887-1974

一

山本有三先生出生於一八八七年，因此現在已經快八十歲了，各位讀者一定會覺得他年紀很大。可是，前幾天我跟他見面的時候，他還說很想去看看由蘇聯來的大馬戲團表演呢！那時，我正在向他請教有關他的劇本。他說，最近劇本的寫法與我所想的有了距離，不過這或許是由於我對於劇本的想法太陳舊所導致的也說不定。

我說這不是；但他却又說，想法舊沒關係，如果有錯誤，他願意隨時修改。對於大馬戲團的好奇心也好，以及他對劇本想法的誠實，在在顯示他的爲人（人品）並不頑固。而由這一點來說，我覺得「路邊的石頭」的吾一少年，似是作者人品的寫照。

「路邊的石頭」，的確有山本先生的自傳因素。他父親出身武士階級，明治維新時沒落，因此在法院工作；爲了適應新時代的要求，他父親尊敬福澤諭吉（譯註一），並要其兒子勇造（有三是筆名）讀福澤的著作。愛讀書的他，高小畢業後，就被送到東京淺草的綢緞莊去當學徒。就當時的情形，山本先生曾說：

「我父親並不大談過去的事。他好像是在法院跟人家吵架而改行做生意的。父親所開的綢緞莊，價錢貴，式樣好，它的對象是重質不重量，所以顧客是固定的。我雖然很想去讀書，但不敢給父親講。後來請母親轉告，但父親不理，因此母親說，你還是去當學徒。當時我滿十五歲。淺草的那家店很大。當然，有時候要跑外邊；而在管倉庫時，我利用時間看書，被發現挨駡，書被沒收了。」

由此可見，「路邊的石頭」有山本先生的自傳因素。不過，吾一並不在東京當學徒，所以「路邊的石頭」當不是山本先生的自傳。但山本先生少年時代的各種回憶，却充滿於這篇作品。譬如吾一非常愛讀書，無異是作者體驗的投影。

吾一辭掉學徒到了東京；但在實際上，山本先生當了一年左右的學徒以後回到故里，想做學問，但未能獲得父親的同意。他父親以爲商人不必有學問。他跟他父親爲此再三衝突，經其母親關說，迨至十八歲時，才達到再度讀書的願望。山本先生的第一部小說「衆生」，寫降生爲窮煤礦夫之兒子的周作，滿十一歲時開始做工，十七歲時，因爲一個偶然的契機，而繼續做學問。這跟作者的經驗也有些類似。

山本先生對我曾經說過，由於他很晚讀書，所以很着急。他在他的劇本「坂崎出羽守」就其主人公也這樣寫着：「我自己知道着急不好，但一到時候，還是會着急。坂崎似乎就是這種人。反觀我過去，我一年到頭着急，因而常常失敗。」吾一不也是一樣嗎？說實在話，我們每個人的心中，都有各種各樣的着急。

不過，他也不是一天到晚在着急。山本先生是位非常沉着鎭定的人。他有一篇題名「座定」的文章。在這篇文章裏，他說陀螺轉得好像不動的當兒，小時候的他們把它叫做「陀螺座定」。

「座定」不是不動。看來好像沒動，其實是動得最起勁的時候。由於動得最厲害，所以陀螺才會座定，是卽「座定」是活動的頂峯。

如前面所說，山本先生的心中也有吾一少年的那種着急。但在活動中，他却也一直尋求着「鎭定者澄」的境地。這一點點引述，或許不容易瞭解「鎭定」的意義。我們可以想像吾一對京造的態度。亦卽山本先生心中的着急與鎭定，在「路邊的石頭」表現得很清楚，而這個作品中的人物，個個都予讀者以深刻印象，可能就是由於這種原因所導致。在這裏，我特別要說明的是，二次大戰期間，他因爲愛好和平，而被好戰份子所憎恨。換句話說，在大變化時代，人們往往會失去理性的戰爭時期，他仍能一本鎭定，把握歷史的正確方向。

從以上所述，我們當可知道，「路邊的石頭」反應着山本先生的實際經驗、性格和想法。但這個作品之所以那麽令人難忘，實還有其他的原因。那就是在困苦的環境之中，仍然堅忍不拔的少年吾一的靈魂。而吾一這種生活態度，與山本先生的人生觀是一致的。他在「雪」這個作品裏，這樣寫着：「你看，水溝裏的游絲也都朝向天空。」

生在水溝是件不幸的事。如其標題所示，吾一有如路邊的石頭。山本先生認爲，任何人都應該朝向天空，走向光明和幸福；而吾一就在各種人和事件的際遇中，繼續其生長。

二

二次大戰後，山本先生曾經就「竹子」作過演講。據說，山本先生本來就很喜歡竹子；當我拜訪他家時，他家院子裏竹子的青翠、美觀，實在令人清爽極了。他爲什麼喜歡竹子？山本先生在這個演講，就其理由這樣說着：「竹子一點也不彎彎曲曲，一直朝天，這跟信仰專一，欲依這信仰生存下去的心是相通的。而且，竹子絕不孤行。它絕不獨個兒長胖或長高。它們都是一家一族，誠心誠意，同生共存，更在地下，緊緊地手携着手。」人們之說山本先生的作風是理想主義，其作品之所以予讀者們以活力和鼓勵，誠非偶然。

「路邊的石頭」開始於一八九九年。我們固然可以從吾一身上看出跟今日的人共同的許多特徵，但作者所欲描繪的是，生存於特定時代的一個少年。這一方面是日本伸張其國力的時期，與此同時，正如其中的一章「物價上漲」所說，是社會不安，百姓生活困苦的時代。這種時代的氣氛，在稻葉屋的安吉和次野先生的會話，以及不能由武士氣質自拔，跟不上時代之父親庄吾的「變遷」，都有很好的描寫。

換句話說，作者所企圖的是，對於一個少年的成長，不僅從他（她）的心理變化來觀察，而且想把與周圍的人，和社會的關係也一併刻畫出來。當然，早期時幼小的吾一祇知道實力是一切的小孩世界與大人的世界不同，但還不關心修改條約這種大的政治動態。可是，隨其成長，他便開始注目政治和社會。

「路邊的石頭」的底稿，本來有這樣的一段：在印刷廠工作的社會主義（在日本，這時的所謂社會主義實意味着共產主義—譯者）青年對吾一說，貧窮的「我們應該互相携手，不要有人落伍」，對這吾一答說，不但是窮的，人「都應當和好」，表示不一定贊成對方的看法，惟在軍國主義的時代，因此祇以出現社會主義者爲理由，而受到壓迫，從而更停止其連載。山本先生欲描寫關連時代之人的生活的意圖，因爲在這樣不自由的時期，「路邊的石頭」竟未能完成是不得已的。而我認爲，不妥協，不肯讓步顯示山本先生的堅强。

但是，我們却並不因爲如此而就說「路邊的石頭」是不完整的作品。在這裏，我特別要提出兩個問題。我相信這也是山本先生的見解。第一是吾一成長的契機問題。我們每個人，都在不知不覺之中，受着旁人所說話的影響而過日子。吾一也是一樣。吾一所碰到的，有次野先生那樣以後會再度出現於他面前的人，也有在印刷廠厨房工作的，彎着腰，在其面前祇出現過一次的老人。我們往往會以爲，在一個人思索，單身過着日子，其實我們都是在跟許許多多人的關係中成長的。

第二是人的描寫方法的問題。「路邊的石頭」出現很多很多的人物，其五色十彩的形象，說明了人生的複雜。社會上有各種各樣的人固然算是複雜，但人本身就是極其複雜的存在。我們往往會把旁人看得「簡單」，但人絕不是那麼單純。譬如開頭，山本先生把父親庄吾寫得非常任意，令人討厭的人。但後來山本先生却把他改頭換面，變成現在的相川庄吾。各位讀者心目中的庄吾，是個不講道理的父親，但與此同時，他却是個有所尋求的人。

又，在「物價上漲」章的後頭，庄吾對狗抱着悲傷和寂寞的心情。我們應該特別留意山本先生描繪此種複雜心境之人物的眼神。他說：「一切的問題是觀察者的眼和神」。這是山本先生的信念，也是我們應有的態度（精神）。

在山本先生家，我跟他談到今日少年半工半讀的事情。他似邊回憶着他坎坷的往昔，邊很熱心地問這些年少者現在怎樣讀書。事實上，山本先生長久地爲少年和少女寫過很多好書，並指導孩子們如何用功。我自己，曾經很感動地拜讀過他題名「日本少年國民文庫」叢書裏頭的一册，「心裏保持太陽」。

「路邊的石頭」有這樣一句話：「除非經過名叫人生這個磨刀石大事磨鍊，人是不會發亮的。」吾一不是已經完成的人。各位讀者對於他的想法，可能有不少疑問。這是當然的，但他却有他的未來。他將面對「人生這個磨刀石」的考驗，堅强而堂堂正正地活下去。在這個作品的結尾，吾一說：「我一定要加油，我一定要加油。」這可以說是山本先生對於每一個少年少女的期待。這個作品雖然沒有完成，但發誓說：「我一定要加油」的吾一，反而使山本先生變成永遠的少年，而銘記於讀者的內心。（譯註二）

（譯註一） 福澤諭吉（一八三四——一九〇一），啓蒙思想家、評論家、教育家。出生於大阪。學漢學和蘭學，訪問過歐美，其所搜購回來的洋書，對日本的文明開化，貢獻很大。慶應大學的創辦者，著作等身，爲近代日本最重要的人物之一。

（譯註二）本文作者越智治雄，執筆本文當時是共立女子大學副教授；本文譯自山本有三著「路邊的石頭」一書的「解說」。

一九八二年二月廿四日於東京

（原載一九八二年三月十八日「臺灣日報」）

菊池寛

【解説】

菊《きく》池《ち》寛《ひろし》の人と作品

文芸評論家　小《こ》松《まつ》伸《しん》六《ろく》

菊池寛が、どんな人であったか、そしてどんな作品をのこし、文学的にはどのような評価《ひょうか》をうけているか、というようなことを、まず書いてゆきたいと思いますが、みなさんは学校で、すでに菊池寛を『恩讐《おんしゅう》の彼方《かなた》に』の小説家として、また『父帰る』の劇作家《げきさっか》として知っていると思います。

しかし菊池寛の偉大《いだい》さは、作品もさることながら、文学者の社会的地位を高めた功績者《こうせきしゃ》という点で、日本の文壇《ぶんだん》では忘れることのできない人であります。と申しますのは、昔は作家といえば三文文士《さんもんぶんし》という別名がある程貧乏《びんぼう》で、しかもだらしない人種であり、大家《おおや》さんは、小説家であるというだけで、家を貸さなかったといわれるほどです。しかし現在の芥川賞《あくたがわしょう》作家、石原慎太郎《いしはらしんたろう》、大江健三郎《おおえけんざぶろう》氏たちが「現代の英雄」といわれ、物質的にもたいへんめぐまれている現在ではこんなことを言っても、みなさんはほんとうにしないかもしれませんが、事実はそのとおりで、「金色夜叉《こんじきやしゃ》」の流行作家尾崎紅葉《おざきこうよう》のような人でも、電話をもてなかったのです。そうした作家の社会的地位の向上を、じょじょにすすめ、自ら出版社「文芸春秋社《ぶんげいしゅんじゅうしゃ》」をおこしたのも、菊池寛であり、そんなことから晩年は、「文壇《ぶんだん》の大御所《おおごしょ》」といわれました。

いま芥川賞《あくたがわしょう》の名前が出ましたが、これは直木賞《なおきしょう》とともに、日本の文壇では、もっとも有名な新人文学賞です。この文学賞を設立したのも、ほかならぬ菊池寛なのです。菊池は早く死んだ親友の作家芥川竜之介《あくたがわりゅうのすけ》、直木三十五《なおきさんじゅうご》をおしんで、その名を後世にとどめ、かつ新しい作家を世におくり出すために昭和十年に設定《せってい》したのです。芥川賞は、純文学《じゅんぶんがく》の新人を対象《たいしょう》に、直木賞は大衆文学の作家にあたえられます。芥川賞からは石川達三《いしかわたつぞう》、井上靖《いのうえやすし》、松本清張《まつもとせいちょう》、直木賞からは川口松太郎《かわぐちまつたろう》、源氏鶏太《げんじけいた》、水上勉《みなかみつとむ》、といった作家たちが出ています。文壇へのパスポートが芥川賞といっていいでしょう。菊池寛賞も、昭和十四年につくられておりますが、これは文学功労者《こうろうしゃ》にあたえられたもので、戦後は、もっと広く文化的な功労者にあたえられるようになりました。

話を菊池寛の文学にもどしますと、彼の文学は、新現実主義《しんげんじつしゅぎ》とか新理知主義《しんりちしゅぎ》の作家と文学史の上ではいわれているようですが、要するに、人間性の尊さと個人主義の確立《かくりつ》をとなえ、作品には鋭《するど》い理知《りち》のひらめきを示しました。したがって彼の作品は、たいへんわかりやすく、意図《いと》もはっきりした「テーマ小説」が多いのです。ですから、菊池寛が「小説は作家がいかに人生に処《しょ》したかの報告書《ほうこくしょ》であり、またいかに処すべきかの意見書でもある。」と書いているのも不思議ではありません。生活態度としては、作家といえども「人生第一、芸術第二」の姿勢《しせい》をとったのです。つまり、芸術のために人生をだいなしにして、家族を泣かせたり、借金をして友人に迷惑《めいわく》をかけたり、芥川《あくたがわ》や太宰治《だざいおさむ》のように自殺するということには、菊池寛は、反対だったのです。みなさんは菊池寛の文学を「人生の案内書」とする考え方なんて、なんだ常識的だなあ、といわれても、私も原則的には菊池寛の現実的、合理的な考え方に大賛成《だいさんせい》です。みなさんも、そう考えませんか。菊池寛が、このような健康《けんこう》な人生観《じんせいかん》をもったのは、彼が貧しい家に生まれ、苦学し、力闘《りきとう》して文壇《ぶんだん》に出た彼の人生体験を抜きにしては、やはり考えられないようです。では、彼の生い立ちから話をすすめてまいりますが、本誌《ほんし》におさめられている『半自叙伝《はんじじょでん》』をぜひお読みください。ぶっきらぼうな回想記《かいそうき》ですが、かみしめて読むと、こんなおもしろい伝記文学は、そうざらにあるとは思われません。

一、生い立ち

菊池寛は、明治二十一年（一八八八年）十二月二十六日、香川県高松《かがわけんたかまつ》市七番町に生まれました。生家は代々高松藩《たかまつはん》の儒者《じゅしゃ》でしたが、明治維新《めいじいしん》のとき没落《ぼつらく》、家は貧しく、父武脩《たけなが》は当時、小学校の庶務係《しょむがかり》をしていました。十一歳、高等小学校にはいった時、教科書を買ってもらえず、友人より借りて写すようにいわれたほど貧しかったのです。早くから読書に興味《きょうみ》をもち、尾崎紅葉《おざきこうよう》、幸田露伴《こうだろはん》、泉鏡花《いずみきょうか》などを読み、十五歳頃から、半紙をとじて作ったノートに習作《しゅうさく》のようなものを書き始めたといいますから、かなり早熟《そうじゅく》な文学少年だったと思います。

高松中学（現在の高松高校）に入学した翌々年、高松市に図書館が開設されますと、彼は一か月の入場券を買い、以来、毎日、図書館に通い、館の蔵書《ぞうしょ》二万冊のうち、中学生として読みこなせるもの全部を読破《どくは》したと言います。自分の青春のたいはんは図書館ですごしたと後年語っておりますが、彼が歴史小説を書いたのも、彼の図書館勉強から生まれた博識《はくしき》によるかもしれません。

中学四年（一九歳）のとき、新聞「日本」の懸賞作文《けんしょうさくぶん》に入選して、初めて東京見物。首席《しゅせき》で五年に進んだほどの秀才《しゅうさい》でしたが、『半自叙伝《はんじじょでん》』のなかで、「いささか教訓《きょうくん》めいたことをのべるならば、中学時代にいい成績《せいせき》をとっておくこと、自分自身、自信をもち得ることが、生涯《しょうがい》を通じて得になることだと私は思う」と書いております。功利的《こうりてき》な面をふくめて、やはり中学、高校時代の勉強は必要ではないでしょうか。

二、学生時代

明治四十一年（一九〇八年）高松中学卒業。推薦《すいせん》されて東京高等師範学校《こうとうしはんがっこう》（現在の東京教育大学）に入学したのは、高師は授業料《じゅぎょうりょう》もいらず、学資給与《がくしきゅうよ》の特典《とくてん》もあったからです。しかし在校一年有余《ゆうよ》で、行動がルーズだったのと、クラス会で「個人主義」の演説《えんぜつ》をしたので退学除名《たいがくじょめい》になり、そこで弁護士《べんごし》になるべく明治大学《めいじだいがく》法科に席をおき、さらに早稲田大学《わせだだいがく》の文科に席をかえ、明治四十三年、九月（二二歳）第一高等学校（現在の東京大学教養学部）の文科に入学し、作家になろうと決心したようです。

一高《こう》の同級生に芥川竜之介《あくたがわりゅうのすけ》、久米正雄《くめまさお》、山本有三《やまもとゆうぞう》、土屋文明《つちやぶんめい》などがおりました。芥川とは後に親しくなりましたが、一高時代は官僚的秀才《かんりょうてきしゅうさい》の芥川に対して野党的秀才《やとうてきしゅうさい》をもって任じていた菊池とは、あまりはだがあわなかったのです。菊池はバーナード・ショーなどを研究していましたが、卒業を三か月後にひかえ、友人佐野文夫《さのふみお》のおかした窃盗《せっとう》の罪《つみ》をきて退学しました。この間の事情《じじょう》は彼の小説『青《あお》木《き》の出京《しゅっきょう》』や『半自叙伝《はんじじょでん》』に詳《くわ》しく書かれております。佐野は天才的な学生でしたが、非常にだらし

南京を訪れた時（昭和15年4月）

なく、のちに日本共産党《にほんきょうさんとう》中央委員になりましたものの、とかくのうわさがあった人柄《ひとがら》のようです。

一高退学後、京都大学英文科選科にはいり、翌年、本科に移りました。当時の京大文科には「海潮《かいちょう》音《おん》」の翻訳《ほんやく》で有名な上田敏《うえだびん》や英文学者で「近代の恋愛観《れんあいかん》」で若い世代に影響《えいきょう》をあたえた厨川白村《くりやがわはくそん》などがおりましたが、菊池寛は、この人たちの講義《こうぎ》にもあまり感動することなく、また周囲の学生たちからも文学的情熱を感ずることなく、ただただ失望するばかりでした。

このときのさびしい学生生活は、小説『無名作家《むめいさっか》の日記《にっき》』にくわしく描かれております。ここには、将来《しょうらい》、作家として立ってゆく自分の才能に対する不安を「自分は天分の誤算《ごさん》を犯《おか》しているのではないか。一人のシェークスピアが栄えた背後に、幾人の群小戯曲家《ぐんしょうぎきょくか》が、無価値《むかち》な、亡ぶるにきまっている戯曲を書き続けた事だろう」とも書いております。ついでにふれておきますと、『葬式《そうしき》に行かぬ訳《わけ》』の京大文科生の雄吉は、菊池寛の分身であり、雄吉の作品を見てくれなかったS博士《はくし》のモデルは上田敏《うえだびん》です。

三、作家時代

大正五年（一九一六年）、京大英文科を卒業しましたが、芥川《あくたがわ》、久《く》米《め》、成瀬正一《なるせしょういち》、松岡譲《まつおかゆずる》、とはじめた同人雑誌、第四次「新思潮《しんしちょう》」に戯曲《ぎきょく》『屋上《おくじょう》の狂人《きょうじん》』、小説『身投《みな》げ救助業《きゅうじょぎょう》』、大正六年には『父帰る』などを発表しましたが、それほど世評《せひょう》にのぼらず、芥川の「鼻《はな》」、久米正雄の「牛乳屋《ぎゅうにゅうや》の兄弟《きょうだい》」のはなばなしさにかくれておりました。上京後は、成瀬家に寄食《きしょく》し、ここの紹介《しょうかい》で時事新報社《じじしんぽうしゃ》に入社、社会部記者となりました。成瀬家の世話になったその感謝《かんしゃ》の気持ちは『大島の出来る話』によくあらわれております。この年同郷《どうきょう》の奥村《おくむら》包子《かねこ》と結婚しておりますが、「私の結婚は、私の生涯《しょうがい》において成功《せいこう》したものの一つである」（半自叙伝《はんじじょでん》）と書き、また、「こんど生まれてきて、また妻《つま》をもらわなければならないとするなら、やはり今の妻をもらう」と、どこかで書いていたか話していたかを、私は記憶しております。美しい話ではないでしょうか。

大正七年、『悪魔《あくま》の弟子《でし》』『ゼラール中尉《ちゅうい》』、さらに当時、文壇《ぶんだん》の登竜門《とうりゅうもん》であった総合誌《そうごうし》「中央公論」の七月号に、『無名作家の日記』、九月号に『忠直卿行状記《ただなおきょうぎょうじょうき》』を発表し、新進作家として文壇的地位《ぶんだんてきちい》を確立しました。翌八年、代表作の一つ『恩讐《おんしゅう》の彼方《かなた》に』を発表。時事新報社《じじしんぽうしゃ》をやめ、芥川とともに大阪毎日新聞社の客員《かくいん》となり、大正九年には最初の長編小説『真珠夫人《しんじゅふじん》』を「毎日新聞」に連載《れんさい》し、流行作家となり、以後、『慈悲心鳥《じひしんちょう》』『第二の接吻《せっぷん》』『貞操問答《ていそうもんどう》』のような大衆小説を発表し、このほうでの第一人者の名声を得、純文学からは、はなれてゆきました。

この間に、大正十二年一月「文芸春秋」を創刊《そうかん》。横光利一《よこみつりいち》、川端康成《かわばたやすなり》など若い後進《こうしん》の作家の育成《いくせい》につとめ、「座談会《ざだんかい》」記事――これはたいへん日本的な形式のよみもの記事ですが、これを採用し、文《ぶん》士劇《しげき》をはじめるなど、アイディアマンとしても、菊池は一流。また作家の職業的な力を結集する「小説家協会」（現在の文芸家協会）をつくり、昭和三年には社会民主党からおされて東京第一区から代議士《だいぎし》選挙《せんきょ》に出馬《しゅつば》しました。このときは落選しましたが、昭和十二年には、東京の腐敗《ふはい》した市政《しせい》を改革《かいかく》するために市会議員におされて出ました。戦争中は言論界代表《げんろんかいだいひょう》として文芸銃後運動《ぶんげいじゅうごうんどう》をおこし、全国を歩き、映画の大映社長にも就任《しゅうにん》。戦後の昭和二十三年（一九四八年）六十歳、狭心症《きょうしんしょう》で永眠《えいみん》いたしました。

　このおおざっぱな年譜《ねんぷ》でもわかると思いますが、菊池寛は書斎《しょさい》のなかだけの作家としてではなく、いい悪いは別として街頭《がいとう》に飛び出した行動人として、それまでになかったタイプの文学者の生涯《しょうがい》をおくりました。二葉亭四迷《ふたばていしめい》も政治の場にのりだし、「文学は男士一生の仕事にあらず」と言ったといわれておりますが、彼は失敗《しっぱい》、挫折《ざせつ》しました。しかし菊池寛は、ほかの面でも成功した大世俗人《だいせぞくじん》でもありました。菊池寛に関するおもしろいエピソード、たとえば、知人にお金をむぞうさにあたえたとか、帯《おび》をだらりとおとして歩いていたのを注意されると、本人が知らずにいい気持ちで歩いているのだからよけいなおせっかいをされると、かえって不愉快《ふゆかい》になるという菊池寛らしい、ほほえましい自己本位の考え方をしめした逸話《いつわ》、さらに女性をすてるようなことがあっても、その女性を不幸にしなければよろしい、といった割りきった考え方をもっていたようです。みなさんは憤慨《ふんがい》するかもしれませんが、菊池寛ほど人間をよく見、実社会をよく知っていたメンシェン・ケンナー（人間通）はいなかったと私には思われます。

四、作品について

『父帰る』（大正六年）と『屋上《おくじょう》の狂人《きょうじん》』（大正五年）は戯曲《ぎきょく》です。前者は、二十年前、妻子《さいし》をすてて、愛人と家を出た父親が、うらぶれて帰ってきます。長男の賢一郎《けんいちろう》は、自分たちには父はない、一家が生きてきたのは自分の力だと一度は拒絶《きょぜつ》しますが、さいごにはやはり、老父の身を心配して次弟に探してこいと命ずるところで幕切《まくぎ》れになっています。長男の拒否《きょひ》には、新時代の個人主義、合理主義精神が見られますが、けっきょくは父をゆるすという血の情愛に負けてしまいます。時代即応《じだいそくおう》の人情劇《にんじょうげき》といわれますが、心あたたまる作品なればこそ、一幕《まく》ものの古典《こてん》として現在でも、くりかえし上演されるのです。『屋上の狂人』は、高いところにあがりたがる気の狂《くる》った兄義太郎《よしたろう》を正気《しょうき》にもどそうとする父が、巫女（みこ）をよんできます。巫女は義太郎についた狐《きつね》を追い出そうとして、松葉《まつば》でくすべますが、そこに中学生の弟末次郎《すえじろう》が帰ってきて巫女をつきたおし、父にむかって、兄のために高い塔《とう》をつくってやるのだといい、狂気《きょうき》の兄の話をあたたかく聞いてやります。これまた、心あたたまるホーム・ドラマです。狂気の兄と巫女《みこ》のユーモラスな会話には、おもわず笑いをさそわれますし、狐つきの迷信《めいしん》なども舞台《ぶたい》になっている高松付近の小島のローカル・カラーをよくあらわしています。それに理知的《りちてき》な弟の兄思いの愛情あふれる最後の場面は、読者の胸を強くとらえると思います。

歴史物の佳作《かさく》、秀作《しゅうさく》としてこの集には、掌編《しょうへん》『形《かたち》』など四つの作品がおさめられております。ほかにも『藤十郎《とうじゅうろう》の恋《こい》』『入《い》れ札《ふだ》』『蘭学事始《らんがくことはじめ》』『俊寛《しゅんかん》』などの作品もありますが、この四作品を読むと、菊池寛のいわゆる歴史小説というものの全貌《ぜんぼう》がわかると思います。
『恩《おん》を返《かえ》す話』は、虫の好かぬ惣八郎《そうはちろう》から恩をうけて生涯《しょうがい》、惣八郎に劣等感《れっとうかん》を感ずる甚兵衛《じんべえ》の話ですが、この逆説的抗議《ぎゃくせつてきこうぎ》はたいへん近代的な心理劇《しんりげき》といえましょう。『形』は、内容もたいせつだが、形もたいせつだというアイロニカル（皮肉）な教訓物語《きょうくんものがたり》です。

昭和 13 年ころの文士の集い　菊池前列右端

『忠直卿行状記《ただなおきょうぎょうじょうき》』は、作者の文名を確立した秀作《しゅうさく》です。この作品の原型は『暴君《ぼうくん》の心理《しんり》』ですが、武勇《ぶゆう》のほまれの高い越前宰相忠直《えちぜんさいしょうただなお》が、一夜、庭前で家臣の私語を盗みきき、自分の勝利は、家来にわざと負けてもらった虚偽《きょぎ》であることを知り、人間を信用しなくなり、乱行をはじめてゆくという話です。史伝の暴君忠直が、実際にはどういう性格であったかはわかりませんが、封建的《ほうけんてき》なゆがめられた主従関係のなかから、絶対的権力者《ぜったいてきけんりょくしゃ》の忠直にみられる人間不信の念をひき出し、それに、人間主義的解釈をあたえた菊池寛の明快《めいかい》な考え方は、いま読んでも少しも古くはありません。

『恩讐《おんしゅう》の彼方《かなた》に』は、昔から耶馬渓《やばけい》にまつわる伝説に仮託《かたく》しながら、仇討《あだう》ちを否定《ひてい》したテーマ小説です。主人の愛妾《あいしょう》お弓と通じた市九郎（のちの了海《りょうかい》）は、主人を殺してお弓と逃げ、信州鳥居峠《しんしゅうとりいとうげ》で茶店《ちゃみせ》をひらき、ここでも殺人強盗《さつじんごうとう》をやりますが、お弓のあまりにも強欲な姿にいや気がさし、人間性をとりもどすという前半も、私にはたいへんおもしろく、お弓の悪女ぶりもよく出ております。それはともかく洞門《どうもん》を完成《かんせい》した了海《りょうかい》と実之助《じつのすけ》が、恩讐をこえて、手をにぎりあう結末は、感動的です。秀作。

『大島の出来る話』『葬式に行かぬ訳』は、地味な私小説的作品《ししょうせつてきさくひん》ですが、有名作家になる以前の菊池寛の小市民生活とその意見といったものが、卒直《そっちょく》に出ております。とくに香典《こうでん》が出せず、恩師の葬式にゆけなかった後者の作品における雄吉のエゴイズム解釈はおもしろいと思います。この作品は、みなさんが大人《おとな》になってから再読されると、人生の哀歓《あいかん》をしみじみ感じとることができる作品だと思われます。

『半自《はんじ》叙伝《じょでん》』は、前述したように、菊池寛の半生をぶっきらぼうに語ったもので、回想記《かいそうき》にありがちな甘ったれた教養主義もロマンチックな美化作用も、成功物語によくみえる自慢話《じまんばなし》もありません。そのくせ　菊池寛という人物がもっていた人間的魅力《みりょく》がたくまずに出ておりますし、明治末から大正初めにかけての大学生活や作家志望者の姿も目にうかんでくるように書けております。英文学史の試験のときに、試験場をぬけだして研究室まで出かけて辞書をひいてくるなどという挿話《そうわ》は、やはり「よき古き時代」の話でしょうか。

以上で解説はおわりますが、こんど菊池寛集をよみかえした感じでは、この作家は、日本では最初の文学におけるプラグマティズム(実用主義)を志向《しこう》し、それを実践《じっせん》した珍しい文学者だと思いました。

菊池寬及其作品

菊池寬

1888-1948

菊池寬到底是個怎樣的人，留了些什麼作品，在文學上人家對他如何評價？各位或許已經知道，他是「超越恩讐」的小說家，是「父歸」的劇作家。

但是，菊池寬的偉大，其作品暫且不談，實在於他提高了文學家的地位，在這一點，菊池寬對日本文壇眞有不可磨滅的貢獻。因爲在以往，作家窮得有三文文士的別名，並且生活散漫，所以房東一聽是作家，便不租房子給他（她）們。

可是在今日，芥川獎作家石原愼太郎、大江健三郎等人（譯註一）之有如「現代的英雄」，他們的物質生活又那麼富裕，因此我這樣說也許沒人相信，不過這的確是事實，連「金色夜叉」的流行作家尾崎紅葉（譯註二），也沒有電話呢！由於他提高了作家在社會上的地位，自己又創辦文藝春秋社，所以迨至其晚年，菊池寬便被譽爲日本文壇的泰斗。

前面我談到芥川獎，這是跟直木獎，爲日本文壇最著名的新人文藝獎。而創立這兩個文學獎的，就是菊池寬。這是菊池寬，爲悼念他早逝親友，作家芥川龍之介和直木三十五，（譯註三）並令其名流傳萬世，同時以培養新作家爲目的，於一九三五年創設的。

芥川獎以純文學的新人爲對象，直木獎專給大衆文學的作家。獲得芥川獎者有石川達三、井上靖、松本清張（註譯四）等人；從直木獎出了川口松太郎，源氏鷄太、水上勉（譯註五）等作家。一般來說，芥川獎是步進文壇的護照。一九三九年，又成立了菊池寬獎，這是給對文學有功勞的人，二次大戰後，其贈送的對象更擴大到對於文化有過功勞者。

現在，我想來談談菊池寬的文學。在日本文學史上，他被列爲新現實主義和新理知主義的作家，一言以蔽之，他提倡確立人性的尊嚴和個人主義，他的作品擁有鋒利而理知的閃耀。所以，他的作品很容易懂，亦即他的寫作大多是意圖清楚的「主題小說」。而這也是爲什麼菊池寬說「小說是作家如何處世的報告書，和應該怎樣處世的意見書」的主要原因。

在生活態度上，菊池寬是「人生第一，藝術第二」。因此，他不贊成爲藝術糟蹋人生，犧牲家族，找朋友麻煩（借錢），更反對芥川龍之介和太宰治（譯註六）的自殺。或許有人會覺得，把菊池寬的文學當做「人生的嚮導書」，沒有太大意義，但我自己在原則上，却很贊成菊池寬這種現實而合理的想法。

菊池寬之所以具有這樣健康的人生觀，是因爲他出生於貧窮家庭，苦讀，力鬪踏進文壇這種人生經驗的結果。以下，我準備就他出生、學生時代、作家時代及其作品，依次說明。

出生

菊池寬於一八八八年十二月二十六日，出生在香川縣高松市七番町。菊池寬家代代爲高松藩的儒學者，明治維新時沒落，家貧如洗，其父武修當時任小學總務。十一歲進高等小學，沒錢買教科本，所以祇有借朋友的書來抄。從小喜歡讀書，愛讀尾崎紅葉、幸田露伴、泉鏡花（譯註七）等人的著作；十五歲左右開始練習寫作，可見其爲早熟的文學少年。

高松中學（今日的高松高等學校）三年級的時候，高松市開設圖書館，於是他買了一個月的門票，每天到圖書館，據說將館裏頭兩萬本書當中，中學生能讀的都把它讀完。日後他回憶說，他大半的青春過於圖書館；而其愛寫歷史小說，可能來自他在圖書館用功的博學。

中學四年級（十九歲）時，他入選「日本」新聞的懸賞作文，因而首次遊覽東京。他以第一名的成績升入五年級；他在其「半自傳」這樣寫着：「我覺得，在中學時代如果能有好的成績，於自己既能培養自信，對於我的一生也一定會有幫助」。包括功利的一面，我也認爲在中學、高校時代（譯註八）用功是需要的。

學生時代

一九〇八年，菊池畢業高松中學。他被保送進東京高等師範學校（日後的東京教育大學，現今的筑波大學），是因爲高師不但不必繳學費，而且有零用錢可以領的緣故。但是，在學一年多，由於吊兒郎當，和在班上集會演講「個人主義」而被開除，於是想作律師，而轉學明治大學法科，然後又改進早稻田大學文科，一九一〇年九月，他二十二歲時進第一高等學校（簡稱一高，今日的東京大學教養學部）決心要做一個作家。

他在一高的同班同學有芥川龍之介、久米正雄、山本有三、土屋文明（譯註九）等人。他跟芥川後來雖然成爲好朋友，但在一高時代，官僚的秀才芥川與以野黨的秀才自居的菊池並不大合得來。這時，菊池對蕭伯納特別感興趣，惟在畢業前三個月，因替其朋友佐野文夫（譯註一〇）挑起竊盜罪而退學。關於它的來龍去脈，他的小說「青木的出京」和「半自傳」有詳細的描寫。佐野雖然腦筋不錯，但却不認眞，後來他雖也做了日本共產黨的中央委員，但是個問題纍多的人。

退學一高以後，他進了京都大學英文科，翌年改進本科。當日的京大文科，有以翻譯「海潮音」而馳名的上田敏（譯註一一），和以「近代的戀愛觀」而予年輕一代的以很大影響的英國文學家廚川白村（譯註一二）。但菊池寬對於他們的課既不感動，對其周圍的同學們也不感覺有文學熱情，因而非常失望。他的小說「一個無名作家的日記」，就是描繪此時孤苦的學生生活。在這部小說，他對將來要做作家的自己才華產生不安而說：「我是不是失算了自己的天分？在一個光輝的莎士比亞背後，有多少羣小劇作家在繼續寫着毫無價値的一定消失的劇本」。又，「我不參加葬禮的理由」的京大文科學生雄吉是菊池寬的分身，不給雄吉看其作品之S博士的模特兒則爲上田敏。

作家時代

一九一六年，菊池寬畢業京大英文科，他跟芥川、久米、成瀨正一和松岡讓（譯註一三）創辦同人雜誌第四次「新思潮」，並發表劇本「屋頂的瘋子」、小說「投水救助業」、劇本「父歸」（一九一七年），惟因芥川的「鼻子」和久米的「牛奶店的兄弟」風評太好，所以沒有受到人們的重視。

到達東京以後，菊池寬寄食於成瀨家，並由他們介紹進入時事新報社，擔任社會部記者。他把感謝成瀨家對他的照顧，寫成小說「大島所能做的事」。同年，他與其同鄉奥村包子結婚。他在其「半自傳」說：「我的結婚，是我終身成功的一項」，我更記得他好像這樣寫過或談過：「如果我再出生，而且必須結婚的話，我仍將以現在的妻子爲妻」。很是難得。

一九一八年，菊池發表「惡魔的徒弟」、「瞿拉爾中尉」，並在當時躍登文壇之跳板的綜合性雜誌「中央公論」的七月號和九月號，分別發表「一個無名作家的日記」和「忠直卿行狀記」而確立了他做爲新進作家的地位。

翌年，發表其代表作之一的「超越恩讐」；離開時事新報社，與芥川龍之介同爲大阪每日新聞社的客座。一九二〇年，在「每日新聞」連載其第一部長篇小說「眞珠夫人」，成爲流行作家。爾後撰寫「慈悲心鳥」、「第二個接吻」、「貞操問答」等大衆小說，被譽爲斯界的王者，而遠離純文學。

一九二三年一月，創刊「文藝春秋」，**努力於橫光利一、川端康成**（譯註一四）等年輕後進作家的培養，刋載「座談會」方式的文章，創辦文士劇（由作家們自己演戲——譯者），眞是多彩多姿。與此同時，他結集專業作家們的力量，成立「小說家協會」（今日的文藝家協會）；一九二八年，由社會民主黨提名，從東京第一選區，出馬競選衆議員，但沒有成功；迨至一九三七年，以改革腐敗的東京市政爲口號，當選市議員。二次大戰期間，代表報刋界，發起文藝後方運動，奔走全國，並就任大映電影公司社長；一九四八年，因狹心症，與世長辭，享年六十。

從以上大致的年譜，我們可以知道，菊池寬不僅是書齋裏的作家，而且是（好壞暫時不談）富於衝力的人，而過了以往所沒有過之型態的文學家生涯。二葉亭四迷（譯註一五）雖也曾經參與政治，並說：「文學決非男子漢一生的工作」，但他失敗了。

可是，菊池寬却爲在其他方面也獲得成功的世人。關於菊池寬有趣的挿曲很多，譬如毫不在乎地送錢給朋友；不小心皮帶鬆下來還在走路，被朋友提醒時，他却說他走得很愉快，不要多嘴；他認爲，萬一不要女朋友時，祇要不使對方陷於不幸，這是沒關係的等等。總而言之，我覺得，菊池寬很能觀察人，了解實際社會，他眞是個「人通」。

菊池寬的作品

「父歸」（一九一七年）和「屋頂的瘋子」（一九一六年）是劇本。前者是二十年前，不要妻兒，與愛人出走的父親，落魄回來。長子的賢一郎，以他們並沒有父親，其一家人的生存，完全靠自己的力量而曾一度拒絕，但最後還是躭心老父親的健康，因此叫其弟弟去找，故事至此結束。長子的拒絕，有新時代的個人主義和合理主義精神的味道，但最後還是讓步給血濃於水的親情。這是順應時代的人情劇，令人身感溫暖的作品，所以成爲一幕劇的經典，而在今日仍然一再地上演。

「屋頂的瘋子」是父親想把老想往高處爬的神經病兒子義太郎醫好，而請來巫女。正當這個巫女在燒松樹葉子，準備趕走攀在義太郎身上狐狸的時候，他弟弟當時是中學生的末次郎，一回來就把巫女推倒，並對他父親說，他要爲他哥哥建造一座高塔，而很認眞地聽着他哥哥的話。這實在也是部使人感動的家庭劇。神經病的哥哥與巫女幽默的會話，令人不由得笑出來；狐狸攀人身這種迷信的舞臺，很像高松附近的小島。而非常理知的弟弟對其哥哥充滿感情的最後場面，更令讀者銘感肺腑。

這本選集所收錄的歷史小說有「形」等四篇；此外還有「藤十郎的愛情」、「添牌子」、「蘭學事始」、「俊寬」等等，但讀了前面四篇，便可以瞭解菊池寬之所謂歷史小說的全貌。

「報恩」是受到壞蛋惣八郎的恩，而一輩子對惣八郎抱有自卑感之甚兵衞的故事。這如果從反面來看，也可以是現代的心理劇。「形」是强調內容固然重要，但形式也是很重要這種諷刺的教訓故事。

「忠直卿行狀記」是菊池寬確立其文名的佳作。這篇作品的原型是「暴君的心理」，其故事爲：以武勇馳名的越前宰相忠直，有個晚上，在院子前面盜聽了家臣的私語，得知他贏是其部下故意輸給他的，因此不再信任別人，從而開始亂來。史傳的暴君忠直，究竟是何種性格的人，雖不得而知，但意圖從封建的主僕關係，指出絕對的權力者忠直不相信人的觀念，並予以人本主義之解釋的菊池寬的想法，今日讀來，還是非常新穎。

「超越恩讐」是假託耶馬溪的傳說，以否定報仇的主題小說。與主子的寵妾阿弓私通的市九郎（後來的了海），殺死其主子後與阿弓逃亡，到信州鳥居峠開茶店，在這裏市九郎也殺人做強盜，惟目睹阿弓太貪婪，而恢復其人性，這一前半寫得很出色，阿弓之爲壞人也刻畫得很成功。最後完成洞門的了海和實之助，超越恩讐，互相握手，實在很令人感動。

「大島所能做的事」和「我不參加葬禮的理由」，是質樸的私小說作品，從這兩篇小說，我們可以窺悉成名前菊池寬的小市民生活和他的意見。尤其是送不起奠儀，又未能去參加老師葬禮的後一篇作品中，對於雄吉利己主義的解釋，我覺得蠻有意思。

如前面所說，「半自傳」是菊池寬就其半生隨便寫的，所以不像旁人的回憶錄，往往有些甜言蜜語式的教養主義，浪漫的美化作用，和吹牛因素。可是，它却表露出菊池寬的魅力無遺，更令我們瞭解明治末年，大正初期的大學生活和志願作家者的形象。在考英國文學史時，偷偷溜出來，到研究室去查閱辭典的插曲，是不是也爲「好的舊時代」？

總之，我這次重讀菊池寬集後覺得，他是日本最早引進文學上的實用主義，並實踐它的一個文學家。（譯註一六）

（譯註一）　石原慎太郎，小說家，神户人，一橋大學畢業，一九五五年，以「太陽的季節」獲得第三十四屆芥川獎，曾任參議員和國務大臣，現任衆議員，但時或還在寫小說。大江健三郎，小說家，愛媛縣人，東京大學畢業，一九五八年，以「飼養」得到第三十九屆芥川獎，政治與性是他的小說主題。

（譯註二）尾崎紅葉（一八六七——一九〇三），小說家、俳人，東京人，原名德太郎，東京大學肄業，與山田美妙創設硯友社，其代表作爲「多情多恨」、「金色夜叉」等。

（譯註三）芥川龍之介（一八九二——一九二七），小說家，東京大學畢業，代表作有「羅生門」、「地獄變」、「河童」等。直木三十五（一八九——一九三四），小說家，原名植村宗一，大阪人，早稻田大學肄業，代表作爲「南國太平記」、「楠木正成」等。

（譯註四）石川達三，小說家，秋田縣人，早稻田大學肄業，一九三五年，以「蒼氓」獲得第一屆芥川獎，代表作有「活着的士兵」、「結婚的生態」等等。井上靖，小說家，出生北海道，京都大學畢業，一九五〇年，以「鬪牛」獲得第三十二屆芥川獎，有「獵槍」、「冰壁」、「天平的甍」、「白輓馬」、「敦煌」等名作。松本清張，小說家，福岡縣人，一九五二年，以「某『小倉日記』傳」獲得第二十八屆芥川獎。他專門寫暴露日本政府黑暗面的推理小說，在日本作家當中，他的所得最高，代表作有「點與線」、「零的焦點」等等。

（譯註五）川口松太郎，小說家，劇作家、東京人，一九三五年，以「風流深川歌」、「鶴八鶴次郎」和「明治一代女人」獲得首屆直木獎，他的許多作品曾被拍成電影。源氏鷄太，小說家，原名田中富雄，富山人，他專寫薪水階級的幽默小說，得過第二十五屆直木獎。水上勉，小說家，福井縣人，立命館大學肄業，一九六一年，以「雁寺」獲得第四十五屆直木獎。

（譯註六）太宰治（一九〇九——一九四八），小說家，青森縣人，原名津島修治。東京大學肄業，有「晚年」、「東京八景」、「斜陽」等代表作，在生活上歷盡滄桑，於一九四八年六月自殺。最近他的著作又在開始流行。

（譯註七）幸田露伴（一八六七——一九四七），小說家、隨筆家、考證家，原名成行，通稱鐵四郎，東京人，青山大學的前身東京英學校肄業，有「五重塔」、「命運」等名作。泉鏡花（一八七三——一九三九），小說家，原名鏡太郎，金澤人，尾崎紅葉徒弟，有「夜行警員」、「外科室」等三百多篇作品。

（譯註八）日本現今的中學等於我國的初中，高等學校（簡稱高校）就是我國的高中。不過，戰前日本的高等學校是大學預料，國立者有一高到八高。

（譯註九）久米正雄（一八九一——一九五二），小說家、劇作家、俳人，長野縣人，東京大學畢業，代表作有「牛奶店的兄弟」，「投考生手記」、「破船」等。山本有三（一八八七——一九七四），小說家、劇作家，原名勇造，栃木縣人，東京大學畢業，曾任明治大學教授，著有「女人的一生」、「路邊的石頭」等，戰後曾當選參議員。土屋文明，歌人，羣馬縣人，東京大學畢業，曾任明治大學教授，有「萬葉集入門」、「日本紀行」等著作，在培養新歌人方面，有很大貢獻。

（譯註一〇）佐野文夫（一八九二——一九三〇），譯過「費爾巴哈論」等書。

（譯註一一）上田敏（一八七四——一九一六），歐洲文學家、評論家、翻譯家、詩人、小說家，東京人，東京大學畢業，文學博士，曾任東京大學、京都大學講師，東京高師教授，有「冷笑」、「現代的藝術」等著作。

（譯註一二）廚川白村（一八八〇——一九二三），英國文學家、文藝評論家，東京大學畢業，曾任五高、三高和京都大學教授，文學博士，有「近代文學十講」，「文藝思潮論」、「出了象牙之塔」等著作。

（譯註一三）成瀨正一（一八九二——一九三六），小說家、法國文學家，橫濱人，東京大學畢業，與芥川龍之介、久米正雄等創辦第四次「新思潮」，有「法國文學研究」等書。松岡讓（一八九一——一九六九），小說家，新潟縣人，東京大學畢業，夏目漱石的大女婿，著「夏目漱石」、「漱石的漢詩」等書。

（譯註一四）橫光利一（一八九八——一九四七），小說家，福島縣人，早稻田大學肄業，有「上海」、「機械」、「純粹小說論」、「旅愁」等代表作，並以跟所謂普羅文學論爭馳名。川端康成（一八九九——一九七二），小說家，大阪人，東京大學畢業，有「伊豆的舞孃」、「雪國」、「千隻鶴」、「禽獸」等代表作品，曾得諾貝爾文學獎。

（譯註一五）二葉亭四迷（一八六四——一九〇九），小說家、翻譯家，本名長谷川辰之助，出生東京（江戶），東京商業學校（今日的一橋大學）肄業，曾任東京外國語學校（今日的東京外語大學）教授，以日本第一本寫實主義小說「浮雲」的作者馳名，另外還有「其背影」、「平凡」、「小說總論」等著作。

（譯註一六）本文作者小松伸六是文藝評論家；本文譯自菊池寬著「超越恩讐」一書的「解說」。

一九八二年一月十九日夜於東京

（原載一九八二年三月廿五日「青年戰士報」）

佐藤春夫

作者と作品について（解説）

東京大学教授
文学博士　吉田精一

一、詩《し》人《じん》の童《どう》心《しん》

昭和《しょうわ》三十九年五月、七十二才でこの世《よ》を去《さ》った佐藤春夫《さとうはるお》は、昭和の文壇《ぶんだん》において、とくにえらい作家《さっか》であったことは皆《みな》さんもごぞんじでしょう。詩人《しじん》でもあり、批評家《ひひょうか》でもあり、そのうえ作家《さっか》であるという、幅《はば》の広《ひろ》い人でしたが、本質《ほんしつ》は、本来《ほんらい》の小説家《しょうせつか》というよりは、詩人だったと思います。

詩人にはどこかに童心《どうしん》といいますか、いつまでも子どもに近《ちか》い心情《しんじょう》をもっている人が多《おお》く、また人間《にんげん》と同様《どうよう》、ときには人間以上《いじょう》に自然《しぜん》を愛《あい》します。佐藤春夫も、自然について多くの詩や文章《ぶんしょう》を書いている一面《めん》、少年時代をなつかしんで、よく小説の材料《ざいりょう》にもすれば、また童話《どうわ》も作っています。『わんぱく時代』はその種《しゅ》のもののなかで、いちばんの長編力作《ちょうへんりきさく》にぞくしています。

この作品は、昭和三十二年の十月二十日から、朝日新聞《あさひしんぶん》の夕刊《ゆうかん》に、百四十四回にわたってのりました。新聞小説《しんぶんしょうせつ》としては、風変《ふうが》わりといってよいほど読者《どくしゃ》におあいそのないもので、それだけに気《き》品《ひん》のあるものですが、愛読者《あいどくしゃ》は多く、たくさんの反響《はんきょう》があったと作者はいっていました。

この小説はいうまでもなく、自伝的《じでんてき》なもので、主人公《しゅじんこう》が小学四年生になったときから書きおこし、中学校（旧制《きゅうせい》）を卒業《そつぎょう》し、東京に出るまでを中心《ちゅうしん》としています。その後《ご》の生活《せいかつ》についても、はじめから登場《とうじょう》する友人の崎山栄《さきやまさかえ》や、そのねえさんにあたるおしょうとの関係《かんけい》にむすびつけるために、付録的《ふろくてき》に書きたしてはいますが、全体《ぜんたい》の半分以上が小学校時代、三分の一が中学校時代で、大学入学以後は一割《わり》にすぎず、したがって『わんぱく時代』と名づけた理由《りゆう》もわかります。

おもしろさの点《てん》からいっても、こまかく書いている小学校時代から、中学生にかけてのあたりがいちばん興味《きょうみ》があり、著者《ちょしゃ》も感興《かんきょう》ゆたかに書いているようです。

小説ですから、これはもちろんそのまま事実《じじつ》ではありません。著者も、

「これは自伝的内容《ないよう》をもった虚構談《きょこうだん》である。この編《へん》の目的《もくてき》とするところは、わが少年時代とわが少年期をすごしたふるさとの町と、その時代とを根《ね》も葉《は》もあるうそ八百《はっぴゃく》で表現《ひょうげん》したいので、ところどころに事実談があるからといって全部《ぜんぶ》を真《ま》にうけてもらっては困《こま》る。さればとて決《けっ》してでたらめをいうのでもない。作者は虚実相半《きょじつあいなか》ばしたところに虚々実々《きょきょじつじつ》の文芸《ぶんげい》の真《しん》趣《しゅ》を求《もと》めて、ひょうたんからこまを出すのを読みとってもらえたらうれしい」

といっているとおりです。

しかしこまかな点はともかくとして、だいたいの気分《きぶん》

青年時代《せいねんじだい》の佐藤春夫《さとうはるお》

や、父母や友人たちとの会話《かいわ》の調子《ちょうし》や、作者自身《じしん》の家庭《かてい》のようすなどは、実際《じっさい》あったままではなくとも、真実《しんじつ》をつたえているにちがいありません。

こころみに著者の略歴《りゃくれき》を見ますと、次《つぎ》のようです。

＊明治《めいじ》二十五年（一八九二）四月九日生まれる。豊太郎《とよたろう》の長男《ちょうなん》。父祖《ふそ》は九代にわたって代々医《だいだいい》を業《ぎょう》とした。ひとりの姉とふたりの弟がある。

＊明治三十七年（一九〇四）県立新宮《けんりつしんぐう》中学校に入学。将来《しょうらい》の志望《しぼう》を問《と》われ、文学者になると答《こた》える。

＊明治四十年（一九〇七）中学三年より四年への進級《しんきゅう》にあたり、数学《すうがく》の成績《せいせき》が悪《わる》いうえに、文学書を読みふける不良《ふりょう》な生徒《せいと》として、こらしめる意味《いみ》で、原《げん》級《きゅう》にとどめられた。

＊明治四十二年（一九〇九）前の年から東京の文芸雑誌《ぶんげいざっし》に歌をのせはじめ、この年にはいっては、つづけてかなり多くの歌を発表した。夏季休暇中《かききゅうかちゅう》、町内《ちょうない》の有志《ゆうし》のひらいた文芸講演会《ぶんげいこうえんかい》に、与謝野《よさの》寛《ひろし》、石井柏亭《いしいはくてい》、生田長江《いくたちょうこう》らが出席《しゅっせき》。その席上《せきじょう》でこころみた、自然主義《しぜんしゅぎ》の新文学運動《しんぶんがくうんどう》に対《たい》する解説《かいせつ》が、地方教育会《ちほうきょういくかい》の物議《ぶつぎ》をおこし、無期停学《むきていがく》の処分《しょぶん》をうけた。これを機会《きかい》として、生徒のあいだに同盟休校《どうめいきゅうこう》がおこり、その首領《しゅりょう》として疑《うたが》われた。この間に上京《じょうきょう》、生田長江の家にとどまった。

『わんぱく時代《じだい》』の舞台《ぶたい》となった新《しん》宮市《ぐうし》（熊野川《くまのがわ》から丹鶴城《たんかくじょう》二の丸《まる》をのぞむ）

＊明治四十三年（一九一〇）三月中学卒業。四月上京し、生田長江に師事《しじ》し、また与謝野寛の新詩《しんし》社《しゃ》にはいった。堀口大学《ほりくちだいがく》と知《し》り親交《しんこう》をむすんだ。九月、慶応義塾大学予科《けいおうぎじゅくだいがくよか》文学部に入学。

以上のかんたんな略歴《りゃくれき》とくらべてみても、作者が自分のふんできた現実《げんじつ》の歴史《れきし》のコースをたどりつつ書いたものであることがわかりましょう。

二、作品《さくひん》の特色《とくしょく》

作家となる人は、ふつうの人とはちがった強い印象力《いんしょうりょく》があり、つとめて記憶《きおく》しようとしなくとも、自然にある種《しゅ》のことがらや風景《ふうけい》を、心にきざみつけています。それが筆《ふで》をとるときに、絵《え》のように浮《う》かび出てきて、いきいきとした描写《びょうしゃ》になります。そうして、あんな細《こま》かいことを、よくおぼえていたなと、当時《とうじ》を知っていた人をおどろかせます。

この作品のなかにも、そうした細部《さいぶ》の印象《いんしょう》ゆたかな描写《びょうしゃ》がいたるところにばらまかれています。もちろんなかには想像力《そうぞうりょく》で大うつしにしたり、のびちぢみさせたりしているところがあるにちがいありませんが、その根は、じっさいの見聞《けんぶん》や、体《たい》験《けん》にもとづいていることと思われます。

佐藤春夫は、いったいが、非常《ひじょう》に空想的《くうそうてき》なものとか、あまり大がかりな組み立てとかをこころみ

1960年《ねん》文化勲章《ぶんかくんしょう》受《じゅ》賞式《しょうしき》の佐藤春夫《さとうはるお》

ないで、自然にさからわずに、事実にたよって、随筆《ずいひつ》と小説とのあいだをゆくような作風《さくふう》の人ですが、とくにこの作品などは、自分の少年時代をなぞっているだけに、気張《きば》らないで、すなおに、流れる水のように書いています。そのくせどこかになつかしく、ゆたかな叙情味《じょじょうみ》の感ぜられるのは、やはりもって生まれた天分《てんぶん》というものでしょう。

この作品の底《そこ》を流れる思想《しそう》としては、ひたすらことなかれ主義《しゅぎ》を守《まも》り、ことに若《わか》い精神《せいしん》の自由な発展《はってん》をおさえようとする保守的《ほしゅてき》な地方の人びとの態度《たいど》や、人間の生命《せいめい》を尊重《そんちょう》せず、政策《せいさく》のぎせいにすることをきらわない政治家《せいじか》たちに対する怒《いか》りがあります。この点から見ると、著者《ちょしゃ》が、自分で称《しょう》している「あまのじゃく」が、ただの「あまのじゃく」でなく、もっとすじのとおった、批評精神《ひひょうせいしん》となっているということを見のがすことができません。

この作品は、著者にとっては題材《だいざい》の関係《かんけい》もあり、かなり愛着《あいちゃく》をもっていたようにわたしは聞《き》いています。佐藤春夫のような作家にとっては、おそらく、永遠《えいえん》に魂《たましい》のふるさとである幼少年《ようしょうねん》時代の記録《きろく》として、他《た》にかえがたいなつかしいものだったと思います。

《解説おわり》

佐藤春夫及其作品

佐藤春夫

1892-1964

詩人的童心

一九六四年五月，以七十二歲與世長辭的佐藤春夫，乃是昭和文壇上偉大的作家，這是大家都知道的。他是詩人、文學評論家，又是作家，活動範圍很廣，但我認為，在本質上他是個詩人。

許多詩人，具有童心亦即有若小孩心情的一面，與此同時，特別喜愛自然。佐藤春夫寫過很多有關自然的詩和文章；在另一方面，他很懷念少年時代，因此常以它做材料來寫小說，也寫過童話。而「淘氣時代」就是屬於這個範疇的最長篇傑作。

這個作品自一九五七年十月二十日，在「朝日新聞」晚刊連載一百四十四天。作為新聞小說，它對於讀者並不奉承，也正因為如此，所以它非常有氣派；又根據作者的說法，這篇作品很受廣大讀者的歡迎，並獲得很大的反應。

無需說，這部小說帶有自傳的性質。他從小學四年級寫起，至中學畢業（五年）前往東京以前為中心。對於爾後的生活，為着保持一開始就上場的朋友山崎榮及其姐姐御修（音譯）的關係，雖然附帶地也寫了，但小學時代却佔整個份量的一半以上，中學時代為三分之一，進入大學以前祇佔一成，其所以命名「淘氣時代」，理由在此。

如果從趣味這個觀點來說，自寫得比較詳細的小學時代到中學時代最有趣；而作者似也寫得最起勁。

由於這是小說，所以不會全是事實。正如作者說：「這是具有自傳內容的虛構談。這個作品的目的是，以具體虛構的筆法描寫我的少年時代，我少年時代的故里及其時代，雖然其中有事實，但不要以爲都是事實。當然也不是胡說。我所求的是虛實參半，虛虛實實之文藝的眞趣，各位如能領略其中意義則很榮幸。」

但在大體上，譬如跟父母、朋友會話的氣氛，作者本身家庭的情形，雖然可能不全部那樣，但應該是非常接近事實。

現在我們來看看他的簡歷。

一八九二年四月九日出生。父親豐太郎，他是長男。祖先九代都是業醫，有一個姐姐兩個弟弟。

一九〇四年，進縣立新宮中學，被問其將來的志願時，答說想做文學家。

一九〇七年，中學要升四年級時，因爲數學成績不好，加以太愛文學方面的書而被認爲不良學生，爲懲罰他而令其留級。

一九〇九年，自前一年開始在東京文藝雜誌發表和歌，這年刊登得更多。暑假期間，社區人士主辦文藝演講會，跟與謝野寬、石井柏亭、生田長江（譯註一）等人出席。在這席上，其所發表有關自然主義新文學運動的解說，引起地方教育會物議，而受到無期停學處分。以此爲開端，學生們發動罷課，他被懷疑爲其領袖。在這期間，他到東京，住生田長江家。

一九一〇年三月，中學畢業。四月前往東京，拜生田長江爲師，進與謝野寬的新詩社。與堀口大學（譯註二）成爲好朋友。九月，進慶應義塾大學預科文學部。

從以上簡歷，我們可以知道，作者是按照他的現實歷史寫成這個作品的。

作品的特色

當作家的人，遠比普通人具有強烈的想像力，因此不必太努力於記憶，對於某些事體或風景，自然也會銘記五腑。所以拿起筆桿來，便若圖畫顯在眼前，變成活生生的描寫。它會使知道當時情形的人，吃驚他把那樣瑣碎的事記得那麼清楚。

在大體上，佐藤春夫不大創作非常空想或結構很大的故事，而順其自然，靠事實，以撰寫介於隨筆與小說之間的東西，尤其是這個作品，因以他自己少年時代爲藍本，所以寫得非常坦率而流利。雖然如此，它却使我們深覺豐富的敍情味，而這應該是他的才華所使然。

這個作品的基本思想是，對於固守多一事不如少一事主義，意圖壓抑年輕人精神之自由發展的保守的地方人態度，和不尊重人命，爲政策寧肯犧牲人命之政治家的憤怒。基於這一點，作者所自稱的「彆扭脾氣」，自不祇是單純的「彆扭脾氣」，而是很有道理的批評精神。

據說，也可能因爲題材的關係，作者對這個作品特別偏愛。對於像佐藤春夫這樣的作家來

講，作爲永遠爲其靈魂之故鄉的少年時代的紀錄，這是他的不二法寶。（譯註三）

（譯註一）與謝野寛（一八七三——一九三五），京都人，歌人、詩人；石井柏亭（一八八二——一九五八），東京人，畫家、詩人；生田長江（一八八二——一九三六），鳥取縣人，評論家、小說家、劇作家、翻譯家。

（譯註二）堀口大學（一八九二——）東京人，詩人。

（譯註三）原作者吉田精一，曾任東京大學教授，現任埼玉大學教授，文學博士。本文譯自佐藤春夫著「淘氣時代」一書的「解說」。

（原載一九八三年二月十四日臺北「青年戰士報」）

國木田獨步

作者と作品について（解説）

文芸評論家　山室　静

一、生《お》い立《た》ち

国木田独歩《くにきだどっぽ》は、明治四年（一八七一年）七月十五日、千葉県《ちばけん》の銚子《ちょうし》で生まれた。父の専八《せんぱち》は、播磨《はりま》の国（兵庫県《ひょうごけん》）の龍野藩士《たつのはんし》だったが、藩《はん》の船で江戸《えど》へむかう途中《とちゅう》、暴風《ぼうふう》にあって吹《ふ》き流《なが》され、銚子沖《ちょうしおき》で難破《なんぱ》、救助《きゅうじょ》されて銚子《ちょうし》の旅館《りょかん》で静養《せいよう》しているうちに、同家《どうけ》に手伝《てつだ》いにきていた淡路《あわじ》まんという女性《じょせい》と結《むす》ばれるようになり、ここに独歩《どっぽ》（幼名《ようみょう》は亀吉《かめきち》、のちに哲夫《てつお》とあらためた）が生まれることになったのだという。

専八《せんぱち》には故郷《こきょう》にすでに妻子《さいし》があったので、独歩《どっぽ》の誕生《たんじょう》する以前《いぜん》に龍野《たつの》に帰り、独歩《どっぽ》は母と死んだもとの夫雅次郎《まさじろう》という人の間《あいだ》に生まれた子として届《とど》けられ、母の手ひとつで銚子《ちょうし》で育《そだ》てられたらしい。やがて独歩《どっぽ》が四才《さい》になったころ、専八《せんぱち》は妻《つま》と別《わか》れて上京《じょうきょう》、独歩《どっぽ》母子を銚子《ちょうし》から迎《むか》えて新居《しんきょ》をいとなむことになった。父は山口《やまぐち》、広島《ひろしま》、岩国《いわくに》などの裁判所《さいばんしょ》につとめ、やがて弟収二《しゅうじ》も生まれ、独歩《とっぽ》

はこの父のもとでまずは幸福《こうふく》な少年時代を送るのだが、上記《じょうき》のような出生《しゅっせい》の事情《じじょう》にからんで、自分がはたして父の実子《じっし》であるかどうかを疑《うたが》ったことがあるらしく、それがかれの心の奥《おく》に一種《いっしゅ》暗い運命感《うんめいかん》を植《う》えつけた点《てん》が見られる。

独歩《どっぽ》はいったいに、気性《きしょう》の鋭《するど》くさわやかな人物であった。政治《せいじ》や事業《じぎょう》にも野心《やしん》があり、社交《しゃこう》を好《この》み、功名心《こうみょうしん》にも燃《も》えていたのに、なにか心の底《そこ》に寂《さび》しさを持ち、孤独《こどく》を愛《あい》して、世《よ》すて人《びと》とか敗残者《はいざんしゃ》のような人間に深い共感《きょうかん》を示《しめ》したのには、この生《お》い立《た》ちがどの程度《ていど》にか関係《かんけい》している気がする。

二、青《せい》年《ねん》時《じ》代《だい》

小学、中学時代は、おもに岩国《いわくに》と山口《やまぐち》で育《そだ》ったので、美しい自然《しぜん》にかこまれて詩心《ししん》を深めたのと、長州人《ちょうしゅうじん》の崇拝《すうはい》しておかない吉田松陰《よしだしょういん》の人《ひと》と著作《ちょさく》に親《した》しみ、志士的気分《ししてききぶん》をやしなったことも見のがせない。中学を退学《たいがく》して上京《じょうきょう》、東京専門学校《とうきょうせんもんがっこう》（のちの早稲田大学）にはいり、英語政治科《えいごせいじか》にすすんだのは、そのあらわれであった。

かれの理想《りそう》は、明治の元勲《げんくん》（国のために功績《こうせき》をあげた老臣《ろうしん》）のように政治の舞台《ぶたい》に立って、はなやかな立身出世《りっしんしゅっせ》をすることに

国《くに》木《き》田《だ》家《け》の跡《あと》（兵庫県龍野市《たつのし》）

あったらしいが、この理想《りそう》も独得《どくとく》の屈折《くっせつ》をして、むしろそういう政治的野望《せいじてきやぼう》のむなしさを考えるようになってゆく。そこへ植村正久《うえむらまさひさ》、徳富蘇峯《とくとみそほう》などと知りあい、キリスト教《きょう》の信仰《しんこう》と人生観《じんせいかん》に深い共感《きょうかん》をおぼえ、明治二十四年の春には植村《うえむら》の手によって洗礼《せんれい》を受けるまでになる。それからまもなく、かれは友人らと英語《えいご》政治《せいじ》科《か》改革《かいかく》と校長排斥《こうちょうはいせき》のストライキを起《お》こし、そのまま退学《たいがく》してしまう。

その後《ご》も、星亨《ほしとおる》、西園寺公望《さいおんじきんもち》らに近づいて政治に野心《やしん》を見せたこともあるが、このころから独歩《どっぽ》の道は、はっきりと外面的《がいめんてき》な世間的栄達《せけんてきえいたつ》を求《もと》める方向《ほうこう》とは別《わか》れて、純真《じゅんしん》に理《り》想《そう》を求め、人生の真実《しんじつ》にふれようとする求道者的文士《きゅうどうしゃてきぶんし》の方向にすすむことになる。

早稲田《わせだ》を退学《たいがく》して約一年は、当時父母《ふぼ》がいた山口県の麻郷村《おごうむら》に帰り、吉田松陰《よしだしょういん》が青少年を教育《きょういく》した松下村塾《しょうかそんじゅく》をまねて英学塾《えいがくじゅく》をひらきながら、しきりにカーライル（イギリスの思想家《しそうか》）やエマソン（アメリカの思想家）を愛読《あいどく》した。

翌《よく》明治二十五年、弟収二《しゅうじ》をともなってふたたび上京《じょうきょう》してからは、イギリスの湖畔詩人《こはんしじん》ワーズワースが愛読書《あいどくしょ》にくわわった。ほかにも、ゲーテ（ドイツの詩人・作家）、バーンズ（イギリスの詩人）、ツ

山口県岩国市《いわくにし》にある独歩《どっぽ》の母校《ぼこう》
錦《にし》見《み》小学校（現在の岩国《いわくに》小学校）

ルゲネフ（ロシアの作家）、のちにはモーパッサン（フランスの作家）など、独歩《どっぽ》がやしないをくんだ作家・詩人があげられるが、カーライル、エマソン、ワーズワースの三人は、かれがもっとも早く親《した》しみもっとも深く影響《えいきょう》された人といえるだろう。

文学史のうえでは、独歩《どっぽ》はふつう田山花袋《たやまかたい》、島崎藤村《しまざきとうそん》などとならんで自然主義者《しぜんしゅぎしゃ》とされているが、上記《じょうき》のような愛読書《あいどくしょ》から見ても、汎神論的《はんしんろんてき》（宇宙《うちゅう》に存在《そんざい》するものはすべて神《かみ》のあらわれであり、神と世界とは一体《いったい》のものであるという、宗教《しゅうきょう》や哲学上《てつがくじょう》の考え方）な理想主義者《りそうしゅぎしゃ》というべきで、科学的唯物論的《かがくてきゆいぶつろんてき》（万《ばん》物《ぶつ》のもとは物質《ぶっしつ》であり、精神《せいしん》は物質《ぶっしつ》の作用によってきまるという考え方）な見方《みかた》に立つ自然主義《しぜんしゅぎ》とはまったく立場《たちば》を異《こと》にしている。

この二度めの上京《じょうきょう》も、長くはつづかなかった。弟を学校に入《い》れ、自分は徳富蘇峯《とくとみそほう》の民友社《みんゆうしゃ》や、若《わか》い文学志望者《ぶんがくしぼうしゃ》たちの組織《そしき》した青年文学界《せいねんぶんがくかい》に関係《かんけい》し、ついで自由党《じゆうとう》の機関誌《きかんし》「自由」の記者になったりしたが、明治二十六年九月には、大分県《おおいたけん》佐伯《さえき》の鶴谷学館《つるやがっかん》に教頭《きょうとう》として赴任《ふにん》、この地で一年ほどすごすことになる。少年時代から吉田松陰《よしだしょういん》を尊敬《そんけい》し、またいまでは湖畔詩人《こはんしじん》と呼

国民新聞社に入社
のころの独歩（右）

ばれたワーズワースに傾倒《けいとう》していた独歩《どっぽ》は、いなかにしりぞいて大自然《だいしぜん》の中で人生《じんせい》に思いをひそめ、また青年たちに教《おし》えることに、いつも心をひかれるものがあったのだ。

名作『春《はる》の鳥《とり》』は、この佐伯時代《さえきじだい》の思《おも》い出《で》に取材《しゅざい》したものである。そういえば、前年山口で英学塾《えいがくじゅく》をやっていたときには、維新《いしん》の元勲《げんくん》たちの師《し》でありながら郷里《きょうり》にうずもれて不遇《ふぐう》の晩年《ばんねん》をすごしていた富永有隣《とみながゆうりん》をたずねているが、この人が『富岡先生《とみおかせんせい》』のモデルであるという。

明治26年ころ

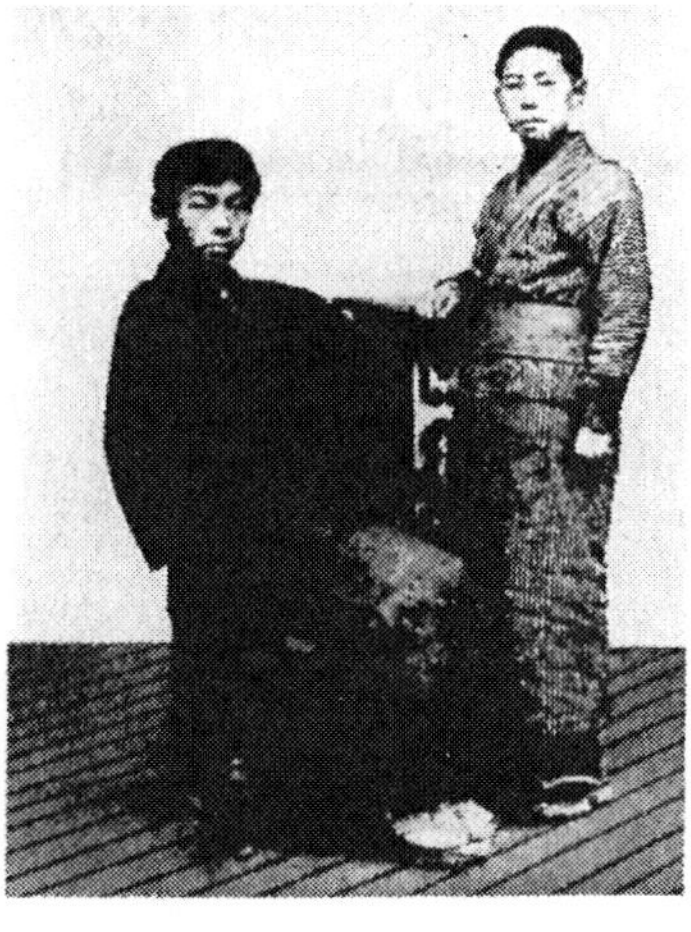

これらの作を見ても、独歩《どっぽ》はもはやはっきりと立身出世主義《りっしんしゅっせしゅぎ》に背《せ》をむけて、神のように無邪気《むじゃき》な白痴《はくち》の母子や、俗物的世間《ぞくぶつてきせけん》にいきどおって酒《さけ》になぐさめをやり、いよいよ時代からおき去られてゆくような老学者《ろうがくしゃ》に、無限《むげん》の同情《どうじょう》をよせている。

三、従軍《じゅうぐん》・恋愛《れんあい》・詩人《しじん》としての出発《しゅっぱつ》

しかし、多感《たかん》で青雲《せいうん》の志《こころざし》に燃《も》える独歩《どっぽ》は、やはりいなかに長くはとどまっていられなかった。

明治二十七年の七月末、鶴谷学館《つるやがっかん》を退職《たいしょく》して上京《じょうきょう》することになったが、そのとき日清戦争《にっしんせんそう》が起《お》こり、独歩《どっぽ》は「国民新聞《こみんしんぶん》」の従軍記者《じゅうぐんきしゃ》として、ただちに軍艦千代田《ぐんかんちよだ》に乗《の》り組《く》んで出動《しゅつどう》した。

このとき、弟にあてた形で書いた従軍記《じゅうぐんき》『愛弟通信《あいていつうしん》』で、かれの文名《ぶんめい》はようやく一部に知られるようになった。翌年三月凱旋《がいせん》し、あちこちの雑誌《ざっし》や新聞に寄稿《きこう》しはじめたが、しかし、まだ作家としての覚悟《かくご》も、その方向《ほうこう》も、きまっていなかったようだ。親《した》しくまじわっていた徳富蘇峯《とくとみそほう》、植村正久《うえむらまさひさ》、愛読《あいどく》していたカーライルなどの影響《えいきょう》で、キリスト教系《きょうけい》のジャーナリスト、史伝家《しでんか》として立ち、一世《いっせい》を指導《しどう》するというようなことが、かれの願《ねが》いであったろう。

そのかれの大望《たいもう》を打ちくだいて、詩人《しじん》の方向《ほうこう》に転回《てんかい》させたのが、佐々城信子《ささきのぶこ》との恋愛《れんあい》と、その破綻《はたん》であったといえる。信子《のぶこ》は、日本橋《にほんばし》にあった有名《ゆうめい》な佐々城病院《ささきびょういん》の娘で、母豊寿《とよじゅ》はことにキリスト教界《きょうかい》のはなやかな存在《そんざい》だった。無名《むめい》の貧乏文士《びんぼうぶんし》と、名家《めいか》の令嬢《れいじょう》との自由恋愛《じゆうれんあい》がそのまま認《みと》められるわけはない。信子《のぶこ》の両親の猛反対《もうはんたい》に苦《くる》しんで、独歩《どっぽ》は煩悶《はんもん》と焦燥《しょうそう》をかさねた。とつぜん北海道にあらわれて、空知川《そらちがわ》のほとりをさまよったのも、ふたりのための新天地《しんてんち》を開拓《かいたく》しようがためであった。『空知川《そらちがわ》の岸辺《きしべ》』は、その記念《きねん》である。

しかし、この計画《けいかく》も、信子《のぶこ》の母の反対によって挫折《ざせつ》した。それでもふたりは、徳富蘇峯《とくとみそほう》、植村正久《うえむらまさひさ》などの尽力《じんりょく》

『武蔵野《むさしの》』初版本《しょはんぼん》(明治31年刊)

でようやく結婚《けっこん》することができたが、半年《はんとし》たらずのうちに、信子《のぶこ》は独歩《どっぽ》がるすの間に家をとびだして、ついに帰らなかった。富裕《ふゆう》な家に育《そだ》ち、虚栄心《きょえいしん》も強かったらしい信子《のぶこ》には、貧乏文士《びんぼうぶんし》との生活はとうていたえられなかったのだ。有島武郎《ありしまたけお》の名作『或《あ》る女《おんな》』のヒロイン（女主人公《おんなしゅじんこう》）は、彼女をモデルにしたもので、その中には彼女の見た貧寒《ひんかん》な独歩《どっぽ》の姿《すがた》も描《えが》かれている。当時の独歩《どっぽ》の心境《しんきょう》は、日記『欺《あざむ》かざるの記《き》』にくわしくたどることができる。

空知川《そらちがわ》の岸辺《きしべ》に立つ独歩碑《どっぽひ》

ともあれ独歩《どっぽ》は、このにがい体験《たいけん》によってそれまでの浮《う》わつきがちだった生活の反省《はんせい》をしいられ、当時はまだ雑木林《ぞうきばやし》などの多かった渋谷《しぶや》の丘《おか》の上の小屋《こや》に弟と住《す》み、孤独《こどく》と沈潜《ちんせん》（深く思いにしずむこと）の生活を送り、田山花袋《たやまかたい》、松岡国男《まつおかくにお》（のちの柳田国男《やなぎだくにお》）らとまじわって、いよいよ文学に心をひそめることになる。翌三十年、宮崎湖處子《みやざきこしょし》や花袋《かたい》や国男《くにお》らと合著《がっちょ》で出版《しゅっぱん》した詩集『抒情詩《じょじょうし》』が、かれの詩人《しじん》としての真《しん》の出発であった。

「恋《こい》するものをして自由《じゆう》に歌《うた》わしめよ。歌うて始めてなんじの恋《こい》は高品《こうひん》のものとならん。悲恋《ひれん》の士《し》よ、歌えよ。なんじの歌こそもっとも悲《かな》しかるべし。神を仰《あお》ぐものよ、歌えよ。なんじの信仰火《しんこうひ》のごとくんば、なんぞ黙《もく》して座《ざ》し、座《ざ》して散文《さんぶん》をならぶるを得《え》ん。疑《うたが》うものよ、なんじの懐疑《かいぎ》の煩悶《はんもん》を歌えよ。ひややかに眠《ねむ》るなかれ。貧者《ひんじゃ》よ、なんじの詩《し》をもってなんじの不平《ふへい》をもらせ。自由にこがるるものよ、高歌してはばかるなかれ……ああ詩歌《しいか》なき国民《こくみん》はかならず窒息《ちっそく》す。その血は腐《くさ》り、その涙《なみだ》は濁《にご》らん。歌えよ、わが国民。新体詩《しんたいし》はなんじのものとなれり。」

こうかれは序《じょ》に書きつけ、また『山林《さんりん》に自由存《じゆうそん》す』などの詩《し》に、意気《いき》さかんなところを見せた。

四、小説家《しょうせつか》として

しかし、独歩《どっぽ》はたしかに詩人《しじん》ではあったが、また一面《いちめん》では知《ち》の人であり、これまで書いてきたように、人生経験《じんせいけいけん》も豊《ゆた》かであった。叙情《じょじょう》の世界におぼれることは、けっきょくかれにはできなかった。ここに詩心《ししん》は沈潜《ちんせん》させられて、自己《じこ》と周囲《しゅうい》とをもっと冷静客観的《れいせいきゃっかんてき》に観察《かんさつ》し、描写《びょうしゃ》する方向《ほうこう》が求《もと》められてくる。

明治三十年四月から六月にかけて、田山花袋《たやまかたい》と日光《にっこう》の山寺《やまでら》にこもり、友とともに人生《じんせい》の意味《いみ》や新しい文学の方向《ほうこう》について語《かた》りあい、また読書《どくしょ》と思索《しさく》の日々を送ったことは、大いに独歩《どっぽ》の目をひらくことに役立《やくだ》ったようだ。かれはまず、佐伯《さえき》時代に知った孤独《こどく》の漁夫《ぎょふ》に取材《しゅざい》した『源《げん》おじ』を書き、ついで帰京《ききょう》して、愛読《あいどく》するツルゲネフに学んで新しい目で周囲《しゅうい》の自然《しぜん》をながめた名作『武蔵野《むさしの》』を書いた。かれは散文詩人《さんぶんしじん》としての本領《ほんりょう》を、ここにようやく見いだしたといえる。つづいて『忘《わす》れえぬ人々《ひとびと》』『鹿狩《しかがり》』などの好短編《こうたんぺん》を書き、妻《つま》をも迎《むか》えて作家生活にはいる。前途《ぜんと》は洋々《ようよう》とひらけるかに見えた。

　しかし、それがそういかず、独歩《どっぽ》はさして多《おお》くの作品も残さずに、三十八才《さい》の若《わか》さで倒《たお》れることになる。一つには、かれには相変《あいか》わらずジャーナリズムや政治のほうに野心《やしん》があって、そのために小説にじゅうぶんに力《ちから》をそそげなかったこと。二つには、しかも生活に追《お》われて、しまいには近《きん》事画報社《じがほうしゃ》、独歩社《どっぽしゃ》の経営《けいえい》に乗りだしてむりをかさね、ついに胸《むね》を病《や》んでしまったからだった。

　明治三十八年には、『富岡先生《とみおかせんせい》』『牛肉《ぎゅうにく》と馬鈴薯《ばれいしょ》』『春《はる》の鳥《とり》』などの名作をおさめた第二小説集『独歩集《どっぽしゅう》』が出、翌年は『運命論者《うんめいろんしゃ》』『空知川《そらちがわ》の岸辺《きしべ》』『非凡《ひぼん》なる凡人《ぼんじん》』などをふくむ『運命《うんめい》』を出して、その年同《おな》じく『破戒《はかい》』を出した島崎藤村《しまざきとうそん》とならんで、ようやく独歩《どっぽ》の名は高くなった。しかし、同年八月には、早くも転地療養《てんちりょうよう》しなければならないようになる。一時は小康《しょうこう》をえて、貧《まず》しい庶民《しょみん》の生活を愛憐《あいれん》をもって凝視《ぎょうし》した『窮死《きゅうし》』『竹《たけ》の木戸《きど》』（四十一年一月）などの名作《めいさく》を出したが、最後《さいご》の半年ほどは筆《ふで》をとる力《ちから》も失《うしな》って床《とこ》をはなれることができず、明治四十一年（一九〇八年）六月二十三日、神奈川県茅《かながわけんち》ケ崎《がさき》の南湖院《なんこいん》でその短《みじか》い生涯《しょうがい》をとじたのだった。

独歩碑（武蔵野市　国鉄三鷹駅北口）
書は武者小路実篤

しかし、その最後《さいご》は、名声《めいせい》いよいよ高く、かれの病状《びょうじょう》の一進一退《いっしんいったい》が日々新聞に報《ほう》じられるなど、すこぶるはなやかなものだった。そしてその後《ご》も、かれは明治《めいじ》・大正期《たいしょうき》を通《つう》じてもっとも人気《にんき》ある作家《さっか》として、ことに若《わか》い人々の心をひきつけてはなさなかった。

五、おもな作品《さくひん》について

個々《ここ》の作品には、もはやふれている余裕《よゆう》がないが、さいわいと独歩《どっぽ》の作は、解説《かいせつ》の必要《ひつよう》がない。手《て》にとって読みさえすれば、ただちにその作にあふれる詩情《しじょう》がわたしたちの胸をうち、その筆致《ひっち》の簡潔《かんけつ》でさわやかなのが、わたしたちをおどろかすのだ。

「ぼくの願《ねが》いは、どうにかしてこの古《ふる》びはてた習慣《カストム》の圧力《あつりょく》からのがれて、驚異《きょうい》の念《ねん》をもってこの宇《う》宙《ちゅう》に俯《ふ》仰介立《ぎょうかいりつ》したいのです。」

と、『牛肉《ぎゅうにく》と馬鈴薯《ばれいしょ》』の主人公は語《かた》っているが、それはそのまま独歩《どっぽ》の願《ねが》いであったろう。かれは少年のようなとらわれぬ目で人生《じんせい》を、自然《しぜん》をながめ、そのふしぎにおどろこうとした人だった。好《この》んで少年の世界を書いたのもそのためで、そのことにまたかれほど成功《せいこう》した人もめずらしいが、それはつまりかれ

南湖院《なんこいん》入院当時の独歩《どっぽ》

がいつまでも少年の心を失《うしな》わなかった人だからだろう。『山《やま》の力《ちから》』の二少年の無邪気《むじゃき》で健康《けんこう》な若々《わかわか》しさ、『春《はる》の鳥《とり》』の白痴《はくち》の少年の無心《むしん》な美しさ、そしてまた『非凡《ひぼん》なる凡人《ぼんじん》』の主人公のけなげさ。これらは近代日本文学にたぐいまれな、不滅《ふめつ》の少年像《しょうねんぞう》であろう。

『富岡先生《とみおかせんせい》』や『牛肉《ぎゅうにく》と馬鈴薯《ばれいしょ》』には、かれの鋭《するど》くてしかもあたたかみを失《うしな》わない人生批評《じんせいひひょう》とユーモアがある。『竹《たけ》の木戸《きど》』では、貧《まず》しい庶民《しょみん》の貧乏《びんぼう》ゆえの悲劇《ひげき》をえぐりながら、やはり見つめる目はけっして意地《いじ》わるくはない。独歩《どっぽ》は最後《さいご》まで、愛《あい》といつくしみをもって人生に対した詩人《しじん》であったと思う。

≪解説おわり≫

國木田獨步及其作品

國木田獨步

1871-1908

一

國木田獨步於一八七一年七月十五日，降生於千葉縣銚子。父親名叫專八，是播磨（兵庫縣）龍野藩士。因乘藩船前往江戶途中，被暴風吹走，船隻在銚子海面失事，他獲救並被送到銚子的旅館靜養，據說此時與在該旅館幫忙的女性淡路曼（曼是音譯）發生關係，而生了獨步（幼名龜吉，後改名哲夫）。

由於專八在其故鄉已經有妻室和子女，因此在獨步出生之前，他就回到龍野，而獨步則以乃母與其已去世的前夫雅次郎所生的小孩報戶口，由其生親在銚子養育。獨步四歲時，專八與其妻離婚前來東京，並由銚子接來獨步母子，一起生活。獨步父親服務於山口、廣島、岩國等法院，旋即他的弟弟收二也降世，獨步在這個父親膝下，還算過着相當幸福的少年時代；惟因他上述的出生經過，獨步似曾懷疑他是不是乃父的親生子，而使他形成暗淡的一面。

一般來說，獨步是脾氣大而個性爽朗的一個人。對於政治、事業有雄心，好社交，富於功名心；與此同時，愛孤獨，顯得寂寞，對於棄世者落伍者非常同情，這似與他的出生有相當的關係。

二

由於獨步的小學和中學時代，主要的在岩國和山口度過，因爲其漂亮的自然環境，而培養了他的詩心；加以尊敬長州（山口）人所最敬重的吉田松陰（譯註一），和喜讀吉田的著作，而具有仁人志士的氣概。獨步之退學中學到東京，進入東京專門學校（今日的早稻田大學），學習英語、政治，就是爲了這種原因。

他的理想似乎是，希望能跟明治時代的元勳一樣，站上政治舞台，出人頭地，但他這種理想却受到挫折，因而逐漸領悟政治野心的空虛。這時他認識植村正久、德富蘇峯（譯註二）等人，因之共鳴基督敎的信仰和人生觀，一八九一年春天，且由植村洗禮，正式爲基督敎徒。不久，他與同學們因爲欲改革英語、政治科和反對校長，從事罷課，從而退學。

爾後，他雖也曾接近星亨、西園寺公望（譯註三）等，復燃其政治野心，但此時獨步所走的，已經告別了求取表面上發跡的方向，而走上純粹尋求理想、探求人生的眞實這種求道者文人的道路。

離開早稻田大學以後大約一年，他回到其雙親所居住的山口縣厤鄉村，模倣吉田松陰敎育青少年的松下村塾，開設英學塾，並熱衷於卡萊爾、愛默生（譯註四）的著作。

一八九二年，他帶着乃弟收二，再度來到東京，開始欣賞英國湖畔詩人華玆華斯（譯註五）的作品。此外，他也喜歡歌德、朋斯、屠格涅夫、莫泊桑（譯註六）等作家和詩人，但爲他所最欽仰並受其重大影響的，還是卡萊爾、愛默生和華玆華斯三個人。

在日本文學史上，獨步通常與田山花袋、島崎藤村（譯註七）等被認爲是自然主義者，而由上述獨步所喜歡讀的書籍看來，他應屬於汎神論的理想主義者，與科學的唯物的自然主義者不同其立場。

獨步第二次到東京來，所待時間也不長。他令其弟進入學校之後，出入於德富蘇峯的民友社，參與有志文學之年輕人所組織的青年文學界，繼而擔任自由黨機關雜誌「自由」的記者；但於一八九三年九月，便前往大分縣佐伯的鶴谷學館出任教務主任，在這裏待了一年左右。從少年時代就尊敬吉田松陰，並傾倒於被譽爲湖畔詩人之華玆華斯的獨步，的確很嚮往大自然的人生，和對年輕人的教育。

他的名作「春鳥」，就是取材於這個佐伯時代的回憶。又，前兩年在山口開辦英學塾時，他曾經往訪明治維新之元勳們的老師，但却在其故里遇着落魄晚年的富永有鄰，而這個人，便是其作品「富岡先生」的主角。

由這些作品，我們可以知道，獨步已很清楚地揮別了出頭發跡主義，並對於無辜的白癡母子，因氣憤俗世飲酒解愁，而逐漸爲時代忘記的老學人寄予無限的同情。

三

但是，多感而抱有青雲之志的獨步，在鄉下還是無法長待。因而於一八九四年七月底，他辭掉鶴谷學館的工作，三次到東京，是時爆發中日戰爭，獨步遂以「國民新聞」從軍記者的身分，搭乘千代田軍艦動身。

此時，他因寫給乃弟的從軍記「愛弟通信」而獲得文名。翌年三月回國，開始爲報刊撰稿，但似還沒有決心要幹作家這一行。由於德富蘇峯、值村正久和卡萊爾著作的影響。他的目標似乎是想作基督敎方面的著述者、史傳家，以指導一世。

可是，與佐佐城信子的戀愛，却吹走了他的志願，而使他轉向詩人的道路。信子是日本橋馳名的佐佐城醫院的千金，其母親豐壽更是基督敎社會的名人。所以無名的窮光蛋文人與名家千金的自由戀愛是問題很多的。遭遇到信子雙親之堅決反對的獨步，遂陷於苦境，日夜煩悶和焦躁。他突然到北海道，徘徊空知川河邊，爲的是想爲他們自己開闢新天地。而其作品「空知川河邊」就是它的紀念。

但這個計畫，又因爲信子母親的反對而沒實現。不過他倆却獲得德富蘇峯和植村正久的盡力而結婚，但不出半年，信子竟乘獨步不在家出走，一去不還。出生富裕家庭，虛榮心似很强的信子，畢竟不能與貧窮文人成家。有島武郎（譯註八）的名作「某女人」就是以信子爲主角。它描寫着信子心目中貧寒的獨步形象。至於獨步的當時心境，我們可以由其日記「不欺記」窺悉。

經過這番痛苦經驗的他，遂不得不反省其漂搖不定的生活，而跟他弟弟住在當時還是許多雜木的澁谷山坡上的小屋，過着孤獨與沈思的日子，並與田山花袋、松岡國男（日後的柳田國男）

（譯註九）等來往，一步一步地走向文學的大道。次年，他與宮崎湖處子（譯註一〇）、花袋和國男一起出版詩集「抒情詩」，這是他作爲詩人的眞正起步。

四

獨步雖然是個詩人，但却同時又是個知性的人，而且人生經驗非常豐富。因此，他究竟不能深沉於敍情的世界。於是他沈潛其詩心，往冷靜客觀地觀察和描繪自己與周圍的方向邁進。

從一八九七年四月到六月，他跟田山花袋住進日光的山寺，與朋友大談人生的意義和新文學的方向，日夜讀書與思索，無疑地對增加獨步的見識，實大有幫助。這時他創作了取材於佐伯時代所認識孤獨漁夫的「源伯伯」；回到東京以後，學屠格涅夫的筆法，以新的眼光撰寫其名著「武藏野」。由這名作，他發揮了散文詩人的本領。他繼而發表「不能忘記的人們」、「打鹿」等短篇佳作，再次結婚，開始其作爲作家的生活。他的前途似錦。

但事情却並沒有那麼單純，亦卽沒寫過太多作品，獨步便以三十八的年齡病倒。這是由於一方面他仍然不能忘情於政治，沒有專心去寫小說，一方面爲着生活，經營近事畫報社和獨步社過勞，而終於患肺病所致。

一九〇五年，他出版收其「富岡先生」、「牛肉與馬鈴薯」、「春鳥」等名作的第二本小說集「獨步集」；翌年，推出包括「命運論者」、「空知川河邊」、「非凡的平凡人」等篇的「命運」，而與同一年出版「破戒」的島崎藤村齊名。但迨至該年八月，他便不得不轉地療養；雖一時得小康，並寫作了以愛憐之情凝視貧苦人民生活的「窮死」、「竹柵門」等巨篇，但最後的半年左右都無法執筆，更不能離床，而終於一九〇八年六月十三日，在神奈川縣茅崎的南湖院，結束了他不算長的一生。

不過，臨終前，他的聲譽却日隆，他的病況的一進一退，天天見報，很受注目。他去世之後，而至今日，一直是最受人們歡迎的作家，尤其為年輕人所愛戴。

五

關於獨步的作品，實在不必作什麼解說，因為祗要讀它，它的詩情就湧現你心頭，而其筆法之簡潔、爽朗，的確令人驚訝「我的願望是，想盡辦法逃出古老習慣的壓力，以驚異的念頭俯仰介立於宇宙。」

這是「牛肉與馬鈴薯」的主角所說的話，而這也正是獨步的願望。他以少年的眼光觀察人生和自然，以領受神秘的驚奇。在這方面，他是最成功的一位，而這意味着他仍然保持着少年的心靈。「山峯的力量」裏兩個少年的純眞、健康和活力；「春鳥」裏白癡少年的天眞美；「非凡的平凡人」之主人公勇敢的俠義精神。這當是近代日本文學獨一無二的永恒的少年形象。

「富岡先生」和「牛肉與馬鈴薯」含有他尖銳但却有心的人生批評和幽默；「竹柵門」雖然

刻畫窮苦大衆之所以貧窮的悲劇，但却一點也不令人覺得刻薄。無疑地，獨步始終是以慈愛面對人生的詩人。（譯註一一）

（譯註一）吉田松陰（一八三〇——一八五九）山口縣人，思想家，德川幕府末期的尊王論者。

（譯註二）植村正久（一八五七——一九二五），千葉縣人，宗教家、評論家；德富蘇峯（一八六三——一九五七），原名猪一郎，熊本縣人，評論家、政治評論家、史論家。

（譯註三）西園寺公望（一八四九——一九四〇），京都人，政治家、公爵，曾任首相，是日本最後的元老。

（譯註四）卡萊爾（T. Carlyle, 1795-1881），英國的評論家、歷史學家；愛默生（R. W. Emerson, 1803-1882），美國的思想家、詩人。

（譯註五）華玆華斯（W. Wordsworth, 1770-1850），英國的詩人。

（譯註六）歌德（J. W. Von Goethe, 1749-1832），德國的詩人、作家；朋斯（R. Burns, 1759-1796），英國詩人；屠格涅夫（I.S. Turgenev, 1818-1883），俄國作家；莫泊桑（H. R. A. G. de Maupassant, 1850-1893），法國的小說家。

（譯註七）田山花袋（一八七一——一九三〇），羣馬縣人，小說家；島崎藤村（一八七二——一九四三），本名春樹，長野縣人，小說家、詩人。

（譯註八）有島武郎（一八七八——一九二三），東京人，小說家。

（譯註九）　松岡國男（柳田國男，一八七五——一九六二），兵庫縣人，詩人、民俗學者。

（譯註一〇）　宮崎湖處子（一八六四——一九二二），本名八百吉，福岡縣人，詩人、小說家、評論家、牧師。

（譯註一一）　原作者山室靜是文藝評論家；本文譯自國木田獨步著「武藏野」一書的「解說」。

（原載一九八三年二月廿八日、三月一日「中華日報」）

下村湖人

【解説】

下《しも》村《むら》湖《こ》人《じん》の人と作品

群馬大学名誉教授
玉川大学大学院講師　永《なが》杉《すぎ》喜《き》輔《すけ》

『次郎物語』のモデル

次郎が生まれたときはサルのような顔であった。その「お猿さん」のモデルは、作者の下村湖人《しもむらこじん》その人である。

『次郎物語』は作者、下村湖人の自伝と言ってよいほど事実に近いことが書かれてある。なかでも第一部は、作者の生い立ちそのままと言っても、そう言いすぎではない。私は昨年（昭和三十九年）七年がかりで書いた下村湖人の伝記を出版したが、そのため、作者の生地の佐賀県にたびたびしらべに行って、『次郎物語』に出てくる人物や風景のほとんどにモデルのあることを発見しておどろいた。

下村湖人は、すべてにひかえめの人で、自分のことを人に言ったりはしなかったので、『次郎物語』も、どこまでがほんとうか、だれも知らなかった。

数年前に亡くなったが、「俊三《しゆんぞう》」にあたる弟さんが佐賀にいて、その人と湖人の生まれた田舎《いなか》の家をさがしたら、そのままあったのでびっくりした。物語にあるとおり、湖人の家は破産して、その後、家族も散《ち》り散《ぢ》りばらばらになったので、弟さんも五十年ぶりに私と郷里に行ってみたのであった。

物語にある「菓子折《かしお》り」事件のあと、父の俊亮《しゆんすけ》と次郎がむかいあってすわった、うすぐらい二階のへやも、そのままあった。破産したあと買いとった家族が、もう二代目になっていた。

湖人《こじん》の生家（立っているのは実弟）

下村湖人が生まれたのは、明治十七年（一八八四）十月三日、佐賀《さが》県神埼郡《けんかんざきぐん》千歳村《ちとせむら》（今の千代田《ちよだ》町）大字崎村《さきむら》で、父は内田郁二《うちだいくじ》、母はつぎ、その二男、虎六郎《とらろくろう》と名づけられた。生まれてまもなく神代《こうだい》小学校《しようがつこう》の用務員さんりところに里子に出された。

母が病弱だったので、長男の平四郎《へいしろう》（物語では恭《きよう》吾《ご》）も同じところに里子に出された。それと入れかわりに虎六郎が里子に出された。そこからこの物語は、始まっている。古い話で、第一部は日清戦争前後《につしんせんそうぜんご》の時代のできごとだが、今読んでも、そんなに古い話のようには感じない。それは、物語に時代の背景《はいけい》がほとんど書かれていないからでもあるが、それよりも、作者下村湖人の感覚がひじょうに新鮮《しんせん》で、主人公の次郎を中心とする子供たちの心理が、その新しい感覚でいきいきとえがかれているからである。

下村湖人が亡《な》くなったのは、昭和三十年（一九五五）、今から十年も前、七十一歳であった。『次郎物語』を書きはじめたのが、戦前、昭和十一年（一九三六）五十二歳のときで、本になったのが昭和十六年（一九四一）、五十七歳のときである。湖人は、それまでは学校の先生や社会教育で青年の指導《しどう》をしたりしていて、世に知られていなかった。それが突然にこんな物語を発表したので、読者には新進の若い作家かと思われ、湖人のところには毎日のようにファンレターが舞《ま》いこんだ。湖人はてれながらも、いちいちそれに返事を書いた。

『次郎物語』は急にひろまり、すぐにラジオや映画にもなった。作家たちは、『次郎物語』の文章を見て、そのりっぱなのにおどろき、どうしてこんなすぐれた文章が急に書けたのだろうかとふしぎに思った。しかし、それにはわけがある。

詩人「内田夕闇《うちだゆうやん》」

下村湖人は、はじめは内田虎六郎《うちだとらろくろう》と言った。あとで下村家をついで下村虎六郎《しもむらとらろくろう》となり、『次郎物語』を書くころから湖人というペンネームを使った。

大学時代の湖人

湖人は佐賀県立佐賀中学校（今の佐賀高等学校）から、熊本の第五高等学校にすすみ、明治三十九年（一九〇六）東大の文科にはいり、英文学を勉強した。ちょうど夏目《なつめ》漱石《そうせき》が東大の先生をしていたときで、湖人も漱石の講義《こうぎ》を聞いた。

第三部に次郎が恭一《きょういち》と競争して詩を作るところがあるが、湖人は中学時代から和歌や詩が得意で、学校で出している雑誌だけでなく、中央の有名な文芸雑誌にもたびたび入選《にゅうせん》し、中学の上級生のときは、当時の有名な詩人とならんで湖人の詩が大きく出るようになった。そのころのペンネームは内田《うちだ》夕闇《ゆうやみ》と言って、その名前がハデに宣伝《せんでん》され、年少詩人として全国的に知られるようになった。北原白秋《きたはらはくしゅう》が、そのころ湖人の詩に感心して、その一部分を自分の詩にとり入れたこともある。

東大の一年のとき、湖人は下宿にとじこもって『生い立ちの記』を書きはじめたが、原稿用紙五十枚ほど書いて気に入らず、破《やぶ》ってすててしまった。これが『次郎物語』の前身である。小説の書き方がわからなかったからだと湖人は書いているが、それよりも『次郎物語』のような家庭の物語を書くには若すぎたのではなかろうか。『生い立ちの記』ではどういうことを書いたか、昔のことで湖人にも記憶《きおく》がなかったが、「次郎」が「私」という一人称になっており、内容もたいへん主観的な（子供の立場からだけ見た）ものであったらしい。

それでもその題材はあきらめきれず、その後およそ三十年間、湖人の胸にあたためられ、五十二歳になって『次郎物語』として再生《さいせい》したのである。湖人は『次郎物語』のあとがきに、「私は、これまでに何冊かの本を書いたが、もし、一生のうちに一冊だけしか本が書けないものだとしたら、私はおそらくその一冊にこの『次郎物語』を選んだであろう。それほど私はこの本が書いてみたかったし、書いておかなければならないような気がしていたのである。」と書いている。

湖人は東大の学生時代に、すでに文芸評論家《ぶんげいひょうろんか》としてみとめられていたのだが、家が没落《ぼつらく》したあと学費を出してくれた下村家をつがなければならなくなり、そのうえ下村家まで没落したので、郷里の佐賀に帰って、母校佐賀中学（今の佐賀高校）の英語の先生になった。

湖人は純粋《じゅんすい》な人だったので、中学生（今の高校生）の教育一本に打ちこみ、文筆の仕事を断念《だんねん》してしまった。そして、佐賀県立鹿島中学校《かしまちゅうがっこう》（今の鹿島高等学校）や、唐津中学校《からつちゅうがっこう》（今の唐津高等学校）の校長になった。鹿島高校と唐津高校では、当時、湖人の作った校歌が今もうたわれている。鹿島高校には数年前、その歌碑が建って、除幕式《じょまくしき》に、そのころの生徒で、今はハゲ頭の老人たちが集まって、声をはりあげてその校歌をうたった。

唐津中学校長から、そのころいちばんむずかしかった台湾《たいわん》の教育のために、人物を見こまれてえらばれ、遠く台中《たいちゅう》第一中学校長に赴任《ふにん》し、やがて台北《たいほく》高等学校長になったが、それを最後に教壇《きょうだん》をしりぞき、東京にひきあげて、日本青年館で学生時代からの親友、田沢義鋪《たざわよしはる》に協力して、青年教育の仕事につき、それから青年のために随筆《ずいひつ》や読み物を発表しているうちに、書きたくてたまらなかった『次郎物語』のペンをとったのである。

そのころはもう、詩人「内田夕闇《うちだゆうやみ》」時代のことは忘れ去られていたので、いかにも突然の名作と思われたのだった。『次郎物語』が、ふつうのいわゆる教育小説とちがって、香《かお》りの高い作品になっているのは、その底に、内田夕闇時代の詩があるからだと思われる。これが『次郎物語』を不朽《ふきゅう》の名作にしているもっとも大きな理由である。

台湾時代家族とともに（昭和６年）

『次郎物語』の読者は、中学生や高校生がほとんどである。日本の家庭で育った青少年は大なり小なり「次郎」のような体験《たいけん》をもっている。だから『次郎物語』はひとごとではない。身につまされて読むのだ。これが、『次郎物語』がたくさんの青少年に愛読されている理由である。いくども映画化され、テレビにも出るが、そのたびに多くの人びとに深い感《かん》動《どう》を与えている。

作者があまり有名でなく、作品だけがひとり歩きしているという、これはめずらしい例である。

みんなも次郎

私の娘が大学にはいって、さいしょの寮生活《りょうせいかつ》から夏休みで帰ったある日、私、すなわち父、それに妻、すなわち母に、夕食のあとの話し合いで、

「私は中学のとき〝次郎物語〟をなんべんも読んで、読むたびに自分のことが書いてあると涙をこぼしながら読んだわ。」

と言った。私はギョッとした。上に男の子がある。女でも次郎にちがいない。娘は、父に、あるいは母に、こう言われたときにひがんだ。こうされたときにうらめしかった、おとうさんとおかあさんはおにいさんだけをかわいがってると思って、くやしかった、といちいち思い出を語ってくれた。親は知らぬまに、えこひいきをしている。次郎ほどはいじめられなくとも、二番目以下の子は、すべて次郎のような気持ちで育つと言ってよい。

いっぽう、かわいがられすぎた恭一《きょういち》は、ひよわな子に育った。恭一のモデル平四郎《へいしろう》は、熊本の第五高等学校在学中にノイローゼになって、十年ほどたって亡《な》くなった。そのことは、同じ下村湖人の名著《めいちょ》『若《わか》き建設者《けんせつしゃ》』に出ている。湖人は『次郎物語』のつづきを書くつもりはなかった。そして、

その完結篇《かんけつへん》として『若き建設者』を書いた。そこでは次郎は「簡次《かんじ》」と言う名前になっている。

ところが、本人がびっくりするほど『次郎物語』は多くの人びとに読まれたので、書店のすすめもあって、あらためて、そのつづきを書きすすんだが、どこまで書けるかは見当がつかず、『続次《ぞくじ》郎物語《ろうものがたり》』『青年次郎物語《せいねんじろうものがたり》』と言う書名で、それぞれ完結《かんけつ》のつもりで書いた。それが、今の第二部、第三部である。そして終戦になった。戦災《せんさい》でさいわいに生きのびることのできた湖人は、家も書物もまる焼けになったが、こんどはあらためて『次郎物語』をつづけたいと思い、第四部と第五部を書き、さらに第六部の構想《こうそう》もできていたが、それは書けずにこの世を去ったのである。

孫とともに（昭和29年6月）

『次郎物語』の時代は前に書いたように古い。その間に日本の家庭はずいぶん変わった。しかし変わったのは形だけで、なかみはたいして変わっていない。祖父《そふ》、祖母《そぼ》、親子、きょうだい、同じ人間の織《お》りなす模様《もよう》は、今もつづいている。だから、みんなが『次郎物語』を身につまされて読むのだ。

私の娘も次郎のようにひがんだが、それをのりこえてすなおに生長することができたのは、おそらく次郎にはげまされたためではないかと思われ、『次郎物語』の影響力《えいきょうりょく》の大きいのに、いまさらのようにおどろくのである。

ただ、心配なのは、自分の父親も俊亮《しゅんすけ》のような父親であってほしいと思う人があるだろう。そういう人は自分の父親に失望するにちがいない。しかし、これは無理な注文で、この世の中に俊亮のような理想《りそう》の父親は、そんなにあるはずはない。

俊亮のモデルは湖人の父であるが、それだけではない。第五部に出てくる「田沼《たぬま》先生」――このモデルは前に書いた田沢義鋪《たざわよしはる》――のイメージがくわえられ、さらに湖人の考える理想の父親像《ちちおやぞう》が写されている。「期待《きたい》される父親像《ちちおやぞう》」というようなもので、そのまますぐに実現されるようなものではないのである。

だから、みなさんは自分の父親にあまり期待しすぎてはいけない。むしろ与えられた父親、またとない父親に感謝しなければならない。

また、あなたがたのなかで、自分の境遇《きょうぐう》に不満をもっている人もあるかもしれない。しかし、ただ不平を言うだけでは、しあわせにはなれない。次郎もはじめはずいぶん不満だったが、だんだんそれを切りぬける道がわかってきた。しかし第一部では次郎はまだ、そういうことに気づくには子供でありすぎた。それは第二部あたりからぼつぼつ始まる。第一部を読んだ人は、ぜひ第二部を読んでほしい。そうしたら自分はどうしたらよいかがわかるだろう。

下村湖人及其作品

下村湖人

1884-1955

「次郎物語」的模特兒

次郎出生的時候，他的嘴臉像隻猴子。這隻「猴子」的模特兒就是作者下村湖人本身。「次郎物語」幾乎可以說是下村的自傳。尤其是它的第一部，簡直是作者的童年時代。一九六四年，我出版了我化費七年工夫寫成的下村湖人傳記，為此我曾屢次往訪下村的出生地佐賀縣，在那裏我發現了「次郎物語」書上的人物和風景，幾幾乎都有其模特兒而驚愕。

下村湖人對一切人都很謹慎，從來不跟人家說有關他的事，因此「次郎物語」所寫的，到底有多少成分是事實，完全沒人知道。

幾年前過去的，下村的弟弟「俊三」還在佐賀時，我曾經跟他到湖人出生的鄉下去找他的家，這個家果然還是原封不動地存在。正如「次郎物語」的故事所說，湖人的家破產之後，其家族四散於各處，他這個弟弟也五十年來初次與我去看他的故里。

自發生了故事裏的「素盒餅」事件以後，其父親俊亮與次郎對面而坐的，那稍稍暗暗的二樓房間，仍然老樣子。破產之後買這座房屋的家族，現在已經是第二代了。

下村湖人於一八八四年十月三日，降生在九州佐賀縣神埼郡千歲村（今日的千代田村）大字埼村，父親內田郁二，母親為慈琪（平假名的音譯——譯者），屬於次男，名字叫做虎六郎。出生不久，便被寄養於神代小學的員工之家。

由於母親身體病弱，所以長男的平四郎（在「物語」裏是恭一）也被寄養在同一個地方；迨至老二出生後，老大回家，老二被寄養。而「次郎物語」的故事則由此開始。第一部寫的雖然是中日戰爭（一八九四——九五年的戰爭——譯者）前後的事情，但現在讀來並不會令人覺得是那麼久以前的事。這是由於它幾乎沒寫時代背景，以及下村湖人的感覺非常新鮮，用其新鮮的感覺，把以主角之次郎爲中心的孩子們心理，刻畫得活生生所導致。

下村湖人於一九五五年去世，享年七十一歲。「次郎物語」於戰前的一九三六年，他五十二歲時開始撰寫，於一九四一年，他五十七歲時出版單行本。在這以前，他做學校老師，從事社會教育，指導青年。並不馳名。但一發表「次郎物語」，便一鳴驚人，讀者們以爲他是新進的年青作家，稱讚的投書，源源而來，但他都一一予以回信。

「次郎物語」很快地獲得廣大的讀者羣，隨則在電台廣播，更被拍成電影。許多作家異口同聲地讚佩「次郎物語」的文章寫得好，並覺得爲什麼能寫這樣好的文章而驚奇。但這自有其道理。

詩人「內田夕闇」

起初，下村湖人叫做內田虎六郎。後來繼承下村家纔成爲下村虎六郎；而從開始撰寫「次郎物語」前後使用湖人這個筆名。

湖人自佐賀縣立佐賀中學（今日的佐賀高等學校），進熊本的第五高等學校，一九〇六年，就讀於東京帝國大學（今日的東京大學）英國文學系。這時夏目漱石正在東大教書，湖人也上過夏目的課。

在第三部，有次郎與恭一比賽作詩的場面；是即次郎在中學時代，就很擅長於和歌與詩作，他不但在學校的刋物，而且常常入選於東京的著名雜誌；在中學高年級（那時的中學應爲五年制——譯者）的時候，湖人的詩已經與當時的名詩人作品刋登在一起。此時，他用內田夕闇這個筆名，這個名字廣汎地 被宣傳因此這位年輕的詩人遂爲日本全國所熟知。由於北原白秋（譯註一）很欣賞湖人的詩，所以曾經把湖人一部份的詩引用於他的詩作裏頭。

在東大一年級時，湖人閉門其住處，撰寫「我的童年時代」，寫了一萬多字，因爲不中意，把這些撕掉。而這就是「次郎物語」的前身。湖人自己說，是爲了他不懂得怎樣寫小說，但我認爲，要寫「次郎物語」這種家庭故事，那時的湖人實在太年青了。在「我的童年時代」，他究竟寫了些什麼，他自己也不記得，似乎是「次郎」以第一人稱稱爲「我」，內容也是很主觀（祗從小孩立場看的）的東西。

但他對這個題材，還是念念不忘，從此以後凡三十年，湖人一直抱住它，迨至五十二歲時，纔把它寫成「次郎物語」。湖人在「次郎物語」的「後記」說：「我雖然曾經寫過幾本書，但如果一個人一旦祗能寫一本書的話，我將選擇這本『次郎物語』。我如此愛寫這本書，覺得非把它寫下來不可。」

湖人在東大學生時代，已經是個文藝評論家，惟家庭沒落後得繼承爲其負擔學費的下村家，加以下村家也破產，因此遂回到故鄉的佐賀，去擔任其母校佐賀中學的英文教師。

下村爲人純眞，所以專心於中學生的教育，放棄寫作。爾後出任佐賀縣立鹿島中學（今日的鹿島高等學校）和唐津中學（現今的唐津高等學校）校長。在鹿島高校和唐津高校，現在還唱着當時湖人所作的校歌。幾年前，鹿島高校落成其歌碑時，當日的學生，現在禿着頭的老頭子們，都紛紛回校，去高聲大唱這曲校歌。

從唐津中學校長，他特別被選派到臺灣去做臺中一中的校長，然後，出長臺北高等學校（譯註二），以這個教職爲最後，他告別了杏壇，回到東京，在日本青年館協助學生時代的親友田澤義鋪，從事社會青年的教育工作，爲青年發表隨筆和讀物，從而撰寫其愛寫的不得了的「次郎物語」。

由於這時詩人「內田夕闇」時代被人們忘得一乾二淨，所以「次郎物語」纔給予以突然的名著這種印象。是以「次郎物語」跟普通的所謂教育小說不同，而爲高尙的作品，實來自內田夕闇時代的詩。「次郎物語」之爲不朽之作，其最大理由在此。

「次郎物語」的讀者，幾乎都是中學生和高校的學生。在日本家庭生長的青少年，多多少少都具有「次郎」那樣的經驗。因此「次郎物語」無異是他們的寫照。這是爲什麼青少年那麼愛讀

「次郎物語」的主要原因。它一再地被拍成電影，上電視，而給人們以無可限量的感動。作者不大出名，但作品却橫行天下這種例子，「次郎物語」可以說是絕無僅有。

人人都是次郎

我的女兒上了大學，初次由大學宿舍生活，暑假回家的一天，晚飯後對我和內人說：「我在中學時，再三閱讀了『次郎物語』，每次讀到寫着我的事時我便邊流眼淚，邊讀它。」

這瞬間，我嚇了一跳。她上面有個男孩子。女孩子也是次郎。我的女兒回憶說，被父親或母親說這樣那樣時，她很乖僻；被這樣那樣作的時候，她很抱怨：她覺得父親和母親祇愛惜哥哥，因而非常悔恨等等。作父母親者，往往在不知不覺之中會有所偏愛。縱令不一定像次郎那樣被虐待，但老二以下的孩子們，却都以次郎那種心情渡過其童年時代。

在另一方面，太被疼愛的恭一，却變成很軟弱的小孩。亦卽爲恭一之模特兒的平四郎，在熊本第五高等學校的學生時代，則患上神經症，並於十年左右後去世。這在下村湖人的另外一本名著「年輕的建設者」也這樣寫。湖人本來無意撰寫「次郎物語」的續篇，而以「年輕的建設者」爲其結束。在此書，次郎的名字叫做「簡次」。

可是，閱讀「次郎物語」的人却愈來愈多，加以書店又極力慫恿他寫，因此他也就繼續寫作，不過他自己也不知道能寫到什麼地方，因而以「續次郎物語」、「青年次郎物語」等書名，準備告一個段落。而這就是今日「次郎物語」的第二部和第三部。二次大戰後，房屋、書刊都被燒得光光的湖人，自動繼續撰寫「次郎物語」，並寫成了第四部和第五部，而正在構想第六部的時候，他就與世長辭了。

如前面所說，「次郎物語」所寫的是個老時代。在這期間，日本的家庭有過很大的變化。但我認爲變的祇是形式，其內容並沒有太多的改變。（譯註三）祖父、祖母、父（母）子、兄弟、姐妹，同是人所演出的種種，今日還是在延續。「次郎物語」之所以有不斷的讀者，其理由在此。

我的女兒雖然也跟次郎一樣乖僻，但她究竟克服了這個缺點而成長，這應該歸功於「次郎物語」的鼓舞，而由此我們更可以窺見「次郎物語」影響之重大。

或許有人希望自己父親是像俊亮那樣的父親。但這種人一定會失望於自己的父親。因爲這種希望是不近人情的，事實上，在這個世界上，像俊亮這樣理想的父親，實在太少了。

俊亮的模特兒是湖人的父親，不特此，還加上了第五部裏頭的「田沼先生」（其模特兒爲前述的田澤義鋪）的映象，而刻畫出湖人理想中的父親形象。所以我希望各位讀者，對自己父親不要有過高的期待，而應該感謝獨一無二的現在父親。

各位讀者之中，也許有人對自己境遇不滿。但祇鳴不平，人是不會幸福的。起初，次郎也很不滿，但他却慢慢地領會了克服它的方法。不過在第一部，次郎年齡很小，還不懂得個中道理，

但從第二部，他開始體會了。看過第一部的人，務請看其第二部。這樣，他（她）便會懂得自己應該怎樣去因應。（譯註四）

（譯註一）北原白秋（一八八五—一九四二），詩人、歌人，原名隆吉，福岡縣人，早稻田大學肄業，著有歌集「雲母集」、「鳥蛋」，詩集「水墨集」等，爲日本詩壇、歌壇的重要人物。

（譯註二）臺北高等學校原設在今日國立師範大學的校址；日本舊制高等學校，等於大學的預科。

（譯註三）隨工業化的進展，日本的家庭確在大變化。這種變化，還會繼續下去。

（譯註四）本文作者永杉喜輔，執筆本文當時（一九六五年）是群馬大學名譽教授、女子聖學院短期大學（相當於我國專科學校）教授；譯自下村湖人著「次郎物語」第一部的「解說」。

（一九八二年一月五日於「東京」）

（原載一九八二年六月七日「青年戰士報」）

吉川英治

作者《さくしゃ》と作品《さくひん》について（解説《かいせつ》）

文芸評論家　尾《お》崎《ざき》秀《ほっ》樹《き》

一、作者《さくしゃ》について

吉川英治《よしかわえいじ》は明治二十五年八月に、現在《げんざい》は横浜市中区《よこはましなかく》にふくまれている神奈川県《かながわけん》久良岐郡《くらきぐん》中村町で生《う》まれました。本名《ほんみょう》は英次《ひでつぐ》といいます。父親《ちちおや》の直広《なおひろ》は小田原藩《おだわらはん》の下級武士《かきゅうぶし》の出身《しゅっしん》でした。早くから横浜へ出て、牧場《ぼくじょう》や酪農経営《らくのうけいえい》などに手を出しましたが、いずれもうまくゆかず、英治《えいじ》が生《う》まれた頃《ころ》は寺小屋式《てらこやしき》の幼稚園《ようちえん》を営《いとな》んでいました。母親《ははおや》のいくは千葉県佐倉《ちばけんさくら》の旧藩士《きゅうはんし》の娘《むすめ》で、攻玉舎《こうぎょくしゃ》（海軍志《かいぐんし》願者《がんしゃ》の予備《よび》校的色彩《こうてきしきさい》をもった学校で、芝《しば》の新銭座《しんせんざ》にあった）の語学教師《ごがくきょうし》であった義兄《ぎけい》のもとで家事見習《かじみなら》いをしたのち、縁《えん》があって吉川家《よしかわけ》に嫁《とつ》いできました。

英治《えいじ》はこの父親《ちちおや》からは一種《しゅ》のサムライ気質《かたぎ》を、母親《ははおや》からは開明的《かいめいてき》な気風《きふう》をうけついだといわれます。彼《かれ》の生《う》まれた横浜は、安政《あんせい》六年（一八五九年）の開港以来《かいこういらい》の歴史《れきし》をもつ港町《みなとまち》で、日本の近代化にともない、急速《きゅうそく》に国際港《こくさいこう》としての色彩《しきさい》をそえていった土地柄《とちがら》です。それだけに彼《かれ》は幼《おさな》い頃《ころ》から開港《かいこう》地《ち》のもつ明るさと国際的《こくさいてき》な雰囲気《ふんいき》のなかで育《そだ》ちました。このことが彼《かれ》の文学の開放感《かいほうかん》や時事的《じじてき》な感《かん》覚《かく》をつくりだす原因《げんいん》ともなっているようです。

彼《かれ》がものごころついた頃《ころ》、家庭《かてい》はそれほど貧《まず》しくはありませんでした。父は横浜桟橋合資会社《さんばしごうしがいしゃ》をおこして、付《つ》きあいもひろく、生活も派手《はで》でした。しかし彼《かれ》が十歳《さい》になる頃《ころ》、父が訴訟事件《そしょうじけん》で敗訴《はいそ》したため、家運《かうん》は急速《きゅうそく》にかたむき、父はヤケ酒《ざけ》をあおることが多くなりました。英治《えいじ》が学校を中途《ちゅうと》で退学《たいがく》したのもそのためです。

印章店《いんしょうてん》の小僧《こぞう》をはじめとして、少年活版工《かっぱんこう》、税務監督局《ぜいむかんとくきょく》の給仕《きゅうじ》、海軍御用雑貨商《かいぐんごようざっかしょう》の店員《てんいん》、建築場《けんちくじょう》の日雇《ひやと》い労務者《ろうむしゃ》、横浜ドックの船具工《せんぐこう》などを経験《けいけん》しております。十歳《さい》になるかならない頃《ころ》から次第《しだい》に文才《ぶんさい》をあらわし、「中学文林《ぶんりん》」「秀才文壇《しゅうさいぶんだん》」「少年」などに投稿《とうこう》し、貸本屋《かしほんや》を利用して文学の古《こ》典《てん》をつぎつぎと読破《どくは》しました。横浜貿易新報《ぼうえきしんぽう》の俳句欄《はいくらん》にもたびたび入選《にゅうせん》しております。『芭蕉句抄《ばしょうくしょう》』を肌身《はだみ》はなさず持《も》ち歩《ある》いたのもその頃《ころ》のことです。

だが青年英治《せいねんえいじ》はそれだけでは満足《まんぞく》しませんでした。十九歳《さい》の秋に横浜ドックで負傷《ふしょう》したのをきっかけに上京し、金《きん》銀象眼細工師《ぎんぞうがんさいくし》の徒弟《とてい》として住《す》みこみ、やがて一戸《こ》を構《かま》えるようになります。そして井上剣花坊《いのうえけんかぼう》や伊上凡骨《いがみぼんこつ》、川上三太《かわかみさんた》

吉川英治《よしかわえいじ》の母親《ははおや》いく

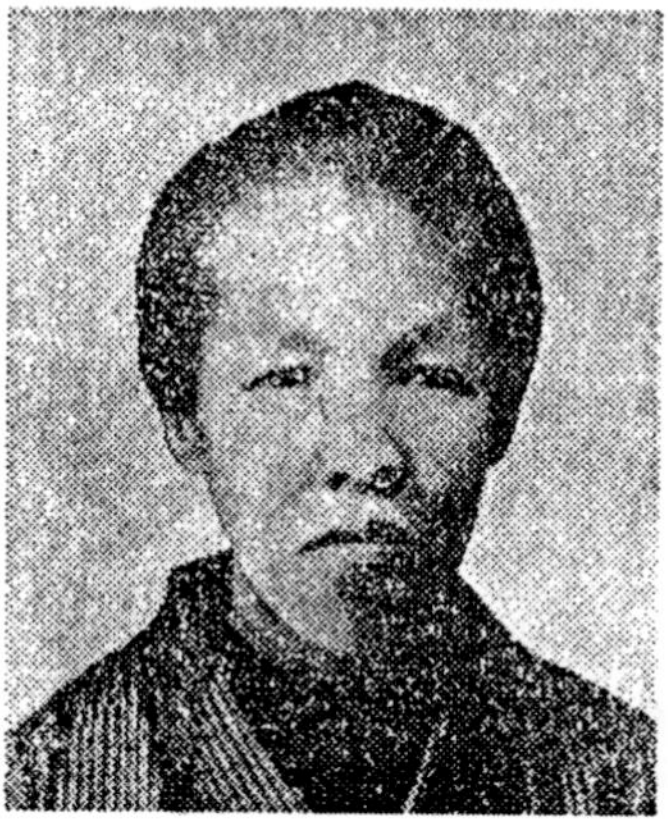

郎《ろう》らを知り、川柳人《せんりゅうじん》として身《み》をたてますが、彼《かれ》が青年時代に川柳《せんりゅう》を学《まな》んだことは、その後《ご》の彼《かれ》の文学に大きな影響《えいきょう》をおよぼしているようです。近世《きんせい》の庶民文学《しょみんぶんがく》にふれたことで、江戸《えど》市井《しせい》の風物《ふうぶつ》や人情《にんじょう》により多くのしたしみをもったからです。

川柳《せんりゅう》の上での号は雉子郎《きじろう》といいました。

何尺《なんじゃく》の地を這《は》い得《う》るや五十年

この先を考《かんが》えている豆《まめ》の蔓《つる》

などの句はその頃《ころ》のものですが、作者の生活の苦労《くろう》を裏《うら》に秘《ひ》めた厚味《あつみ》さえ感じられます。川柳仲間《せんりゅうなかま》とのつきあいは、若《わか》さにまかせた奔放《ほんぽう》な一面もありましたが、彼《かれ》はその振幅《しんぷく》の中から次第《しだい》とみずからの方向をえらびとっていったのです。

二十二歳《さい》の時に講談社《こうだんしゃ》の大衆雑誌《たいしゅうざっし》の懸賞小説《けんしょうしょうせつ》に応募《おうぼ》し、数年後には時代もの、ユーモアもの、童《どう》話《わ》などが同時に入選《にゅうせん》するといった精進《しょうじん》ぶりでした。やがて毎夕新聞社《まいゆうしんぶんしゃ》に入り、雑報記者《ざっぽうきしゃ》をつとめ、同紙上《どうしじょう》に囲《かこ》みものなどを連載《れんさい》、とくに『親鸞記《しんらんき》』は最初《さいしょ》の新聞小説《しんぶんしょうせつ》として力をこめた長編《ちょうへん》でした。大正中期以後、宗教小説《しゅうきょうしょうせつ》にたいする関心《かんしん》がつよまり、一種の人世論《じんせいろん》ブームがマスコミの世界でみられましたが、吉川英治《よしかわえいじ》の『親鸞記《しんらんき》』もそういった状況《じょうきょう》をふまえて書かれています。

上京当時の著者《ちょしゃ》（20歳《さい》）

講談社《こうだんしゃ》の雑誌《ざっし》の懸賞小説《けんしょうしょうせつ》に当選《とうせん》したことから、同社《どうしゃ》との交渉《こうしょう》をふかめていった彼《かれ》は、関東大震災《かんとうだいしんさい》を機会《きかい》に新聞社をやめ、いくつかの筆名《ひつめい》をつかいわけて、ユーモア奇談《きだん》、お伽話《とぎばなし》、新作落語《しんさくらくご》、新作《しんさく》講談《こうだん》、武勇伝《ぶゆうでん》などを書き、大衆作家《たいしゅうさっか》としての幅《はば》のひろさを培《つちか》いました。

しかし彼《かれ》の名前が一般《いっぱん》に印象《いんしょう》づけられたのは、大正十四年一月に創刊《そうかん》された「キング」に発表した『剣難女難《けんなんじょなん》』からです。吉川英治《よしかわえいじ》という筆名《ひつめい》も、この作品によって定着《ていちゃく》しました。この作品は兄の遺恨《いこん》をはらす春日新九郎《かすがしんくろう》という美男剣士《びなんけんし》のさまざまな剣難女難《けんなんじょなん》ぶりを、ゆたかな想像力《そうぞうりょく》で描《えが》いた伝奇小説《でんきしょうせつ》でした。吉川英治《よしかわえいじ》はこの作品を書くことによって、大衆作家《たいしゅうさっか》としての方向を確立《かくりつ》したのです。それまではまだ文学的な迷《まよ》いもありました。一種の文学青年的なあこがれが残《のこ》っており、大衆小説《たいしゅうしょうせつ》を書くことについてのためらいもあったのです。それというのも、当時は大衆小説《たいしゅうしょうせつ》は一段低《だんひく》いものと考《かんが》えられていたからでした。しかし吉川英治《よしかわえいじ》は大衆《たいしゅう》こそ〝大智識《だいちしき》〟であるということをさとり、その実践《じっせん》として『剣難女難《けんなんじょなん》』を執筆《しっぴつ》しました。「キング」は彼《かれ》の意図《いと》をいれるにいちばんふさわしい器《うつわ》だったのです。

「キング」は子どもから大人《おとな》まで家族《かぞく》そろって読める国民雑誌《こくみんざっし》

『剣難女難《けんなんじょなん》』（大正14年）の原稿《げんこう》

としてスタートしました。ちょうど大正末期《まっき》の大衆化《たいしゅうか》の時代とマッチしたマス・メディア（マス・コミの媒体《ばいたい》）だっただけに、この雑誌《ざっし》からは多くのすぐれた大衆的《たいしゅうてき》な作品がうみだされましたが、その中心となったのが吉川英治《よしかわえいじ》の『剣難女難《けんなんじょなん》』だったといっていいでしょう。

二、作品について

吉川英治《よしかわえいじ》は一般《いっぱん》に大衆作家《たいしゅうさっか》とみなされています。しかし彼《かれ》は大衆文学《たいしゅうぶんがく》から出発した作家《さっか》ではあっても、けっして通俗的《つうぞくてき》なものに足ぶみしていた人ではありませんでした。つねにその可能性《かのうせい》を追《お》いもとめ、国民文学の創造《そうぞう》をめざした作家《さっか》でした。

『剣難女難《けんなんじょなん》』につづいて『坂東侠客陣《ばんどうきょうかくじん》』『神変麝香猫《しんぺんじゃこうねこ》』などを執筆《しっぴつ》した彼《かれ》は、やがて『鳴門秘帖《なるとひちょう》』を大阪毎日新聞に連載《れんさい》し、大衆作家《たいしゅうさっか》としての地位《ちい》をかためます。この長編《ちょうへん》は阿波《あわ》蜂須賀《はちすか》二十五万石《ごく》の動きを内偵《ないてい》する青年剣士《せいねんけんし》法月弦之丞《のりづきげんのじょう》の活躍《かつやく》を軸《じく》に、多数の登場人物《とうじょうじんぶつ》がまんじ巴《どもえ》と入り乱《みだ》れてくりひろげる一大ロマンですが、作者が「自分が少年時代から持っていた空想の習癖《しゅうへき》をあんなに、思い果《は》たすほど、ほしいまま駆使《くし》したことは以後無《な》いような気がします」と告白《こくはく》していることでもあきらかなように、ゆたかな空想力《くうそうりょく》の産物《さんぶつ》でした。

さらに『万花地獄《まんげじごく》』『貝殻一平《かいがらいっぺい》』『恋《こい》ぐるま』『江戸城心中《えどじょうしんじゅう》』『牢獄《ろうごく》の花嫁《はなよめ》』『桧山兄弟《ひのきやまきょうだい》』などを発表、少年少女読物《よみもの》にも力をそそいで、『神州天馬侠《しんしゅうてんまきょう》』『竜虎《りゅうこ》八天狗《てんぐ》』『ひよどり草紙《ぞうし》』『月笛《つきぶえ》日笛《ひぶえ》』などを連載《れんさい》して話題《わだい》になりました。

しかしそれだけでは満足《まんぞく》せず、新しい模索《もさく》をはじめ、少年期の体験《たいけん》をいかした明朗小説《めいろうしょうせつ》『かんかん虫は唄《うた》う』を皮切《かわき》りに、『あるぷす大将《たいしょう》』『松のや露八《ろはち》』などの野心作《やしんさく》を執筆《しっぴつ》し、作品世界を拡大《かくだい》することにつとめました。また青年運動にもつよい関心を抱《いだ》き、大衆文学研究誌《たいしゅうぶんがくけんきゅうし》としてスタートした「衆文《しゅうぶん》」のあとをうけて、日本青年文化協会を結成《けっせい》し、機関誌《きかんし》「青年太陽」を創刊《そうかん》したのも、吉川英治《よしかわえいじ》の時局《じきょく》との対応《たいおう》をしめしています。

だが吉川英治《よしかわえいじ》の文学の特色は、昭和十年から十四年へかけて東西朝日新聞《とうざいあさひしんぶん》に連載《れんさい》された『宮本武蔵《みやもとむさし》』によって、より明確《めいかく》にしめされたといっていいでしょう。吉川英治《よしかわえいじ》は剣客《けんかく》として知られた宮本武蔵《みやもとむさし》について、つぎのように評価《ひょうか》しています。

「剣《けん》をとおして、彼《かれ》は人間の凡愚《ぼんぐ》と菩提《ぼだい》を見、人間という煩悩《ぼんのう》のかたまりが、その生《い》きるための闘争本能《とうそうほんのう》が、どう処理《しょり》してゆけるものか、死ぬまで苦労《くろう》してみた人だ。乱麻殺伐《らんまさつばつ》な時風《じふう》に、人間を斬《き》る具《ぐ》とのみされていた剣《けん》を、同時に、仏光《ぶっこう》ともなし、愛のつるぎともして、人生の修羅《しゅら》なるものを、人間苦の一つの好争性《こうそうせい》を、しみじみ哲学《てつがく》してみた人である。」（随筆宮本武蔵《ずいひつみやもとむさし》）

富士箱根より東京に帰る車中にて

（昭和 11 年 9 月）

吉川英治《よしかわえいじ》はそれまであった講談《こうだん》やチャンバラ小説の中の武蔵像《むさしぞう》を百八十度転換《てんかん》させ、剣《けん》の求道者《ぐどうしゃ》として描《えが》きあげました。十七歳《さい》で幼《おさ》な友達の本位田又八《ほんいでんまたはち》と関《せき》ヶ原《はら》の合戦《かっせん》に参加した武蔵《むさし》は、敗戦《はいせん》を体験《たいけん》し、伊吹山中《いぶきさんちゅう》を逃亡中《とうぼうちゅう》、朱実母娘《あけみおやこ》にかくまわれ、傷《きず》を癒《いや》しますが、そのとりことなった又八《またはち》とはことなり、きびしい自己練磨《じこれんま》の道を歩《あゆ》みはじめるのです。

『宮本武蔵《みやもとむさし》』のなかに描《えが》かれた武蔵像《むさしぞう》には、日本人の基本的《きほんてき》なモラルが反映《はんえい》しているといわれます。あわれみの情《じょう》、無常感《むじょうかん》、人倫《じんりん》の道との調和、克己《こっき》の精神、骨肉《こつにく》の愛《あい》、求道的《ぐどうてき》な意識《いしき》などですが、そのことがこの作品を戦後においてもなお読みつがれるものとしているようです。

武蔵《むさし》は「孤剣《こけん》！ たのむはただこの一腰《ひとこし》。これに生きよう！ これを魂《たましい》と見て、つねにみがき、どこまで自分を人間として高めうるかやってみよう」と、ひたすら剣禅一如《けんぜんいちにょ》の境地《きょうち》をもとめて歩《あゆ》みますが、その姿《すがた》には作者自身の思いこみが托《たく》されていたのです。〝生涯一学生《しょうがいいちがくしょう》〟としての意識《いしき》が、求道者武蔵《ぐどうしゃむさし》のイメージとかさなったところに、大衆的共感《たいしゅうてききょうかん》が得《え》られたのではないでしょうか。

『宮本武蔵《みやもとむさし》』にひきつづいて吉川英治《よしかわえいじ》は、さらに『新書太閤記《しんしょたいこうき》』『三国志《ごくし》』などを執筆《しっぴつ》、幅《はば》ひろく問題を展開《てんかい》しましたが、昭和二十年の敗戦《はいせん》でしばらく筆《ふで》を絶《た》ち、やがて民主日本にふさわしいよみがえりをみせます。それは昭和二十五年から三十二年へかけて、七年の間「週刊朝日」に連載《れんさい》した『新《しん》・平家物語《へいけものがたり》』です。

『新《しん》・平家物語《へいけものがたり》』は源平動乱《げんぺいどうらん》の時代相《じだいそう》を描《えが》いた歴史小説《れきししょうせつ》で、叙事詩的《じょじしてき》な展開《てんかい》をしめした力作《りきさく》でした。作者は青年清盛《きよもり》の鬱屈《うっくつ》した青春から筆《ふで》をおこし、やがて歴史の波動《はどう》を追《お》って多彩《たさい》な時代絵図《じだいえず》をくりひろげてゆきます。作者のねらいは、平安末期から鎌倉初期へかけての一種の新聞縮刷版《しんぶんしゅくさつばん》をまとめるところにありました。ながい戦争を体験《たいけん》してきた日本の国民にとって、戦争とは何《なに》か、平和とは何《なに》かの問題は切実《せつじつ》なものだったのです。

吉川英治《よしかわえいじ》はこれらの問《と》いにせいいっぱいにこたえようとしています。麻鳥夫妻《あさどりふさい》の立場《たちば》は、平和をねがう庶民《しょみん》の立場を象徴《しょうちょう》するのではないでしょうか。吉川英治《よしかわえいじ》は書いています。

「おたがいの周囲《しゅうい》をふり返《かえ》りましても、この十年ぐらい、世界も世間《せけん》も、烈《はげ》しい変《か》わり方をした時代はまあ過去《かこ》にありません。その中でおたがいは、大きな生きた歴史を体験《たいけん》してきました。そればかりでなく、皆《みな》さんの家々でも、一人一人《ひとりひとり》の肉親《にくしん》の間にも、その歴史につながって、みな生々《なまなま》しい傷手《いたで》を残《のこ》されておられるでしょう。そういう深刻《しんこく》な国民的体験《こくみんてきたいけん》を経《へ》てきたおかげで必然的《ひつぜんてき》に、だれもが歴史や古典《こてん》の鑑賞《かんしょう》にもひとつの読《よ》み方《かた》が生《しょう》じているとおもいます。つまり我々《われわれ》のなめた苦《にが》いかなしい体験《たいけん》にひきあわせて、身《み》に即《そく》して歴史を見るという気持ちに必然的《ひつぜんてき》にならざるを得《え》ないのは当然《とうぜん》でありま

真珠王・御木本幸吉翁を訪ねる

す。」(『新《しん》・平家《へいけ》物語《ものがたり》』と私《わたし》)

吉川英治《よしかわえいじ》の歴史文学観《れきしぶんがくかん》、ひいては歴史観《れきしかん》を一口《ひとくち》でいえば、過去《かこ》の事象《じしょう》を借《か》りて現代を語《かた》り、現代の眼《まなこ》をもって歴史を描《えが》くということにつきます。それをみずから〝合《あ》わせ鏡《かがみ》〟としての歴史文学と称《しょう》していますが、『新《しん》・平家《へいけ》物語《ものがたり》』はその具象化《ぐしょうか》だといえましょう。『宮本武蔵《みやもとむさし》』の場合には、現代との対応《たいおう》が読者個々《ここ》の死生観《しせいかん》とくらべられ、それとふれあうところにふかい共感《きょうかん》が得《え》られたのでしたが、『新《しん》・平家《へいけ》物語《ものがたり》』になると、個人の問題よりは時代状況《じだいじょうきょう》とそれへの対応《たいおう》が、〝合《あ》わせ鏡《かがみ》〟の手法《しゅほう》でとらえられています。『新《しん》・平家《へいけ》物語《ものがたり》』が国民文学の創造《そうぞう》のひとつとして迎《むか》えられたのも、そのためでした。

『新《しん》・平家《へいけ》物語《ものがたり》』につづいて、『私本太平記《しほんたいへいき》』『新《しん》・水滸伝《すいこでん》』などが書かれますが、『新《しん》・水滸伝《すいこでん》』はついに未完《みかん》におわりました。そして昭和三十七年九月、七十歳《さい》で歿《ぼっ》したのです。そのながい歩《あゆ》みは、まさに〝生涯《しょうがい》一学生《がくしょう》〟の意識《いしき》をつらぬいたものといえましょう。

三、『忘《わす》れ残《のこ》りの記《き》』について

『忘《わす》れ残《のこ》りの記《き》』は昭和三十年一月から翌年《よくねん》十月にかけて「文芸春秋《ぶんげいしゅんじゅう》」に連載《れんさい》され、昭和三十年上《かみ》半期《はんき》の文芸春秋読者賞《ぶんげいしゅんじゅうどくしゃしょう》を受《う》けた作品です。すでにふれたように、二十歳《はたち》前後《ぜんご》までを回想《かいそう》した〈四半《しはん》自叙伝《じじょでん》〉です。

吉川家《よしかわけ》の血筋《ちすじ》から筆《ふで》をおこし、両親《りょうしん》のこと、兄弟《きょうだい》のことをはじめ、住居《じゅうきょ》から近かった根岸競馬場《ねぎしけいばじょう》や植木商会《うえきしょうかい》、相沢部落《あいざわぶらく》の光景《こうけい》などが、開港地《かいこうち》横浜らしい明るさで描《えが》かれているだけでなく、暮《く》らしの浮《う》き沈《しず》みのなかで次第《しだい》とその生きてゆく方向をつかまえてゆく主人公の姿《すがた》に、一種の教養小説《きょうようしょうせつ》としての味《あじ》わいさえ感じられます。

とくに興味《きょうみ》ぶかく読めるのは、中期の作品『かんかん虫は唄《うた》う』の背景《はいけい》となっている部分《ぶぶん》との対《たい》比《ひ》でしょう。また父親《ちちおや》にたいしてよりも、母親《ははおや》にたいする肉親《にくしん》の情《じょう》が濃《こ》くこまやかで、作者の母性《ぼせい》思慕《しぼ》の情《じょう》がつよくあらわれているのもひとつの特長《とくちょう》といえましょう。しかし作者はけっして父親《ちちおや》をにくんではいないのです。むしろ多くの夢《ゆめ》を抱《いだ》きながら、つまずきをくり返《かえ》さなければならなかった父親《ちちおや》のさびしさと悲《かな》しみを、あたたかくみつめるだけの余裕《よゆう》をもっています。吉川英治文学《よしかわえいじぶんがく》の一特質である骨肉《こつにく》の情のつよさを、『忘《わす》れ残《のこ》りの記《き》』は理屈《りくつ》でなく教《おし》えてくれる作品でもあるのです。

私《わたし》は吉川英治《よしかわえいじ》の伝記を書くために、この『忘《わす》れ残《のこ》りの記《き》』を手がかりに、横浜の各所《かくしょ》をたずねたことがあります。そしてこの自叙伝《じじょでん》が単なる回想記《かいそうき》ではなく、自伝的小説《じでんてきしょうせつ》であるこ

吉野村の草思堂で語り合う両人
（昭和18年ころ）

とを知りました。こまかい点でいくつもの虚構《きょこう》がくわえられていることを発見したからです。年代やその時の意識《いしき》に多少《たしょう》の違《ちが》いがあったとしても、それはむしろこの作品の内容をよりゆたかにし、鮮明《せんめい》にするための虚構《きょこう》であったことは疑《うたが》えません。その意味ではこの『忘《わす》れ残《のこ》りの記《き》』はみごとな詩と真実をあらわしています。

さらに言うならば、吉川英治《よしかわえいじ》は明治三十年代の横浜の人と自然《しぜん》を、実《じつ》によく再現《さいげん》してもいるのです。かつての町なみや人の姿《すがた》は急速に失《うしな》われ、都会化《とかいか》の波は周辺部《しゅうへんぶ》にまでおよんでいます。根岸界《ねぎしかい》隈《わい》も、赤門前《あかもんまえ》のたたずまいも、そして横浜埠頭《よこはまふとう》の光景も面目《めんぼく》を一変《いっぺん》しております。明治期の横浜を知るためには、むしろ『忘《わす》れ残《のこ》りの記《き》』をひもとくほうが早わかりでしょう。

植木商会裏《うえきしょうかいうら》の住居《じゅうきょ》も、蓮池《はすいけ》や東福寺《とうふくじ》の門前あたりもほとんど往時《おうじ》の面影《おもかげ》はなくなっています。わずかに尾上町《おのえちょう》二丁目の日進堂《にっしんどう》の跡《あと》がたしかめられるくらいです。それというのもその近くに指路教《ヘボン》会があるからです。

『忘《わす》れ残《のこ》りの記《き》』は吉川英治《よしかわえいじ》の人柄《ひとがら》を知る上に多くの手がかりとなるものをふくんでいます。作品の基礎《きそ》となった庶民性《しょみんせい》や開放感《かいほうかん》がどこからきたものかについても、多くの暗示《あんじ》を与《あた》えてくれるでしょう。しかしそれ以上に、私《わたし》たちは、この自伝的《じでんてき》な小説から、苦境《くきょう》に負《ま》けない強い力を学《まな》ぶべきではないでしょうか。

≪解説《かいせつ》おわり≫

吉川英治及其作品

吉川英治

1892-1962

一

吉川英治於一八九二年八月，出生於今日包括在橫濱市中區的神奈川縣久良岐郡中村町。他原名英次。父親直廣是小田原藩下級武士的出身。乃父很早就到橫濱，從事牧場和酪農的經營，但都歸於失敗，英治降世時，開着古式幼稚園。母親依鼓（音譯）是千葉縣佐倉舊藩士的女兒，在攻玉舍（具有有意志願海軍者之補習班色彩的學校，位於東京芝新錢座）擔任語學敎師之姐夫處學習家事後，嫁到吉川家。

英治從乃父及乃母，各繼承了武士氣質和開明作風。他所降生的橫濱，是擁有自一八五九年開港以來，悠久歷史的港口；而隨日本的現代化，它很迅速地擁有作爲國際港口的色彩。由於從小就生活於開港都市活潑和國際氣氛之中，所以他的文學便很開朗和帶有時事的感覺。

他懂事的時候，他們的家已不那麼貧窮了。他父親經營着橫濱碼頭合資公司，交際廣闊，生活華浮。但迨至他十歲左右時，因爲其父訴訟敗訴，家運日衰，其父乃大喝悶酒。英治於是不得不中途退學。

他從事過印舖學徒、少年排版工、稅務監督局工友、海軍御用店店員、營造廠日工、橫濱碼頭船具工人等等。十歲前後，他便漸顯文才，投稿「中學文林」、「秀才文壇」、「少年」等刊物，同時利用租書店，遍讀文學的古典。他且曾數次入選「橫濱貿易新報」的俳句（譯註一）

欄。此時，他夙夜帶着「芭蕉句抄」過日子。

可是，英治却並不以此爲滿足。十九歲秋季，乘在横濱碼頭受傷的機會，他前往東京，住進金銀象眼工藝品製造人家當學徒，日後並自立其門戶。爾後，他認識井上劍花坊、伊上凡骨、川上三太郎等人，以作川柳（譯註二）爲生，其青年時代學習川柳，對其後來的文學實具有深遠的影響。因爲，由於他接觸到近代的大衆文學，對於江戶市井的風物和人情，遂更具親切感。

作川柳時，他使用着「雉子郎」這個別號。

五十年能爬多少尺地

想着其前程的豆蔓。（譯註三）

這是他那時候所作的句子，暗示着作者生活的不易。與川柳伙伴的交往，固然有其年輕奔放的一面，而在這期間，他逐漸摸出自己的方向。

二十二歲那年，他應徵講談社大衆雜誌的懸賞小說，幾年後，他同時入選了時代小說、幽默小說和童話。旋卽進入每夕新聞社，擔任雜報記者，連載方塊文章，尤其「親鸞記」是他的第一部長篇新聞小說。大正中期（一九二〇年前後）以後，人們對於宗教小說開始有興趣，流行所謂人生論，而吉川英治的「親鸞記」，就是沿着這個方向寫的。

由於入選講談社雜誌的懸賞小說，而跟講談社發生深厚關係的他，乘關東大地震，辭去報館工作，使用幾個筆名，撰寫幽默奇談、古老故事、新作落語（譯註四）、新作講談（譯註五）、武勇談等等，往大衆作家的道路邁進。

但是，使他的名字銘刻一般人印象的，還是在一九二五年一月創刊的「國王」雜誌發表「劍難女難」以後。他以這部作品，建立了吉川英治這個筆名的聲譽。這是很豐富的想像力，刻畫美男劍士春日新九郎欲報乃兄之仇所遭遇種種劍難女難的傳奇小說。由於這部作品，吉川英治確立了其作爲大衆作家的方向。在這以前，對於文學，他還是不知所措，他具有文學青年的一種幻想，不屑創作大衆小說。因爲當時，大衆小說在文學上的地位是非常低微的。但吉川英治却認爲大衆纔是「大智識」，並爲其實踐而撰寫「劍難女難」；而「國王」雜誌正是援納他的用意最好的工具。

「國王」以從小孩到大人都可以看的國民雜誌爲前提創刊；而恰好與大正末期的大衆化時代配合，它推出了許多很好的大衆性作品；而其首要的，就是吉川英治的「劍難女難」。

二

一般認爲，吉川英治是大衆作家。不錯，他是從大衆文學出發的作家，但他却並沒停留在通俗的作品。他是個始終尋求其可能性，意圖創造國民文學的作家。

繼「劍難女難」之後，寫了「坂東俠客陣」，「神變麝香貓」的他，卽在大阪「每日新聞」連載「鳴門秘帖」，因之鞏固了他作爲大衆作家的地位。這是以內探阿波蜂須賀二十五萬石

（譯註六）動靜之青年劍士法月弦之丞的種種爲經，許多人物同時上場的，極其錯綜複雜的長篇小說，正如作者自己所說，是「以後可能不會再像這種盡情驅使我自少年時代就有的空想習癖」的空想作品。

他同時發表「萬花地獄」、「貝殼一平」、「戀車」、「江戶城情死」、「牢獄的新娘」、「檜山兄弟」等，致力於少年少女讀物，並連載「神州天馬俠」、「龍虎八天狗」、「鵯草紙」「月笛日笛」等，爲時人所歡迎。

但他並不以此爲自滿，而開始作新的摸索，並根據其少年時期的體驗，撰寫「鐵工人唱」、「阿爾卑斯頭子」、「松屋露八」等作品，他尤其關心青年運動，隨研究大衆文學的雜誌「衆文」的創刊，成立日本青年文化協會，發行機關刊物「青年太陽」，可以說都是吉川英治對時局的因應。

但吉川文學的特色，更明確地顯現於從一九三五年到一九三九年在「朝日新聞」連載的「宮本武藏」。吉川英治對於劍客宮本武藏曾經作過如下的評價。

「一直到他的死，他透過刀劍，注視人類的凡愚和菩提，觀察人們能如何應付人類的煩惱，和生存的鬪爭本能。在亂麻殺氣騰騰的風潮中，他把被認爲祗是殺人之工具的刀劍，當作佛光和愛的刀劍，以思索人生的阿修羅，和社會苦楚的好爭性。」（「隨筆宮本武藏」）

吉川英治將從前的講談和武俠小說裏的武藏形象作了一百八十度轉變，而把他刻畫成劍的求道者。十七歲時與其童年朋友本位田又八，參加關原大戰（譯註七）的武藏，經驗敗仗，逃亡伊吹山中時，爲朱實母女所窩藏，傷勢恢復，跟又八爲其俘虜不同，武藏走上了磨練自己的道路。

「宮本武藏」一書裏頭的武藏形象，應該是日本人的基本道德。憐憫之情、無常感、人倫道德的調和、克己精神、骨肉之愛、求道意識等是，由於這些因素，這篇作品在戰後仍爲人們所喜讀。

武藏說：「孤劍！我所能依靠的實唯有這把刀。我要以它爲生！這是我的靈魂，我經常要磨它，試試我能達到何種地步。」他一心一意往劍禪合一的境地邁進，而這也是作者本身的願望。吉川之「一輩子學生」的意識，與求道者武藏的形象合而爲一，獲得了衆人的共鳴。

繼「宮本武藏」之後，吉川英治創作了「新著太閤記」、「三國志」等，擴大其寫作主題；一九四五年，日本戰敗，一時停止執筆，但不久又開始從事寫作，從一九五〇年到一九五七年，在「週刊朝日」連載「新平家物語」。

「新平家物語」是描寫源氏平氏動亂時代的歷史小說，是敍事詩的巨作。作者從平清盛（譯註八）鬱結的青年時期寫起，追求歷史的波動，展開多彩多姿的時代國畫。作者用意是欲撰成從平安末期到鎌倉初期的一種報紙縮印版。對於經驗過許多戰爭的日本國民來講，戰爭是什麼，和平之爲何物，當是很痛切的問題。

吉川英治曾努力於解答這些問題。而麻鳥夫妻的立場，可以說是國民冀求和平的象徵。吉川英治這樣寫着：

「環顧我們的周圍，這十年來，世界和社會，曾經有過以往所沒有過的大變化。在這過程中，我們經驗着大而活的歷史。不特此，諸位的親人，都跟這個歷史有關聯，有的甚至於留下不可磨滅的創傷。由於經過這種深刻的經驗，每個國民便必然地對於歷史和古典的欣賞有其自己的一套。亦卽鑒於自己的痛苦經驗，必然地以自己爲本位來看歷史。」（「『新平家物語』與我」）

吉川英治的歷史文學觀亦卽歷史觀，簡單來說，是藉過去的事象以敍述現代，以現代的眼光來描刻歷史。他把它叫做作爲「合鏡」的歷史文學，而「新平家物語」就是它的具象化。在「宮本武藏」，與現代的因應，比較着每個讀者的生死觀，並與其交流獲得人們的共感；但在「新平家物語」，則以「合鏡」的手法描寫對時代狀況的因應。「新平家物語」之被譽爲國民文學的創造，其理由在此。

「新平家物語」之後，他創作了「私本太平記」、「新水滸傳」等，但未寫完之前，就於一九六二年九月，與世長辭，享年七十。其一生，眞是「一輩子學生」。

三

「遺忘記」自一九五五年一月至翌年十月，連載於「文藝春秋」，並獲得一九五五年上半期的文藝春秋讀者獎。這是他回憶二十歲前後以前的「四半自傳」。

他從吉川家的血統說起，並以港都橫濱的開朗來描寫其雙親、弟兄的事，靠近他家的根岸賽馬場和植木商會、相澤村莊的光景等等，同時刻畫在生活浮沉中，日漸摸索出其方向的主角；這可以說是一種敎養小說。

尤其令人深感興趣的是，與爲其中期作品「鐵工人唱」之背景部分的對照。他對其母親，遠比對其父親具有骨肉之情，作者之非常思慕母性，也是這個作品的特徵。但這並不意味着他怨恨其父親。反之，他很理解和同情，雖有抱負但却一再挫折之乃父的孤單和悲哀。「遺忘記」告訴我們：骨肉之情的可貴，仍是吉川英治文學的最大特質。

爲撰寫吉川英治的傳記，我曾經以「遺忘記」爲線索，訪問過橫濱的各個地方。由此我窺悉：他的這個自傳，並非回憶錄，而是自傳小說。因爲在其細節，我發現有不少虛構。亦卽在年代和當時的意識上雖然有些差異，無疑地，但其虛構是爲這個作品的內容添花，爲使它更加鮮明而有趣。在這種意義上，「遺忘記」表達了美麗的詩和眞實。

在另一方面，吉川英治復原了明治三十年（一八九〇年）代橫濱的人和自然。過去的街道和人的樣子迅速地消失，都市化的潮浪早及於其郊外。根岸一帶、赤門前的情形、橫濱碼頭的光景，都大異其面目。因此，如果有人想知道明治時代的橫濱，最好去看「遺忘記」。

植木商會後面的住所、蓮池，和東福寺的門前周圍，現在已經面目全非：祇有尾上町二丁目的日進堂，還能確認其遺跡，因爲它的附近有指路敎會。

「遺忘記」給我們許多線索去瞭解吉川英治的爲人和人品。它暗示我們，爲其作品之基礎的庶民性和開朗性來自何處。但我認爲，我們最應該從這部自傳小說學得克服逆境的勇氣和毅力。（譯註九）

（譯註一）「俳句」：念成 Haiku，是由五、七、五共十七音組成的短詩。

（譯註二）川柳，念爲 Senryu，是由五、七、五、七、七形式之歌獨立，以五、七、五三句十七音組成的詼諧、諷刺短詩。

（譯註三）這不是定譯文。

（譯註四）落語，有如中國的單口相聲，專講滑稽故事。

（譯註五）講談，係專講武勇、復仇、政治、裁判等故事的意思。

（譯註六）石係計算米糧的單位，一石三斗五升。以前日本諸侯地位的高低，乃以它來計算，當然石數愈多，其地位愈高。

（譯註七）這是一六〇〇年，德川滅亡豐臣取得天下的一次戰爭，關原係岐阜縣的地名，靠近名古屋。

（譯註八）平清盛（一一一八——一一八一），平安時代末期的武將。

（譯註九）本文作者尾崎秀樹是文藝評論家：譯自偕成社出版，吉川英治著「遺忘記」一書的解說。

（原載一九八三年二月四日「臺灣時報」）

川端康成

【解説】

川《かわ》端《ばた》康《やす》成《なり》の人と作品

詩人 野《の》上《がみ》彰《あきら》

先生とはじめてお目にかかったのは、昭和十二年で、もう三十年近い昔になる。年譜《ねんぷ》を調べてみると、その年、先生は三十八歳で、いまのぼくよりもはるかに若く、なにかおかしい。鎌倉市《かまくらし》がまだ町であったころの、二階堂《にかいどう》三二五番地に移られてまもなく、ぼくはその大塔宮《だいとうのみや》近くの流れに臨《のぞ》んだお宅をよく訪《たず》ね、なんども泊《と》めていただいた。

詩人、蒲原有明《かんばらありあけ》が家主《やぬし》だとはずっと後で知った。戦争が激《はげ》しくなりかけたころ、先生の書斎《しょさい》からながめる小さな庭の向こうの離《はな》れ家《や》に老人の姿が見えるので、奥様にたずねたら、それが家主《やぬし》の蒲《かん》原有明《ばらありあけ》だった。

昭和十二年『雪国《ゆきぐに》』が、尾崎士郎《おざきしろう》の「人生劇場《じんせいげきじょう》」とともに、文芸懇話会賞《ぶんげいこんわかいしょう》をもらわれて、その賞《しょう》金《きん》をそっくり出して、軽井沢《かるいざわ》の別荘《べっそう》を買われたと聞いた。その別荘は、軽井沢の万平《まんぺい》ホテルに近い丘の中腹《ちゅうふく》にあり、南幸の谷（みなみさちのたに）のなぞえに建《た》っている。

鎌倉《かまくら》市《し》長谷《はせ》の著者《ちょしゃ》の住居《すまい》

先生がお住みになるにふさわしい場所だ。雑木《ぞうき》林《ばやし》につつまれ、野鳥《やちょう》の鳴き声が、時間を数える。二階堂《にかいどう》のお宅《たく》へ伺《うかが》ったころ小柄《こがら》なにわとりを廊《ろう》下《か》に小舎《こや》をおいて飼《か》っていられた。

昭和二十一年、戦後長谷《はせ》のいまの住所に移るまで、二階堂《にかいどう》に住みついていられたのだが、その間の思い出は、語りつくせない。

ぼくは、この選集《せんしゅう》の解説《かいせつ》をその思い出を語ることによって、わが国の産んだ偉大な作家のなにかが、読者にわかってもらえたらと願いながら、書きとめていきたい。

ある作家の小説が話題《わだい》になったことがある。新聞に連載《れんさい》されているその評判《ひょうばん》の小説が、ぼくには不満《ふまん》だったので、そのことを言うと、先生は、「プロットをたてて、プロット通りにこつこつと書いていっても、なにもおもしろくはありませんからね。」

と言われた。

「なにか、とんでもない枝葉末節《しようまつせつ》が問題なんだ」とぼくはぼくなりに解釈《かいしやく》した。

この選集《せんしゆう》の編集《へんしゆう》をすることからぼくは手伝ったので、もう一度はじめから、すべての作品を読みかえしてみた。『禽獣《きんじゆう》』『地獄《じごく》』の二編をぜひ加えるようにと編集部《へんしゆうぶ》の人たちに話し、先生の許《ゆる》しも得た。先生は、『禽獣』は、若い読者たちには無理《むり》かもしれないけれどというような手紙を編集《へんしゆう》部《ぶ》宛《あ》てにくださった。

読みかえしてみると、もう幾度《いくど》も、なかには、暗記《あんき》するほど親しんでいるはずの作品のとんでもない枝葉末節《しようまつせつ》が、底光《そこびか》りしながら、ぼくの心をおどろかせるところがあって、そのようなデテールの積みかさねが、一つの作品を強烈《きようれつ》に支《ささ》えているのだと発明する。

『伊豆《いず》の踊子《おどりこ》』あまりにもよく知りつくされているはずのこの作品にしても、はじめの方に出てくる、中風《ちゆうぶ》の爺《じい》さんのエピソード。それが、純粋《じゆんすい》な愛の形をうつし出す、伊豆の踊り子と「私」との交流《こうりゆう》を織《お》りなす対位《たいい》となっているのに改《あら》めて気づかされ、ぼくはおどろくのである。老《お》いと若さ

左から沢野久雄、川端（昭和39年東京・国立近代美術館）

と。人間の生命《せいめい》と死と。

その中ほどの、紙の行商人《ぎょうしょうにん》と「私」と碁《ご》を打つエピソードが、そのまま、五目《ごもく》ならべにつながるイメージの流れのなだらかさ。

すき通《とお》るほどに美しいこの作品の底流《ていりゅう》としてひびく死のモチーフは、栄吉夫婦《えいきちふうふ》の赤ん坊の死と蓮台寺《れんだいじ》の銀山《ぎんざん》で働いているうちに感冒《かんぼう》で死んだ鉱夫《こうふ》とその妹、その三人の幼ない孫をつれて水戸へ帰る可哀想《かわいそう》なお婆《ばあ》さんのエピソードを積み重ねる。

『伊豆《いず》の踊子《おどりこ》』がもはや単なる抒情《じょじょう》でもなく、感傷《かんしょう》でもなく、永遠《えいえん》の古典《こてん》として残るのは、さまざまな人生のモチーフが、「愛と死」というフーガの形になって展開《てんかい》しているゆえであると、ぼくは思う。

先生にとって、「死」のモチーフは、つねに念頭《ねんとう》にあってはなれないようである。『十六歳の日記』がすでに、祖父《そふ》の死をみつめた作品であり、先生は「写生」と書かれている。――十年後にこの日記を作品として発表することになろうとは、無論夢《むろん》にも思わなかった。作品としてとにかく読めるのは、この写生《しゃせい》のせいである。早成《そうせい》の文才《ぶんさい》ではない。――だが、写生以上のものであり、象徴《しょうちょう》の手法が、いたるところに散りばめられているのも希有《けう》の文才であるとするよりない。

幼く肉親のほとんどを失った先生にとって、「死」とはもっとも身近なものであり、「死」をモチーフとし、「死」と遊ぶことによって、「死」をうたいあげることによって生まれた作品《さくひん》は数多い。

『油』もその作品の一つである。

中村真一郎《なかむらしんいちろう》によると、

――文学者としての氏の根本主題《こんぽんしゅだい》とは、幼時《ようじ》における肉親の死による心の安定《あんてい》の喪失《そうしつ》であり、孤《こ》

東北《とうはく》に講演旅行《こうえんりよこう》の折《おり》 左から菊池寛《きくちかん》，川端康成《かわはたやすなり》，片岡鉄兵《かたおかてつぺい》，横光利一《よこみつりいち》，池谷信三郎《いけのやしんざぶろう》（昭和２年ころ）

独《どく》な自己《じこ》が、成熟《せいじゅく》するはるか以前《いぜん》に、裸《はだか》のまま世間にほうり出されたことから来る、激《はげ》しい孤立感《こりつかん》である。そのような人間は、その裸を無防御《むぼうぎょ》のまま世間にさらすことから自分を守るために、自分の夢の衣《ころも》を自分の手によってつむぎ出す。――

――夢の衣の内部において、しかし、人は自由である。その自由は時間のない自由をたのしむ。夢の衣に包《つつ》まれて、氏は母の胎内《たいない》の中でのように、時間のない夢を見る。氏の初期の作品の大部分にくり返しうたわれるのは、肉親の死の情景《じょうけい》であるが、それは生の情景というよりも、記憶の中の情景であり、そしてそこにはじつは、現実《げんじつ》の時間は存在しない。

――氏にとっては、世界は夢であり、そして時間というものは存在しない。――

この中村真一郎《なかむらしんいちろう》の解釈《かいしゃく》はまことにあざやかに、先生の根本主題《こんぽんしゅだい》を解《と》き明かしているが、ぼくは「記憶《きおく》の中の情景《じょうけい》ではなく、現実《げんじつ》にある時間のなかにつかみ出された真実《しんじつ》」だと解《かい》したい。そうでなければ、甘《あま》くなる。

先生のあらゆる作品がそうであるように、抒情《じょじょう》に貫《つらぬ》かれ、感傷《かんしょう》に溺《おぼ》れるように見える作品が、よく読みかえしてみると、強烈《きょうれつ》な人生の真実《しんじつ》に徹《てつ》しているのは、夢や記憶《きおく》だけでなく、現実《げんじつ》に対象《たいしょう》をはっきりと、つかみ出して、ぼくたちにつきつけるするどい感受性《かんじゅせい》のせいである。これは先生の天《てん》性《せい》の才能《さいのう》であり、学んで得られるものではない。

ぼくがはじめて先生に親しみだしたころ、よく旅にお出かけになった。多くの作品は、その旅での仮《かり》の宿《やど》で書かれたものだし、その習いはいまでも続《つづ》いている。

鎌倉《かまくら》の書斎《しょさい》でも、もちろん仕事はなさるのだろうけれど、東京の福田家《ふくだや》がこのごろはなじみで、よく福田家で、という話を聞く。

なぜ、そのように旅に出るのだろう。ぼくはふしぎだった。ひとりきりで閉《と》じこもりたいというのかもしれない。ぼくなどは、とうてい旅先《たびさき》でなど原稿《げんこう》は書けない。書くのはいつもきまったぼくの書斎《しょさい》である。もう十幾年も口述筆記《こうじゅつひっき》ときめてあって、自分で筆をとることはほとんどない。ただこの解説《かいせつ》だけは珍《めずら》しく、自分で書いている。先生のこととなると、口に出してしゃべると、なにかが失われはしないかと妙《みょう》なおそれがあるせいだ。

横光利一《よこみつりいち》（右）と将棋《しょうぎ》をたのしむ著者《ちょしゃ》（昭和12年）

先生は、心の温《あたた》かな人である。その温かさは普通《ふつう》の定規《じょうぎ》ではかれないほどだ。やさしく親切《しんせつ》である。どうしてそんなに温かな気持ちを持ち続《つづ》けることができるのだろうか。早く孤独《こどく》に徹《てつ》したためだろうか。そのやさしさは、時《とき》折《お》りその作品のなかに流露《りゅうろ》して、快《こころ》よくリリカルな歌になる。

その代表として『ありがとう』がある。

数多《かずおお》い掌編小説《しょうへんしょうせつ》のうちにも、何編か、このようなやわらかなムードに包まれた作品があり、ぼくは先生のこのような、さりげなく生まれる作品が好きである。『ありがとう』は、たしか、松竹《しょうちく》で映画になったと記憶する。監督《かんとく》は、五所平之《ごしょへいの》助《すけ》だったか小津安《おづやす》二郎《じろう》だったか。

この短い小説は、日本の作品のようではなく、ぼくは、いつ読んでも、フランスか、スペインを連想《れんそう》する。それほど、世界的な作品なのだ。

先生は遅筆《ちひつ》で有名である。昔、先生のお供《とも》をして、熱海《あたみ》の旅館などへ出かけることがあったが、そこで二日も三日も滞在《たいざい》していて、結局《けっきょく》一枚も書かずに引き上げることなどざらである。戦後《せんご》、友だちと「暁《ぎょう》鐘《しょう》」という総合雑誌《そうごうざっし》を創刊《そうかん》し、それに、先生の原稿《げんこう》をお願いしたことがあった。十枚あまりのその作品は、『雪国』の最終にいたる重大なものではあったが、遅々《ちち》として筆《ふで》の進む様子《ようす》はなく、締切《しめき》りをぎりぎりまでのばして、編集者《へんしゅうしゃ》のぼくは、青息吐《あおいきと》息《いき》だった。『禽獣《きんじゅう》』は、信じられないかもしれないが、ほとんど一気《いっき》呵《か》成《せい》に書きあげられたものだ。

ぼくが、先生からうかがった話によると、おしまいの四十枚かは、おひるごろから、翌《あく》る日《ひ》の朝にかけてでき上がったそうである。

この作品は、川端文学《かわばたぶんがく》における一つの完成《かんせい》であり、それ以前の作品は、この作品への下敷《したじ》きであるとまで言われる。一つの傑作《けっさく》が生まれると、性急《せいきゅう》な批評《ひひょう》家《か》は、大げさな身振《みぶ》りでそういうような表現をしたがるものだが、『禽獣』以前《いぜん》の作品がすべて、この作品の下敷きなどとはぼくには思えない。先生好みの「死」のモチーフと、生への諦念《ていねん》との対位法的《たいいほうてき》な手法《しゅほう》が、これほどみごとに結実《けつじつ》した作品は、正に傑作《けっさく》の名に価《あたい》することはたしかである。

前列左より川端　息子と一緒の林芙美子

ぼくが、あえて、この作品をこの選集《せんしゅう》に加えることをすすめたのは、難解《なんかい》ではあろうが、この作品を読まないで、先生の文学を理解《かい》することはできないと考えたからである。

エロティックな描写《びょうしゃ》はあっても、それは点景《てんけい》であり、こ

前列右から有島生馬　川端 林房雄
（昭和42年　鎌倉・御成小学校校庭で）

の作品の趣味《しゅみ》するところではない。

つぎつぎに死んでいく小鳥たちへのつきはなした非情な目は、裏返《うらがえ》しにすると、これ以上はないまでもの人生への温かい諦念《ていねん》であり、愛著《あいちょ》でもある。

『禽獣』を書きあげることによって、先生は、一つの高い峯《みね》にあがり、芸術というものが、なにによって生まれるかを悟《さと》ったにちがいない。そのようにぼくには思われてならないのである。

このことは、ぼく自《みずか》らの体験《たいけん》によっても推《お》し量《はか》られることであって、この自覚《じかく》は、根本的《こんぽんてき》に、先生をささえたにちがいない。

昭和八年七月号の「改造《かいぞう》」に発表したこの作品は、その後、数多くの人びとが批評《ひひょう》し、解説《かいせつ》し、先生の傑作《けっさく》であるという評価《ひょうか》はもう動かない。

一つのイメージがつぎのイメージを生み、「死と生」のモチーフがからみあい余韻《よいん》をのこしながら昇華《しょうか》していくさまは、まことにみごとなアンサンブルをなしている。

先生は趣味《しゅみ》として碁《ご》をたしなまれる。アマチュア四段の免状《めんじょう》を持っていられる。ぼくを先生に近づけたのは、その碁《ご》であった。

しばしば先生の作品や随筆《ずいひつ》に碁《ご》のことが出てくる。

本因坊秀哉名人《ほんいんぼうしゅうさいめいじん》を書いた『名人』という作品があるゆえんである。昭和十三年には東京日日新聞《とうきょうにちにちしんぶん》、大阪毎日新聞《おおさかまいにちしんぶん》に頼《たの》まれて「名人引退碁《めいじんいんたいご》」の観戦記《かんせんき》を書いていられる。小説『名人《めいじん》』はその観戦記《かんせんき》からの所産《しょさん》である。

『百日堂先生《ひゃくにちどうせんせい》』のなかにも汽車のなかで、外人と碁《ご》を打つくだりがあるが、その外人は、かりにジョンソンとなっているが、ぼくは、ハヴィランドというイギリス人であるような気がする。ジョーン・フォンテーン、オリヴィア・デ・ハヴィランドの父親で計理士《けいりし》かなにかをやっていた碁好《ごず》きの外人。そのようなモデルがだれかなどと推測《すいそく》してみてもはじまらないが、『百日堂先生《ひゃくにちどうせんせい》』のなかで、ぼくをおどろかすのは、アルバムの少女の幻影《げんえい》である。はじめて読んだとき、いったいこの小説《しょうせつ》は、どういうふうに終わるのだろうかというあやしみの気持ちだった。それが、「生と死」というかかわりあいのなかに、ゆるやかに終わったとき、ぼくはなんど賛嘆《さんたん》したことだろうか。

『母《はは》の初恋《はつこい》』『夜のさいころ』『燕《つばめ》の童女《どうじょ》』『ゆくひと』『年《とし》の暮《くれ》』は、昭和十五年、婦人公論《ふじんこうろん》に、ほとんど毎号のように連載《れんさい》した一連の短編小説《たんぺんしょうせつ》であり、そのすべてが、「愛」をテーマにした変奏曲《へんそうきょく》である。

その年はまた、ぼくにも忘れ難《がた》い年であった。健康を害《がい》して、銚子《ちょうし》の海鹿島《かしま》に引きこもり、詩人として作家として出発したいというぼくの願《ねが》いを、先生が心からはげましてくださった記念すべき年でもあるからだし、先生のそれらの作品のすべては、ぼくを力づけてくれたものでもある。

一つのイメージ、一つのモチーフが、さまざまに形を変えて鳴りひびいているうちに、やがて、しだいに根本的《こんぽんてき》な主題《しゅだい》に導入《どうにゅう》されていくという手法《しゅほう》が、それぞれの作品に巧《たく》みに生かされているのを見る。

『朝雲』は、先生の好みの一つを代表する作品であって、少女から女になっていくある時機《じき》の女の精神《せいしん》のゆれ動きの微妙《びみょう》な姿を描《えが》かせては天下無類《てんかむるい》であり、天衣無縫《てんいむほう》でもある。

死との対話《たいわ》が、はっきりとした主題《しゅだい》になって表現されている『地獄』は、ぼくの好きな作品の一つである。ここでは、もうモチーフではなく、生とのはっきりとした現実《げんじつ》の対決《たいけつ》として採《と》りあげられていて、大河《たいが》のような川端文学《かわばたぶんがく》の一つの流れとして、読みすごすことのできない作品であり、幽《ゆう》玄《げん》な作品、『たまゆら』は、先生の文学におけるオアシス、心の憩《いこ》いの場所とでも言えるのだろうか。

その同じ表題《ひょうだい》の『たまゆら』が、いまテレビ小説としてNHKからおくられて、ますます多くのファンを吸収《きゅうしゅう》しているのは、先生としても珍《めずら》しいものではないだろうか。珍しいというのは、同じ表《ひょう》題《だい》を持つ作品を先生はいままで一度もお書きになったことがないからである。

日活映画「伊豆の踊子」のロケ先で
主演の吉永小百合と（昭和38年5月）

＜解説おわり＞

川端康成及其作品

川端康成

1899-1972

一

我跟川端先生初逢於一九三七年，距今已將近三十年了。根據年譜，當年他是三十八歲，比我現在的年齡還要年輕，眞不可思議。那時，鎌倉市還是個町（相當於我國的鎮——譯者），他搬往鎌倉二階堂三二五番地沒多久，我就常造訪川端先生於面向大塔宮附近小河的他家，並住了好幾次。

經過很久，我才得知他的房東是詩人蒲原有明。二次大戰逐漸激烈的某一天，從川端先生書房看過去，我在小院子的那邊屋子看見了一位老人，川端夫人告訴我他是房東蒲原有明。

一九三七年，他的「雪國」和尾崎士郎（譯註一）的「人生劇場」，同時獲得文藝懇話會獎；據說川端先生用這筆獎金在輕井澤買了座別墅。這座別墅位於靠近輕井澤萬平飯店小山半山腰南幸谷斜坡上。

這個地方很適合於川端先生居住。其周圍全是雜樹，野鳥的叫聲，告訴他時間。

二階堂的川端家，當時在走廊設有小舍，養着個子小小的鷄。迨至一九四六年，搬到鎌倉市長谷最後的家以前，他一直住在二階堂，而我對這段時間的回憶，實在說不盡。

現在，我想透過我的回憶，來幫助各位讀者瞭解這個偉大的日本作家的種種。

某作家的小說曾經成爲熱門話題的時候，我對川端先生說，我並不欣賞正在報紙連載而頗獲好評的這部小說。對這他答說：「先來個結構，然後按照這個結構去寫，是不會精彩的」。我認爲：「問題在於出乎意外的枝葉末節」。

由於我自己幫忙這部選集（譯註二）的編輯，因此我又重讀一遍川端先生的一切作品。我向編輯部主張把「禽獸」和「地獄」這兩篇加上去，並徵得川端先生的同意。同時川端先生也給編輯部寫信說，對於年輕的讀者，「禽獸」或許不大容易看得懂。

對於川端先生的作品，有的我甚至於可以背，但有時候它出乎意外的枝葉末節，竟使我會有新的發現；我覺得，這種細節的累積，是川端先生作品最大的特徵。

譬如無人不曉的「伊豆的舞孃」這個作品，在其開頭就出現的中風老頭子的小故事。它描繪着純粹的愛情，而與伊豆的舞孃和「我」的交流成爲對照；年老與年輕；人的生命與死亡。

以美文見稱的這個作品，其主題是個「死」；榮吉夫婦的嬰孩之死，在蓮臺寺銀山作工時因爲感冒而死的礦夫及其妹妹，以及帶着三個幼孫回到水戶之可憐的老太婆的故事。

「伊豆的舞孃」，其所以在今日不僅是抒情和感傷，而且爲永遠的古典，就是因爲它以「愛與死」來刻畫各種人生的主題。對於川端先生來講，「死」這個主題，似一直在其念頭中。

「十六歲的日記」是他熟識其祖父之死的作品，川端先生自稱其爲「寫生」。「我完全沒有想到十年後竟會把這個日記當做作品來發表。其所以成爲可讀的作品，乃由於它是寫生，而不是早成的文才。」川端先生自己雖然這麼說，但我却認爲，這是寫生以上的文字，象徵的手法充滿全篇作品中，顯示其稀世的才華。

對於自幼就喪失雙親之川端先生來講，他感覺最切身的就是「死」。因而他有以「死」爲主題，與「死」爲伍，描繪「死」的許多作品。而「油」也是其中的一篇。

根據中村眞一郎（譯註三）的說法，「作爲一個文學家之川端氏的根本主題是，幼時因爲親人的死而失去心靈的安定，在孤獨的自我還沒有完全成熟以前，就被放進社會而所導致的孤立感。這種人，爲從社會保衛手無寸鐵的自我，便要自己編造他（她）自己的夢衣。」「在這個夢衣裏邊，他（她）是自由的。這個自由享受着沒有時間的自由。在夢衣裏，川端氏有如在其母胎一般，作着沒有時間的幻夢。川端氏在其初期作品中，一再描繪的是，親人之死的情景，但這不是活生生的情景，而是記憶中的情景，所以它是沒有現實時間的。」「對於川端氏來說，世界是幻夢，是沒有時間的。」

中村眞一郎的這種解釋，眞是一針見血之論，不過我却覺得，「這不是記憶中的情景，而是從現實時間中刻劃出來的眞實。」

川端先生的一切作品，看來似盡是抒情，全篇感傷，但如果反覆仔細閱讀的話，便會令人發覺它涵蓋强烈的人生之眞實，這是由於他不但憑其幻夢和記憶，而且具有能够刻畫現實的對象這種尖銳的感受性所導致。這是川端先生天生的才華，不是所能學的。

二

我跟川端先生開始親近的時候，他常出去旅行。他的許多作品，都是他在旅行地的旅館寫成的，他這種習慣，至今不變。

當然，在鎌倉的書房，他也寫作，但最近，他常常說在福田家（譯註四）怎麼樣怎麼樣。爲什麼他那樣喜歡旅行呢？

他或許歡喜獨個兒關在屋子裏。我在旅行中，是寫不出東西來的。要寫文章，我一定在自己書房寫。我已經十幾年利用口述作文章了，但這個「解說」，我却親自執筆。因爲如果口述有關川端先生的事，深怕有所失。

川端先生是位好心腸。其心地之好，不同凡響。他的態度和藹可親。他的心地爲什麼這樣好？是不是因爲早就習慣於孤獨所造成？他的慈祥，有時候流露於他的作品中，成爲心怡的抒情詩調。而爲其代表作的就是「謝謝」。

在許多短篇小說中，有幾篇是這樣富於柔和氣氛的作品，我自己尤其喜歡川端先生這種若無其事地寫成的作品。

根據我的記憶，「謝謝」這部作品曾經由松竹影片公司拍成電影，導演不是五所平之助，就是小津安二郎。

這個短篇小說，不像日本的作品，每讀它，我總要聯想法國和西班牙，它可以說是世界的作品。

川端先生以慢筆馳名。以前，我曾奉陪他到熱海等地的旅館，在那裏住上兩三天，竟沒寫成一張稿紙而回來，這種情形實在多的是。二次大戰後，我跟朋友們創辦過綜合性雜誌「曉鐘」，並曾商請川端先生賜稿。祇有兩千多字的這篇作品，雖然屬於「雪國」最後頭的重要部份，但他的筆桿却遲遲不進，因此使編者的我寢食難安。

「禽獸」這部作品，也許有人不相信，是幾乎一氣呵成寫就的。川端先生告訴我說，最後的八千字，是從中午左右到翌晨寫出來的。

有人說，這部作品是川端文學的完成，因此在這以前的作品是這個作品的墊子。一部傑作一誕生，性情急的批評家往往喜歡這樣說，但我並不認爲，「禽獸」以前的一切作品，都是這個作品的墊子。不過在川端先生所喜愛的「死」這個主題，與對於生之諦念這個對位法的手法，很恰當地結了果這一點，這部作品的確是名副其實的傑作。

我之所以主張要把這篇作品收入這個選集，乃認爲，雖然有些難懂，但如果不讀這篇作品，則無從理解川端先生的文學。

它雖然有些色情的描寫，但這是種點綴，而不是這篇作品的主旨。對於相繼死去的小鳥帶着不情的目光，如果從反面來看，這是澈底的對人生溫暖的諦念和摯愛。

我認爲，撰寫了「禽獸」的川端先生，由此登上一個高峯，從而領悟了藝術是什麼。這從我自己的體驗也能夠推測，而這種自覺，實根本地支撐着川端先生。

發表於一九三三年七月號「改造」的這篇作品，經過許多人的批評和解說，而確定其爲川端先生的傑作。由一個形象而產生另一個形象，「死與生」的主題互爲交織，留着餘韻而逐漸昇華的情況，眞是美麗的大合唱。

川端先生喜歡下圍棋。他是業餘的四段。使我與他接近的就是圍棋。他的作品和隨筆，常常出現圍棋的場面。其所以有以本因坊秀哉名人爲主角的「名人」這個作品，理由在此。一九三八年，「東京日日新聞」和「大阪每日新聞」，曾經請他撰寫「名人引退棋」的觀戰記；而小說「名人」就是這個觀戰記的產物。

在「百日堂先生」的火車裏頭，也有與外國人下着圍棋的描寫；這位外國人雖然名叫詹森，但我覺得他應該是英國人哈維蘭。他是約翰・馮登、奧利巴・特・哈維蘭的父親，似業會計師而愛下圍棋的人。其主角是誰，不是頂重要；而「百日堂先生」使我最驚愕的是，相簿中少女的幻影。初次讀它的時候，我非常躭心這部小說將如何結局。而當它在「生與死」的關聯中慢慢地結束時，我不禁一再地讚嘆。

「母親的初戀」、「晚間的骰子」、「燕子的童女」、「往者」、「年終」，都是於一九四〇年，在「婦人公論」幾乎每期刊載的短篇小說，這些全部是以「愛」爲題材的變奏曲。

這一年，對我來講也是難忘的一個年頭。那時，我健康受損，閉居銚子（在千葉縣——譯者）海面的鹿島，對於志願要做詩人和作家的我，川端先生不斷地給我鼓勵，他的這些作品更爲我大打其氣。從這些作品，我發現一個形象，一個主題，在變成各種各樣形態的過程中，逐漸導進根本主題的手法。

「朝雲」是代表川端先生之一種嗜好的作品；而在描繪一個少女成長爲女人的某一時期女性精神之微妙的轉變這一點，他實在是天下無雙，天衣無縫。

以與「死」的對白爲主題的「地獄」，是我所喜愛的一篇作品。它與「生」明確地對照，是川端文學這條巨河的一個支流，爲人們所不能忽視的作品；而幽玄的作品「瞬間」，可以說是川端文學的綠洲，心靈休息的場所。

跟它同一個標題的「瞬間」，目前正在NHK（譯註五）電視臺播映中，而爲人們所歡迎，這是很稀奇的一件事，因爲川端先生從沒寫過同一個標題的小說。（譯註六）

（譯註一）尾崎士郎（一八九八——一九六四），小說家，愛知縣人，早稻田大學肄業，「人生劇場」是他的代表作品，從一九三三年寫到一九五九年，凡七大篇的長篇小說曾被拍成電影和電視劇。

（譯註二）就是包括以下所提到十四篇的川端康成選集。

（譯註三）中村真一郎（一九一八——），小說家、詩人、批評家、法國文學家。東京人，東京大學法文系畢業，著有「在死影之下」、「文學的創造」、「芥川龍之介」、「王朝的文學」、

「大正作家論」等作品。

（譯註四）這是東京的一家著名旅館，有些文人常利用此地從事寫作。

（譯註五）NHK，是日本放送協會（Nihon Hoso Kyokai）的羅馬字簡稱。這家電視臺係由日本政府所經營，完全沒有廣告。

（譯註六）原作者野上彰是詩人，本文譯自白楊社出版，川端康成著「伊豆的舞孃」一書的「解說」

一九八一年十二月廿七日於東京

（原載一九八二年一月十日「青年戰士報」）

林芙美子

作者《さくしゃ》と作品《さくひん》について（解説《かいせつ》）

文芸評論家　板《いた》垣《がき》直《なお》子《こ》

一、おいたち

『放浪記《ほうろうき》』を読めばわかるように、林芙美子《はやしふみこ》は、ふつうの少年少女とはずいぶんことなった少女時代をすごしている。

芙美子《ふみこ》は、明治三十六年（一九〇三年）下関市《しものせきし》で生《う》まれた。母のキクは鹿児島県東桜島古里温泉《かごしまけんひがしさくらじまふるさとおんせん》の自炊旅館《じすいりょかん》の娘《むすめ》であり、父は、愛媛県出身《えひめけんしゅっしん》の行商人《ぎょうしょうにん》の宮田麻太郎《みやたあさたろう》である。彼《かれ》は商才《しょうさい》にたけており、芙美子は七歳のころまでは、ひとり娘《むすめ》としてしあわせな生活を送った。しかし、父が若松《わかまつ》（今の北九《きたきゅう》州市《しゅうし》若松区）で商売《しょうばい》に成功し、道楽《どうらく》をはじめたのが原因で、母親《ははおや》は芙美子をつれて夫《おっと》と別れた。

キクはまもなく芙美子《ふみこ》を連《つ》れ子《こ》にして、以前夫《おっと》の店で番頭《ばんとう》をしていたことのある沢井喜三郎《さわいきさぶろう》と再婚《さいこん》した。この人も行商人《ぎょうしょうにん》であったが、商売がへたなうえにあきっぽい性格《せいかく》だったので、一家《いっか》はいつも貧《まず》しく、幼《おさな》い芙美子《ふみこ》も苦労《くろう》を味わわねばならなかった。彼女は両親といっしょに、九州《きゅうしゅう》の南端から広島県《ひろしまけん》の尾道市《おのみちし》あたりまで、唐物《とうぶつ》、雑貨類《ざっかるい》を売り歩く生活をおくるようになった。

芙美子《ふみこ》がはじめて小学校に入学したのは長崎市《ながさきし》であったが、その後、各地《かくち》の小学校を転々《てんてん》とし、四年間に七度も学校をかわり、あまり転校がつづくので、芙美子は学校へ行くのがいやになり、また小《こ》づかい銭《せん》ほしさから、工場で働いたり行商《ぎょうしょう》をしたりした。そして、二、三銭《せん》のわずかな金が手にはいると、貸本屋《かしほんや》からそのころはやっていた通俗小説《つうぞくしょうせつ》や講談《こうだん》ものを借《か》りて読みふけったという。

一家《いっか》が泊《と》まるのはほとんど木賃宿《きちんやど》であり、同宿《どうしゅく》するのは、いずれもうらぶれた人生《じんせい》を送る人たちであった。後年《こうねん》、芙美子自身《ふみこじしん》ものべているが、そのような、社会《しゃかい》の底辺《ていへん》に生《い》きた人びととの交流《こうりゅう》は、貴重《きちょう》な人生体験《じんせいたいけん》として、芙美子の作品に大きな影響《えいきょう》をあたえている。

貧《まず》しい流浪《るろう》の生活ではあったが、ただ一つ、少女の芙美子《ふみこ》にもしあわせがあった。それは、両親の深い愛情につつまれていたことである。養父《ようふ》と母のあいだには子どもがなく、そのためか養父は芙美子を実《じつ》のわが子のようにかわいがった。

尾道《おのみち》には七年間住んでいた。十二歳のとき、尾道市土堂《つちどう》小学校の五年に編入《へんにゅう》し、そこを卒業《そつぎょう》すると、県立尾道高等女学校《けんりつおのみちこうとうじょがっこう》にすすんだ。教科書《きょうかしょ》も袴《はかま》もすぐには買えず、女工《じょこう》や女中《じょちゅう》などのアルバイトをしなが

4歳（明治40年）

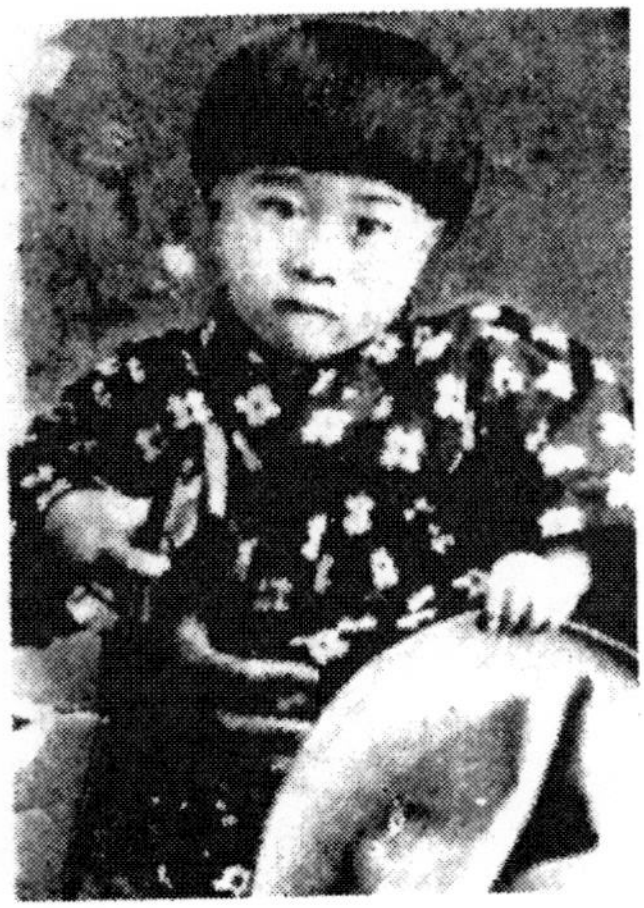

らの学生々活であった。友人もすくなく、ひまがあると、図書館《としょかん》ですごし、森鷗外《もりおうがい》、有島武郎《ありしまたけお》、倉田《くらた》百三《ひゃくぞう》などを読みふけった。受《う》け持《も》ちの教師《きょうし》森要人《もりかなめ》から、ハイネ、ホイットマンなどの詩を読んでもらい、詩への目を開かされた。他の学科にくらべ、作文だけには抜群《ばつぐん》の才能《さいのう》をしめしたといわれる。

大正十一年（一九二二年）に女学校を卒業《そつぎょう》すると同時に、以前《いぜん》からの恋人であった明治大学《めいじだいがく》の学生をたよって上京した。東京にでて、なにか職《しょく》を身《み》につけて独立《どくりつ》しようと考えたのだが、当時《とうじ》は文学《ぶんがく》で身《み》をたてようとは考えていなかった。一年後にその恋人にそむかれ、適当《てきとう》な職業《しょくぎょう》にもつけず、貧《ひん》乏《ぼう》な生活をつづけることになった。

女学校時代（大正 10 年ころ）

そののち、二度の結婚《けっこん》にも失敗し、金《かね》を得《え》るために詩《し》や童話《どうわ》を書いたが、いっこうに売れなかった。そのころ新しい女性《じょせい》の職場《しょくば》として生《う》まれたカフェー（酒場《さかば》）の女給《じょきゅう》にも何度かなった。昭和元年の暮れに、芙美子《ふみこ》は絵《え》の修業中《しゅぎょうちゅう》だった手塚緑敏《てづかりょくびん》と結婚《けっこん》し、はじめておちついた生活にはいることができた。そして真剣《しんけん》に創作《そうさく》にとりくんだのである。

彼女は上京した大正十一年から日記をつけだしたが、それに手を加え、昭和三年の夏に、おもしろそうな部分をえらび、『放浪記《ほうろうき》』として数回、「女人芸術《にょにんげいじゅつ》」に発表した。これが人びとに認《みと》められ、昭和五年六月、改造社《かいぞうしゃ》から単行本《たんこうぼん》として出版《しゅっぱん》されると、たちまちベストセラーとなった。日記は、もともと失恋《しつれん》や貧乏生活《びんぼうせいかつ》の中でのやりばのない感情《かんじょう》を書きつづったのであろうが、自分では意《い》識《しき》しないまでも、すでにそこには、文学的才能《ぶんがくてきさいのう》が本能《ほんのう》のように芽《め》ばえていたとみるべきだ。『放浪記《ほうろうき》』につづいて、すぐ『続放浪記《ぞくほうろうき》』を刊行《かんこう》し、以後、放浪時代のことを描《えが》いた『風琴《ふうきん》と魚《さかな》の町《まち》』や、結婚当時《けっこんとうじ》の身辺《しんぺん》に題材《だいざい》した『清貧《せいひん》の書《しょ》』などの名作のほか、『泣虫小僧《なきむしこぞう》』をはじめ数多くの新聞小説《しんぶんしょうせつ》を発表し、文壇《ぶんだん》にゆるぎない地位をきずいた。

昭和二十六年六月二十九日、林芙美子《はやしふみこ》は過度《かど》の執筆《しっぴつ》による疲労《ひろう》からきた心臓麻痺《しんぞうまひ》で、四十七歳という若さで世を去った。文壇《ぶんだん》にデビューしてから死ぬまで、彼女はかがやかしい女流《じょりゅう》作家《さっか》としての名声につつまれていた。しかし、作家としての向上心《こうじょうしん》の強かった芙美子は、名声に甘《あま》えることなく、つねにすぐれた作品を書こうという意欲《いよく》に燃《も》えていた。そして、じっさい、生涯努力《しょうがいどりょく》をつづけ、真の芸術《げいじゅつ》作品といえるたくさんの長、中、短編《たんぺん》をのこしたのである。

まえにあげた初期の名作のほかに、『稲妻《いなずま》』『牡蠣《かき》』『魚《ぎょ》

昭和23年5月27日自宅で

介《かい》』などをへて、太平洋戦争《たいへいようせんそう》のあとには有名な『晩菊《ばんぎく》』や、『茶《ちゃ》色《いろ》の眼《め》』『めし』などの長編を発表し、さいごに晩年《ばんねん》の代表作、『浮雲《うきぐも》』を書いた。この間、質《しつ》のうえでもたえず上昇線《じょうしょうせん》をたどっている。

芙美子《ふみこ》は不幸な境遇《きょうぐう》に育《そだ》ったので、貧《まず》しい人たちや庶民階級《しょみんかいきゅう》の家庭を主題《しゅだい》にした作品が多いが、ことにあわれな女の運命《うんめい》と心理《しんり》の描写《びょうしゃ》にかけては、ひときわ光ったものがある。晩年《ばんねん》は、敗戦後《はいせんご》の暗い世相《せそう》の中にうごめく男女間の愛情を描《えが》いた作品が多いが、それらの文章《ぶんしょう》には『放浪記《ほうろうき》』にもみられる作者独特の美しい詩情《しじょう》がこもっている。そしてそれが林文学《はやしぶんがく》の特色の一つであって、いまもかわらず、読者の心をひきつけているのだと思う。

芙美子《ふみこ》の書いた自作《じさく》の詩《し》

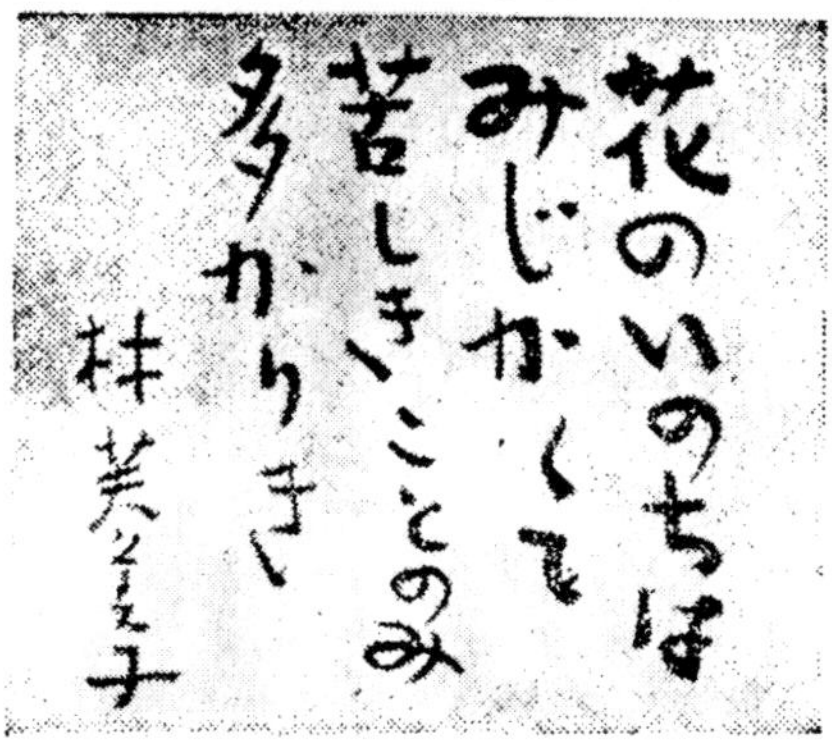
花のいのちは
みじかくて
苦しきことのみ
多かりき
林芙美子

二、『放浪記《ほうろうき》』について

『放浪記《ほうろうき》』の出版《しゅっぱん》されたころと今日《こんにち》では、時代《じだい》も社会事情《しゃかいじじょう》もことなり、人びとの考え方にも大きなちがいがある。しかし、『放浪記』に対する人気《にんき》は、いまもおとろえず、若い人たちに愛読されている。その原因の第一は、この作品が詩情《しじょう》あふれる、さわやかな「青春《せいしゅん》のうた」として受けとられるからであろう。

「青春《せいしゅん》のうた」といっても、この作品は甘《あま》い愛《あい》の物語《ものがたり》ではない。一口《ひとくち》にいえば、孤独《こどく》な若い女の、貧《まず》しさと苦しみにみちた生活記録《せいかつきろく》である。女給《じょきゅう》という新しい職業《しょくぎょう》が生《う》まれ、失業者《しつぎょうしゃ》や浮浪者《ふろうしゃ》が町にあふれていた、昭和初期の不況時代《ふきょうじだい》が背景《はいけい》となっている。しかし、希望《きぼう》があるので、作品の芯《しん》は明るい。生活にうちひしがれながらも、けんめいに生きようとする女の、強い感情がみなぎっている。このひたむきな気持《きも》ちが、時代をこえて、若い人たちをひきつけ、共感《きょうかん》をよぶのだろう。

『放浪記《ほうろうき》』の中には、いろいろな心情《しんじょう》がこもっているが、まず第一に、孤独《こどく》を指摘《してき》することができる。主人公は、若い娘の身《み》でたったひとり、東京《とうきょう》のきびしい現実《げんじつ》の中へほうりだされる。そして、たえず飢《う》えにつきまとわれる。第二には、つねに向上《こうじょう》しようと願う、内面のはげしい一念《いちねん》である。露店《ろてん》の番をしながら、子もりをしながら、内外《ないがい》の文《ぶん》芸書《げいしょ》を読みつづける。また、母親《ははおや》によせる愛情《あいじょう》は、健康《けんこう》で美しい親子関係《おやこかんけい》をみせ、郷愁《きょうしゅう》の思いは、定職《ていしょく》と幸福《こうふく》な家庭に対するあこがれといっしょになって、哀愁《あいしゅう》をかなでている。

この作品は日記の形をとっているが、技巧《ぎこう》の点からいうと、作者の文学的な工夫《くふう》がみられる。全編《ぜんぺん》がなにげないふうにすすみながら、一つの小説的な形

昭和６年４月盛岡駅頭

をとっている。また、その日その日の叙述《じょじゅつ》にも、読者《どくしゃ》の興味《きょうみ》をひきつけるために、文章上《ぶんしょうじょう》の工夫《くふう》がたえずこころみられている。そのために、日々のできごとや感想《かんそう》にも、作者《さくしゃ》の創造《そうぞう》と空想《くうそう》がみとめられる。つまり、日記という形式の中に、作者は自由自在《じゆうじざい》に才能《さいのう》をもりこんでいるのである。また、作中にはたくさんの詩《し》がでてくるが、この詩のはいっていることが作品全体に、いきいきとした、美しい情調《じょうちょう》をあたえ、流浪《るろう》の悲しさをいっそう効果的《こうかてき》にしているのである。

文芸作品《ぶんげいさくひん》の生命《せいめい》は、ある意味では、読者の最初にうける感動《かんどう》にあるといえよう。つまり芸術的《げいじゅつてき》な香気《こうき》や感動は、最初の一読にいちばんすなおに感じとられるからである。その点からいっても、この『放浪記《ほうろうき》』は、新しく生《う》まれてくる若者《わかもの》たちによって、「青春《せいしゅん》の書《しょ》」としていつまでもその生命を保《たも》ちつづけることであろう。

≪解説おわり≫

林芙美子及其作品

林芙美子

1903-1951

一

如果讀她的「放浪記」，我們可以知道林芙美子曾經過過跟普通少年少女不同的少女時代。

林芙美子於一九〇三年，出生在山口縣下關市。母親菊（片假名的音譯）是鹿兒島縣東櫻島古里溫泉自炊旅館的女兒，父親爲愛媛縣出身的行商人宮田麻太郎。其父親蠻有商才，芙美子到七歲左右，一直過着很幸福的獨生女生活。迨至乃父在若松（今日的北九州市）發財，酒池肉林，大享其樂，其母親因此帶着她，與其父親分手。

帶着芙美子的菊，不久便與前夫店裏的掌櫃澤井喜三郎結婚。他也是行商人，但他既不會做生意，也沒有耐心，所以他家赤貧如洗，芙美子也隨之吃苦。如此這般，芙美子遂與其雙親，過着由九州的南端，到廣島縣的尾道市一帶，零售舶來品、雜貨類的流浪生活。

芙美子在長崎初上小學，爾後四年之中，竟轉了七個學校，由於轉學太多，芙美子遂開始討厭上學，加以需要零用錢，因此常去工廠做工和行商。據說，一有二、三分錢，她便到出租書舖去借看通俗小說和說書故事。

芙美子一家人每次皆住小客棧，而住這種地方的，都是落魄的人。正如日後芙美子自己所說，跟這些潦倒者的交往，成爲她寶貴的人生經驗，並予她的作品以很大的影響。

雖然是窮苦的流浪生活，但少女芙美子却有一種幸福。那就是父母對她的愛惜。由於養父與其母親之間沒有小孩，所以她養父闕愛她有如他自己的女兒。

芙美子在尾道住了七年。十二歲時，她揷班尾道市土堂小學五年級，畢業後進縣立尾道高等女學校（簡稱高女——譯者。）她買不起教科書和日式裙子，而過着半工（做女工和下女）半讀的生活。

她朋友很少，因此一有時間就到圖書館，在那裏看森鷗外、有島武郎和倉田百三（譯註一）等人的著作。與此同時，級任導師森要人給她們讀海涅和惠特曼的詩集，因而她對詩也發生興趣。這時，芙美子的作文成績，比諸其他學科，要好得多。

一九二二年，畢業高女後，卽爲依靠以前的男朋友明治大學學生而到東京。她想在東京找個工作，以謀獨立生計，但並沒想要搞文學。一年以後，爲其男朋友遺棄，又沒找到適當職業，因而過着貧困的生活。

爾後，兩度結婚，皆失敗，爲着生活，曾寫些詩和童話，但都沒人要。她做過幾次當時算是女性之新職業的酒吧女。一九二六年年底，與正在學畫的手塚綠敏結婚以後，纔有比較安定的生活。而其眞正認眞創作，實開始於此時。

芙美子自來東京以後就着手寫日記，她把它補充，並於一九二八年夏天，將其比較精采的部份挑選出來，以「放浪記」的題目，分刊於「女人藝術」。由於很獲好評，遂於一九三〇年六月，由改造社出版單行本，卽刻成爲最暢銷書。其日記所寫的，可能都是她的失戀和貧苦生活，而她自己似不知道，但在其日記裏，她的文學才華應該已經可以看得出來纔對。

「放浪記」之後，她相繼出版「續放浪記」；日後，除有描繪放浪時代的「風琴與魚街」，和以結婚當時的身邊爲題材的「清貧之書」等名作外，還發表「愛哭的小傢伙」等許多新聞小說，在文壇佔有其牢不可破的地位。

一九五一年六月二十九日，芙美子由於寫作的過度疲勞，導致心臟痲痺，而與世長辭，年僅四十七。從她揷足文壇到其去世，芙美子一直是有如明星的女作家。但她的向上心特別强。她並不爲其名聲所惑，而銳意努力於創作。事實上，她生活在努力於創作之中，而留下許多堪稱爲眞正的藝術作品的長、中、短篇小說。

除前述初期的名著之外，經過「閃電」、「牡蠣」、「魚介類」，太平洋戰爭後，她發表過馳名的「晚菊」、「茶色的眼睛」、「飯」等長篇，最後寫了晚年的代表作「浮雲」。在這期間，她的作品，在質上有很顯然的進步。

由於芙美子生長於不幸的境遇，因此她的作品大多以窮人和平民的家庭爲主題，尤其對於可憐的女性之命運和心理的描寫，她的確有一手。晚年，她大多撰寫戰敗後灰暗社會之男女間愛情的作品，而跟「放浪記」一樣，這些文章實充滿着她獨特的美麗詩情。這是芙美子文學的一個特色，也是爲什麼時至今日她還擁有這樣衆多讀者的主要原因。

二

當然，出版「放浪記」的當時與今日，其時代和社會，以至於人的想法，都非常不同。但是，人們對於「放浪記」的嚮往，仍如昔日，它特別爲年輕人所喜愛。其原因之一，我認爲實來自其全篇詩情，和清爽的「青春頌」（青春活力）。

我雖說其爲「青春頌」，但這並非意味着「放浪記」是甜蜜的愛情故事。一言以蔽之，它是一個孤獨的年輕女性之貧苦生活紀錄。它以誕生酒吧女這種新職業，滿街是失業者和流浪者之昭和初期的不景氣時代爲背景。但它却有希望，作品的核心因而很光明。它充滿着在生活壓力下，仍一心一意努力於求生存之一個女性的堅忍感情。這種感情，超越時間和空間，吸住年輕人的心弦。

「放浪記」裏頭，有各種各樣的心情，首先是孤獨。主角年輕的姑娘，隻身踏進東京的嚴酷現實，日日與饑寒搏鬪。其次是强烈的向上心。她邊看攤子，照顧小孩，邊讀文藝書刋。再其次是對其母親的感情。它顯示着健康而美麗的母女關係；她的鄉愁，象徵她憧憬有固定工作和幸福的家庭。

這個作品雖然採取日記的形式，但從技巧來講，作者自曾下過文學上的工夫，因此全篇自然而然地成爲小說的體裁。其日日的敍述，爲引起讀者的興趣，她處處用心於文章上的推敲。所以，其天天的事體和感想，實滲雜有作者的創造和幻想。換句話說，在日記這種形式之中，作者自由自在地發揮其才華。而且，作品裏有不少詩，這些詩使整個作品帶着生氣勃勃的美麗情調，從而產生流浪的悲哀更大效果。

文藝作品的生命，在某種意義上，可以說是讀者最初所受的感動。亦即藝術的香味和感動，初讀時最容易直率地獲得。基於這種認識，我深信：「放浪記」將為代代降生的年輕人之「青春書」，而永遠保持其生命。（譯註二）

（譯註一）　森鷗外（一八六二——一九二三），小說家、劇作家、翻譯家、評論家、軍醫。原名林太郎。島根縣人，東京大學畢業，留學德國。曾任陸軍軍醫總監、醫務局長，有「舞姬」、「即興詩人」、「阿部一族」等許多著譯作。有島武郎（一八七八——一九二三），小說家，東京人。北海道大學的前身札幌農學校畢業，留學美國。與有夫之婦自殺。著有「出生的煩惱」、「死及其前後」、「星座」等書。倉田百三（一八九一——一九四三），劇作家、評論家。廣島縣人。與內村鑑三為日本近代二大宗教學家。有「出家及其徒弟」、「愛與認識的出發」等名著。

（譯註二）　本文作者板垣直子是文藝評論家；本文譯自林芙美子著「放浪記」一書的「解說」。

一九八二、二、十九於東京

（原載一九八二年四月一日「青年戰士報」）

堀辰雄

作《さく》者《しゃ》と作《さく》品《ひん》について（解《かい》説《せつ》）

文芸評論家　山《やま》室《むろ》静《しずか》

堀《ほり》辰《たつ》雄《お》は明《めい》治《じ》三十七年十二月二十八日に、東京麹町《とうきょうこうじまち》に生まれた。父親は堀浜之助《ほりはまのすけ》といって、広島《ひろしま》の士族《しぞく》の出で、当時は裁判所《さいばんしょ》に勤《つと》めて相当にはぶりがよかったというが、堀さんは正式の夫人《ふじん》の子ではなかった。夫人が病弱《びょうじゃく》で子どもがなかったところへ、江戸《えど》の商家《しょうか》の娘《むすめ》だった堀さんの母親が手伝いに来て、いつか主人《しゅじん》と結ばれるようになり、こうして生まれたのが堀さんだったという。だから、堀さんの両親《りょうしん》のあいだがらは、正式の結婚《けっこん》で結《むす》ばれていたわけではないが、ふたりのあいだには真実《しんじつ》の愛情《あいじょう》があったにちがいない。だから堀《ほり》さんは、生まれるとすぐ堀家《ほりけ》のあととりにされたし、母親の志気女《しげじょ》はまもなく堀家を去らなければならなかったけれど、彼女はふたりのあいだに生まれたむすこを、まるで王子さまでも育《そだ》てるように、かしずき育てたものだった。

そんなおかあさんは、しばらく隅田川《すみだがわ》の向こうの向島《むこうじま》で、祖母《そぼ》といっしょにたばこ屋《や》の店を開いていたのち、彫金師《ちょうきんし》の上条松吉《かみじょうまつきち》という人と再婚《さいこん》したが、これももっぱらむすこの将来《しょうらい》を思ってのことだったようだ。

堀《ほり》さんは、母親の思い出を書いた『花を持てる女』という作のなかで書いている――「どんな人でもいい、ただ私をだいじにしてくれる人であれば。――これが母のいちばん考えていたことであったようである。それには母がいつもその人の前に頭《あたま》をさげていなければならないようではこまる。その人の方で母にだけは一生頭《いっしょうあたま》のあがらないように、その人のこまっているときにつくせるだけのことはつくしておいてやる。そういう不幸《ふこう》な人である方がいい。――そういう母の意《い》にかなった人が、ようやくそこに見いだされた。」のだと。

こうして彼女は、腕《うで》はありながら不幸《ふこう》な事情《じじょう》から身を持ちくずしていた彫金家《ちょうきんか》の上条氏《かみじょうし》と再婚《さいこん》して、夫《おっと》をかいがいしく助けて立ちなおらせる。おかあさんもけなげな人だったが、夫《おっと》の上条氏もりっぱな人だったようで、妻《つま》が連《つ》れてきたこの少年を心から愛《あい》して、――ふたりのあいだには子どもはできなかった――自分の実《じつ》のむすこに対してでもそうはいくまいと思われるほどに、深い愛情《あいじょう》といたわりで育てたらしい。気性《きしょう》のすぐれた美《うつく》しい妻《つま》を得《え》たことで仕事にもはげみができ、生活もずんずんよくなっていったようだ。

堀《ほり》さんの方でも、この義父《ぎふ》を実の父親と信じて、その人が死ぬときまでついに疑《うたが》うことを知らなかっ

剣舞を舞う（大正5年1月）

たという。母親、義父、そして堀《ほり》さん、三人が三人とも、たいへんけなげな、いたわりの深い美《うつく》しい人がらだったにちがいない。

　堀《ほり》さんはこうした父母《ふぼ》の鐘愛《しょうあい》をうけて、牛島《うしじま》小学校、府立《ふりつ》第三中学（いまの両国高校《りょうごくこうこう》）をへて、大《たい》正《しょう》十年には第一高等《こうとう》学校の理科《りか》にすすむ。当時もいまにおとらず天下《てんか》の秀才《しゅうさい》のめざした狭《せま》き門を中学四年（当時は五年制）修業《しゅうぎょう》だけでパスしたのだから、よほど秀才だったのだろう。しかし、理科志《りかし》望《ぼう》で、ことに数学《すうがく》が好《す》きな少年だったから、当時はまだ文学《ぶんがく》にはあまり親《した》しんでいなかった。それが、高等学校へはいって寮《りょう》生活をするようになってから、級友《きゅうゆう》の神西清《じんざいきよし》などの影響《えいきょう》もあって、急速《きゅうそく》に文学にひかれていくようになる。

　はじめはツルゲーネフ、ハウプトマン、シュニツラーなどの小説《しょうせつ》や劇《げき》をよろこんで読《よ》んだというが、しだいにフランスの象徴派《しょうちょうは》詩人《しじん》たちに親《した》しむようになった。また、大正《たいしょう》十二年に室生犀星《むろうさいせい》をたずねてこの詩人に深く愛《あい》され、その紹介《しょうかい》で芥川龍之介《あくたがわりゅうのすけ》を知り、この人にもたいそう愛された。どこか天使《てんし》めいたあどけなさをもった品《ひん》のいい美《び》少年だったが、ただそれだけでなく、すぐれた知性《ちせい》と感覚《かんかく》をもっていた彼は、接《せっ》するほどの人からみな愛され、たいせつにされたのだ。このころまた、萩原朔太郎《はぎわらさくたろう》の『青猫《あおねこ》』を読《よ》んで感銘《かんめい》をうけ、この詩人《しじん》にも終生《しゅうせい》深い敬愛《けいあい》をささげた。この萩原朔太《はぎわらさくた》郎《ろう》は、ずっとあとになってからだが、書いている――

「堀辰雄《ほりたつお》という男は、ふしぎに一種《いっしゅ》のふんいきをもった男である。彼のそばで話をしていると、いつもなにかの草花や干《ほ》し麦《むぎ》のようなにおいがする。彼が香水《こうすい》をつけているのではない。人物《じんぶつ》の性格《せいかく》からくるにおいなのだ。数人の人が集まっても、彼がひとり座《ざ》にいるだけで、特殊《とくしゅ》のアトモスフェア（ふんいき―編集部注）が構成《こうせい》される。彼はいつでも中心人物である。そのくせなにもしゃべるのではない。いつも座《ざ》の片すみにすわってにやにや笑《わら》いながら人の話を聞いているだけだ。それで中心人物になるのだから、これは人徳《じんとく》のいたすところと見るほかはない。」云々《うんぬん》。そんなわけで、堀《ほり》さんはいくども中心になって雑誌《ざっし》を起《お》こしたし、作品を書いても病気で書かなくとも、いつも文壇《ぶんだん》の中心にいた。昭《しょう》和《わ》の詩壇《しだん》に大きな足跡《そくせき》を残《のこ》した雑誌《ざっし》『四季《しき》』も氏《し》を中心にしてできたものだ。

　こういう堀さんの人がらは、おそらく氏がどこまでも節度《せつど》をもった育《そだ》ちのいい人であって、けっして他人《たにん》をおしのけて出しゃばるようなことがなかったこと、しかもけっして無視《むし》されないだけにあざやかな自分の世界をもっていて、しずかにそれを守《まも》り熟《じゅく》させていたこと、そして最後《さいご》に、いつも心をひらいて美《うつく》しいもの、清《きよ》らかなものに感動《かんどう》し、自分で学《まな》びもすれば、若《わか》い人々をも育てようとした無私《むし》で純粋《じゅんすい》な精神《せいしん》から、主としてきたものかと考える。もちろん氏の世界は、そう広くもなく――病身《びょうしん》のためもあったにちがいない――作家とし

堀　多恵夫人この夏は5月に歿した萩原朔太郎の年譜を執筆した（昭和17年）

ての力倆《りきりょう》も、そうたくましくはなかった。むしろ、狭《せま》い世界を描《えが》いた、小さい作家だといっても、そう失礼《しつれい》にはならぬだろう。しかし、氏《し》ほど自分のその小さい世界の分《ぶん》を守《まも》り、たいせつに耕《たがや》してそれが提供《ていきょう》しうるだけのものを残りなく収穫《しゅうかく》した作家は、めずらしい。見かけはたいへんおとなしい、女性的といっていい人だったが、かたくななほどに自分の好《この》みを守り、思いがけぬほどの勤勉《きんべん》と誠実《せいじつ》とで、一歩《いっぽ》一歩とそれを深め豊《ゆた》かにしていったところは、まことに純潔《じゅんけつ》な強烈《きょうれつ》な作家 魂《だましい》をもった人で、作家の手本とするに足《た》りた。

だから堀《ほり》さんの作品は、ほんの短い感想《かんそう》のようなものでも、かりそめに書きとばしたようなものは一つもなく、どれにもまぎれもない作者の 魂《たましい》がこめられている。そのことは、ここに収《おさ》められた作品の、どれの一、二行《ぎょう》を読《よ》んだだけでも、すぐに感じられるはずである。これこそ、堀《ほり》さんが単なる小説書《しょうせつか》きでなく、真実《しんじつ》の意味《いみ》での詩人《しじん》だった証拠《しょうこ》であろう。

思わず筆《ふで》が先走ってしまった。

*

堀《ほり》さんが文学《ぶんがく》の方にしだいに心をかたむけて、習作《しゅうさく》を試《こころ》みはじめたのは、一高に在学《ざいがく》ちゅうのころからだ。

大学では国文科《こくぶんか》にすすみ、いよいよ文学者《ぶんがくしゃ》として立つ覚悟《かくご》をきめ、スタンダール、メリメなどをへて、コクトー、アポリネール、ラディゲなどのモダニズム派《は》（伝統主義に対立する現代的文化生活を反映した主観主義の一派――編集部注）の新しい作家や詩人《しじん》に親《した》しむようになった。室生犀星《むろうさいせい》の周囲《しゅうい》にいた中野重治《なかのしげはる》、窪川鶴次郎《くぼかわつるじろう》たちと同人雑誌《どうにんざっし》『驢馬《ば》』を出すとともに、芥川《あくたがわ》、萩原朔太郎《はぎわらさくたろう》たちにいよいよ親《した》しんだ。

その間《かん》に、大正十二年の関東大震災《かんとうだいしんさい》では母を失《うしな》い、堀《ほり》さんは隅田川《すみだがわ》を泳《およ》ぎこえて助かったが、そのあと胸《むね》を病《や》んで臥床《がしょう》したのを最初《さいしょ》に、その後もいくどか病臥《びょうが》をよぎなくされることになる。また昭和二年には師事《しじ》してきた芥川《あくたがわ》の自殺《じさつ》にあってもいる。

最《もっと》も感じやすい年ごろの青年期《せいねんき》の入口で、このように切実《せつじつ》な死と病気の体験《たいけん》をしたひとは、必ずなんらかの形でその影響《えいきょう》を人と作品に印《しる》されずにいまいと思われるが、堀《ほり》さんの場合にも、たしかにそれが見られると思う。

これは少し思いきった言いかたになるが、堀さんはこれらの体験《たいけん》を通して、人生のはかなさ、無《む》常《じょう》といったものを、身にしみて深く感じたかと思う。氏《し》の人と作品には、どこかさびしい影《かげ》がつきまとっているが、これはあのふしぎな生《お》い立ちからくる点もあるかと思うが、主にこのことからくるのではないか。

しかし、その点はじつはそう重要《じゅうよう》なことではない。氏《し》は死や病気を通して人生のはかなさを知れ

大学卒業《そつぎょう》の翌年《よくねん》（昭和5年）自《じ》宅《たく》で原稿執筆《げんこうしっぴつ》ちゅうの著者《ちょしゃ》

ば知るほど、他方《たほう》でそういうはかない人間の中の、どこまでも生命《せいめい》を愛《あい》して、それをできるかぎり美《うつく》しく花開《ひら》かせようとする欲望《よくぼう》を、それだけけなげにもいじらしいものと感じて、これを描《えが》くことにむしろ力をそそいだからだ。ひと口でいえば、氏《し》の文学《ぶんがく》は死を背景《はいけい》にし出発点《しゅっぱつてん》にしているとしても、あくまで生《せい》の側《がわ》に立ってそのかなしく美《うつく》しい夢《ゆめ》を定着《ていちゃく》させようとするところに成立《せいりつ》しているのである。

「風立ちぬ」執筆のころ

それにしても、死はどうしようもない力をもち、生《せい》は氏《し》にとってひと続《つづ》きの病気のようなものなのだから、生《い》きる欲望《よくぼう》を巾広《はばひろ》くたくましく追求《ついきゅう》することは最初《さいしょ》から問題《もんだい》にならない。小さいもろい生命《せいめい》を、ただできるだけ純粋《じゅんすい》に、言ってみるならば一つの散《ち》りやすい花のように受けとって、それを美《うつく》しく花開《ひら》かせることだけを願《ねが》いとする。そこで、死や病気と必死《ひっし》で戦《たたか》うよりも、できるだけそれを手なづけ、それとたわむれさえもすることになる。

ぼくの骨《ほね》にとまっている……おまえが羽《は》ばたくと

小鳥よ　肺結核《はいけっかく》よ
おまえがくちばしでつっつくから
ぼくの痰《たん》には血《ち》がまじる

ぼくはせきをする
おまえを眠《ねむ》らせるために
ぼくは吸入器《きゅうにゅうき》をかけよう

堀《ほり》さんが初期《しょき》に書いたこんな詩《し》に、その行きかたがよく現《あら》われていると思う。

そして堀さんの出世作《しゅっせさく》となった『聖家族《せいかぞく》』という小説《しょうせつ》は、「死があたかも一つの季節《きせつ》を開《ひら》いたかのようだった……」ということばで書きはじめられている。

＊

この本に収《おさ》めた個々《ここ》の作品については、ふれる余地《よち》がなくなったが、もともと堀《ほり》さんの作に、くだくだしい解説《かいせつ》は不要《ふよう》なのだ。おちついて読《よ》みさえすれば、テーマはわりと単純《たんじゅん》だし、文章《ぶんしょう》もこまやかなだけでそうむずかしくはなく、少しもわかりにくいところはない。諸君《しょくん》はたちまちに、蚕《かいこ》がはく美《うつく》

晩年《ばんねん》の著者《ちょしゃ》と多恵子《たえこ》夫人《ふじん》（昭和27年）

しく細《ほそ》い、しかし意外《いがい》に強《つよ》い糸にぐんぐんとからみとられて、身動きもできないようになるだろう。

『風立《かぜた》ちぬ』は、昭和《しょうわ》十一年から書きはじめられ、十三年三月に完成《かんせい》した。婚約者《いいなずけ》だった矢野綾子《やのあやこ》の死をあつかって、その鎮魂曲《ちんこんきょく》たることを期《き》した作。『風立《かぜた》ちぬ』の題《だい》は、作品のはじめに引用《いんよう》しているヴァレリーの詩句《しく》からとられた。堀《ほり》さんの生《い》きかた、愛《あい》、死などについての考えかた、また創作《そうさく》の意図《いと》と方法《ほうほう》が最《もっと》もよく現《あらわ》れている作で、代表作《だいひょうさく》としていい。

『菜穂子《なおこ》』　昭和十六年に完成《かんせい》した作で、作者の成熟期《せいじゅくき》を示《しめ》す代表作《だいひょうさく》。この作のテーマは昭和九年に書かれた『物語《ものがたり》の女』（のちに改作《かいさく》して『楡《にれ》の家』第一部）に既《すで》にふくまれていた。それがしだいにふくらみ、このような形で完成《かんせい》した。作者がこれまでに書いた作では、自己告白《じここくはく》をおびた叙情的散文《じょじょうてきさんぶん》というべき性質《せいしつ》のものが多かったが、ここでは西欧的《せいおうてき》な意味《いみ》での客観小説《きゃっかんしょうせつ》（ロマン）たることが求《もと》められた。主人公《しゅじんこう》菜穂子《なおこ》の性格《せいかく》とそれからくる運命《うんめい》が、その母親である美貌《びぼう》の未亡人《みぼうじん》や、彼女に思《し》慕《ぼ》をよせる幼《おさな》なじみの青年《せいねん》都築明《つづきあきら》や、彼女のけっして心からは共感《きょうかん》できなかった世俗的《せぞくてき》な夫《おっと》との反《はん》発《ぱつ》や戦《たたか》い、親和《しんわ》や断念《だんねん》において、鋭《するど》くまたふくよかに浮彫《うきぼ》りにされている。

『美《うつく》しい村』　昭和八年作。作者が愛《あい》し、ついにその生命《せいめい》を閉《と》じることになった浅間山麓《あさまさんろく》の高原の風物詩《ふうぶつし》、あるいは牧歌《ぼくか》というべき作で、みごとな音楽的構成《おんがくてきこうせい》をもっている。この作者でなければ書けない種類《しゅるい》の作である。

《解説《かいせつ》おわり》

堀辰雄及其作品

堀辰雄

1904-1953

一

堀辰雄於一九〇四年十二月二十八日，出生在東京麴町。父親叫做堀濱之助，是廣島士族的出身，當時任職於法院，蠻有權勢，但辰雄却不是正室的兒子。據說，堀夫人身體病弱，沒有兒女，所以江戶商人的女兒來堀家幫忙家事時，因與其老闆發生關係而生產辰雄。辰雄的雙親雖然沒有正式結婚，但感情却非常融洽。因此一降生，辰雄便成為堀家的嗣子；其母親志氣雖然沒多久就不得不離開堀家，但她却把辰雄當作寶貝兒子養育。

辰雄母親一段時間，在隅田川對岸的向島，與其祖父一起賣香煙，旋卽跟彫金師上條松吉結婚，這似乎是爲着辰雄的前途纔這樣做。

辰雄在其作品「拿花的女人」，回憶他的母親這樣寫着：「不管是誰，祗要他愛惜我——這可以說是我母親最基本的觀念。所以這個人最好是：母親不必向他低頭，而他則始終沒有她不可這種不幸的人。——我母親終於找到了他。」

他跟工夫雖然不錯，但却因爲不幸事件而身敗名裂的彫金師上條結婚，並全身全靈幫助他，使他重整旗鼓，東山再起。她旣堅强，其丈夫也很出色，他非常愛惜乃妻所帶來的小孩（他倆之間沒生孩子），猶如親生子。由於他獲得氣質超羣，美麗過人的妻子，因之工作順利，生活大爲改善。

反此，辰雄一直相信其養父爲他眞正的父親，直到他與世長辭，從沒懷疑過。母親、養父、辰雄三個人，都是誠懇、心腸軟的人物。

爲其父母鍾愛的辰雄，由牛島小學、府立第三中學（今日的兩國高校），而於一九二一年進第一高等校（簡稱一高）的理科。辰雄念完中學四年（當時是五年制）就考上至今仍是集天下之精英的學府，顯示了他非凡的才華。他志願理科，尤其喜歡數學，所以那時他並不大關心文學。但自住進一高宿舍以後 也因爲受了同學神西清（譯註一）等的影響，而迅速地走上文學的道路。

起初，他喜讀屠格涅夫、霍卜特曼、舒尼玆勒等人（譯註二）的小說和劇本，後來逐漸轉向法國象徵派詩人的作品。他於一九二三年往訪詩人室生犀星（譯註三），而頗爲其所欣賞，更因爲室生的介紹，認識芥川龍之介（譯註四），並爲芥川所疼愛。辰雄長得很帥，氣質又好，且天使般的天眞，加以具有非凡的知性和感覺，所以凡是跟他接觸過的人，都會喜歡他。此時，他讀萩原朔太郎（譯註五）的「青猫」而非常感動，因此他終生敬愛這位詩人。日後，萩原朔太郎就曾經這樣寫過他：「堀辰雄是個擁有一種特別氣氛的人。跟他聊天時，我總會覺得有些草花和乾麥的味道。但他並沒有用香水，而這實來自他的爲人。就是幾個人在一起，祇要他在座，便會有這種氣氛。每每他都是中心人物，但他却並不說什麼，而在旁邊含笑聽着人家的話。雖然如此，他仍不失爲中心人物，而這應該歸功於他的爲人。由於這種原因，所以，幾次都以他爲中心創辦雜誌，而就是寫作作品，或因爲生病而不能執筆，他都身居文壇的中心。在昭和詩壇扮演重要角色的刊物『四季』，便是以他爲首而降世的。」

堀辰雄的這種人品，我認爲是以下三種因素所形成：第一，他本身很有節度，絕不推開別人以多嘴；第二，他具有決不被人們忽視的自我世界，並能安分地耕耘它；第三，他大開心胸，感動美而純潔的一切，他既自學，也培養後進，亦即他大公無私的純粹精神。

不錯，辰雄的世界並不廣（這與他病弱不無關係），作爲作家的本領也不算大。我敢說，他是個描刻小小世界的小作家。但我却認爲，像他這樣固守自己小天地，默默耕耘，並能百分之百地收穫的作家，實在不多見。表面上看來，有點像女性的他，却非常固執於其所好，與此同時，很勤奮而認眞地一步一步加深其創作，而在這一點，他是具有純潔而强烈的作家精神的作家，堪爲作家的楷模。

因此，辰雄的作品，就是短如感想之類的文章，也沒有一篇是草率寫成的，而篇篇充滿着作者的靈魂。這一讀他的作品一、二行，便可驗證。所以我說，堀辰雄不啻是小說家，而且是位名符其實的詩人。

二

堀辰雄之對文學漸抱雄心，並開始練習寫作，是他肄業一高時候的事。

在東京大學，他進日本文學科，立志作文學家，先欣賞史坦達爾、梅里美（譯註六）的作品，繼而愛好柯克多、亞柏利聶爾和拉地格（譯註七）等現代主義派作家和詩人的著作。並與跟室生犀星在一起的中野重治、窪川鶴次郎（譯註八）等創辦同人雜誌「驢馬」，和芥川龍之介、萩原朔太郎來往得更勤。

在這期間，亦即於一九二三年的關東大地震，辰雄母親喪生，辰雄本身雖然游泳過隅田川而倖免於難，但却患上肺病，以後更病臥過數次，一九二七年，尊為師傅的芥川自殺。

舉凡在最善感的青年初期，經驗過這樣痛切的死亡和疾病的人，無論對其作人和寫作，都會蒙受各種各樣的影響，而在堀辰雄，則顯而易見。

我以為，由於這些經驗，堀辰雄似領會了人生的虛幻和無常。辰雄及其作品之所以令人覺得凄冷，固然與其不明朗的出生有關，但主要地恐怕來自這些因素。

但這一點並不頂重要。因為，他愈瞭解人生的無常，他便愈愛惜無常之人的生命，而專心描繪人們要使生命燃燒、開花的一切努力。一言以蔽之，堀辰雄的文學，雖然以死為背景和起點，但在其究竟，他的用意實在於站在生的一面，以肯定人生為目的。

不過，死具有無限大的力量，生，對於辰雄無異是一連串的病痛，因此，自始他根本就不可能廣泛地討論求生的欲望。他所企求的只是，使小小的生命，能儘量純粹而美麗地開花結果。是即與死亡和疾病作殊死搏鬪，不如跟它們「和平共處」。他在其成名的小說「聖家族」，頭一句道：「死宛如開了一個季節……」，說明了他的這種立場。

三

「風起」着手於一九三六年，完成於一九三八年三月。這是以其未婚妻矢野綾子的去世爲題材，期望它成爲安魂曲的作品。「風起」這個題目，是取自他在其作品開頭所引述，華勒利（譯註九）的詩句。辰雄對人生的看法，他的生活方式，其創作的意圖和方法等等，最顯現於它，算是他的代表作品。

「菜穗子」成於一九四一年，可以說是他成熟後的代表創作。這部作品的主題，從一九三四年其所寫「故事中的女人」（後來改寫成「楡樹家」第一部）已可看出其端倪。日後它逐漸膨脹，而終於以這種姿態出現。作者以前所推出的作品，大多是屬於自我坦白的敍情散文，但在這篇作品，他却希望把它刻畫成西方式的客觀小說。主人公菜穗子的性格，由其性格而來的命運，諸如她母親——漂亮的寡婦，戀慕她之她童年的朋友都築明，跟她不能由衷共鳴的世俗丈夫的反目和鬪氣，和睦、斷念，他都把它描刻得非常生動。

「美麗的村莊」問世於一九三三年。這是作者所喜愛，且爲其與世長辭之地淺間山麓高原的風物詩和牧歌的作品；它擁有非凡的音樂架構。恐怕祇有堀辰雄，纔能寫出這種作品。

（譯註一） 神西清（一九〇四——一九五七），香川縣人，文藝評論家。

（譯註二） 屠格涅夫（I.S. Turgeniev, 1818-1883），俄國小說家。霍卜特曼G. Hauptmann,

1862-1946），德國劇作家。舒尼玆勒（A. Schnitzler, 1862-1931），奧地利作家。

（譯註三）室生犀星（一八八九——一九六二），本名照道，石川縣人，詩人、小說家。

（譯註四）芥川龍之介（一八九二——一九二七），東京人，小說家。

（譯註五）萩原朔太郎（一八八六——一九四二），羣馬縣人，詩人。

（譯註六）史坦達爾（M.H.B. Stendhal, 1783-1842），法國小說家；梅里美（P. Merimee, 1803-1870），法國小說家、劇作家、歷史學家。

（譯註七）柯克多（J. Cocteau, 1889-1963），法國詩人、小說家、劇作家、導演、畫家、亞柏利彝爾（W. A. K. Apollinaire, 1880-1918），法國詩人、小說家；拉地格（R. Radiguet, 1902-1923），法國小說家、詩人。

（譯註八）中野重治（一九〇二——），別名日下部鐵，福井縣人，小說家、詩人、評論家。窪川鶴次郎（一九〇三——一九七四），靜岡市人，評論家。

（譯註九）華勒利（A. P. T. J. Valery, 1871-1945），法國詩人、思想家、評論家。

（譯註一〇）本文作者山室靜是文藝評論家；本文譯自偕成社出版，堀辰雄著「起風・菜穗子」一書的「解說」。

一九八三年三月廿一日　於東京

（將刊於「青年戰士報」）

井上靖

【解説】

井《いの》上《うえ》靖《やすし》の人と作品

―『しろばんば』を中心に―

一

成城大学教授　高《たか》田《だ》瑞《みず》穂《ほ》

『しろばんば』正・続二巻は、伊豆《いず》天城《あまぎ》山麓《さんろく》の湯《ゆ》が島《しま》小学校の生徒伊《い》上《がみ》洪《こう》作《さく》の六年間の生活の記録《きろく》です。

「そのころ、といっても大正四五年のことで、いまから四十数年前のことだが、夕方になると、きまって村の子供たちは口々にしろばんば、しろばんばと叫びながら、家の前の街道《かいどう》をあっちに走ったり、こっちに走ったりしながら、夕闇《ゆうやみ》のたてこめはじめた空間を綿屑《わたくず》でも舞《ま》っているように浮遊《ふゆう》している白い小さい生きものを追いかけて遊んだ。」

この長編はこういうことばではじまります。夕闇《ゆうやみ》がしだいに深くなって、しろばんばが青味《あおみ》を帯《お》びて見えだすと、「ゆき、ごはんだよ。」とか「しげ、めしだよ。」とかいう呼び声が遠くから聞こえて、子供たちはひとり去り、ふたり去りしてゆきます。そしていつも、ひとりだけとり残されるのが洪作でした。洪作は一年生です。洪作は、屋敷《やしき》の裏手の土蔵《くら》に、おぬいばあさんとふたりだけで暮らしていました。母屋《おもや》は医者に貸《か》して、高い窓ごしに形のいい小さな富士山《ふじさん》の見える土蔵の中のおぬいばあさんとふたりだけの生活は、洪作にとってけっこう楽しいものでした。なぜなら、おぬいばあさんは心の底から洪作を可愛《かわい》がっていたからです。しかし、洪作はけっして親兄弟《おやきょうだい》のないみなし児だったわけではありません。父母と妹とは、愛知県《あいちけん》の豊橋《とよはし》に住んでいました。父捷作《しょうさく》は軍医《ぐんい》で、豊橋師団《しだん》に勤《つと》めていました。洪作も五つのころまでは父母の家にくらしたのでしたが、母の七《なな》重《え》が妹小夜子《さよこ》をみごもった時、人手《ひとで》が足りないのでいちじ、郷里《きょうり》のおぬいばあさんにあずけられたのでしたが、五歳から六歳にかけておぬいばあさんとくらしているうちに、両親《りょうしん》よりおぬいばあさんのほうになついてしまって、家へ帰りたがらなくなってしまったのでした。

作者井上靖《いのうえやすし》は、明治四十年五月六日、

（上）熊野山山頂に建つ井上靖文学碑
（下）金沢市郊外の內灘海岸の文学碑

静岡第34連隊に入隊（昭和30年2月）

北海道旭川《あさひかわ》に、父隼雄《はやお》、母八重《やえ》の長男として生まれました。父は当時《とうじ》、旭川の第七師団軍医部に勤務《きんむ》する陸軍《りくぐん》二等軍医《とうぐんい》でした。父の任地《にんち》は、大正二年、静岡、豊橋と移りましたが、靖は、数《かぞ》え年七つの時に、静岡の父母のもとを離れ、郷里静岡県田方郡《たがたぐん》上狩野《かみかの》村《むら》湯《ゆ》が島《しま》の祖母かののもとで生活することとなり、翌大正三年、湯が島小学校に入学し、卒業直前までそこにかよいました。もうだいたいおわかりと思いますが、『しろばんば』は井上靖が自分の小学校時代を回想《かいそう》して書いた小説なのです。だから少年伊上洪作《いがみこうさく》は、小学生井上靖です。しかし、小説は、ただの事実《じじつ》の記録《きろく》ではありません。書き出しの「大正四五年のこと」というのも、必ずしも事実と正確には合っていません。しかし、それでいて、洪作の生活は、たしかに井上靖の少年時代の生活だったことに間違《まちが》いはありません。『しろばんば』は、昭和三十五年の一月から三十七年十二月にかけて、雑誌《ざっし》「主婦の友」に連載《れんさい》されたものですが、三十五年は作者五十四歳の時にあたります。五十四歳の作者が八歳のころを回想して「いまから四十数年前のことだが」といっているのもほぼ事実に近いと考えていいでしょう。そういう自伝小説《じでんしょうせつ》『しろばんば』を読むうえで、まずしっかりつかんでおく必要《ひつよう》のあることは、洪作少年をめぐる一家一族の相互《そうご》の関係《かんけい》です。これはたいへん複雑《ふくざつ》であるうえに、そのことが、この作品の展開をささえるひとつの基盤《きばん》をなしているからです。わかりやすいように表記《ひょうき》してみましょう。(二七二ページの表)

洪作の曽祖父《そうそふ》辰之助《たつのすけ》は、地方では名医として知られた人でしたが、妻しなとの仲がうまくゆかず、兄の子文太《ぶんた》を養子にして家を与え、自分は近くに別に家を持って医業《いぎょう》を続けました。そしてその家に下田の女ぬいを迎えたのでした。洪作が住んでいるのはその家の土蔵《くら》で、洪作を「坊《ぼう》」と呼び、洪作に「おばあちゃん」と呼ばれて、洪作の世話に明かし暮らしている腰の曲がりかけた老婆《ろうば》は、その下田のぬいの晩年のすがただったのです。文太の家は伊上家の本家《ほんけ》で、「上《かみ》の家《いえ》」と呼ばれていました。そこには、ぬいに夫《おっと》を奪《うば》われた形になった曽祖母《そうそぼ》のしなもまだ存命《ぞんめい》でした。しなは、毎日のように遊びにくる洪作に向かって、「かわいそう

沼津中学校時代(大正14年ころ)

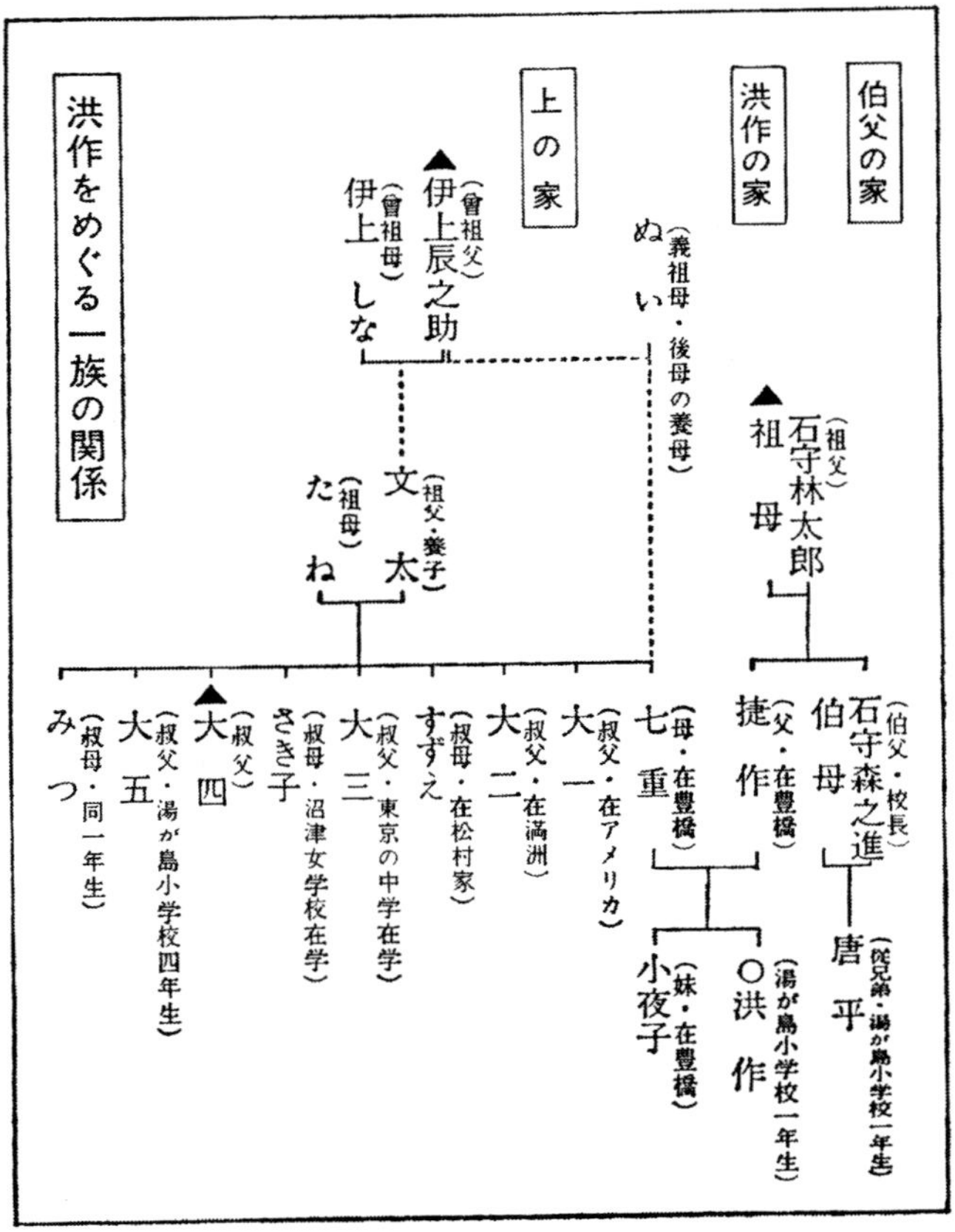

に、ろくでもないもんの人質《ひとじち》になって、この子はだんだん変な子になりよる。」などといいます。おぬいばあさんのほうは、一段と激しい気性《きしょう》で、「上の家へ行くと、あんまりええことはないぞ。大五の餓鬼《がき》はほんとに小憎《こにく》らしい。道で会っても知らん顔してけつかる。みつはみつで……いつ会ってもふくれっ面《つら》をしよる。おおかた、おとなたちが悪いことを吹き込んでいるずらよ。」という風に、三百六十五日、上の家の悪口のいいどおしです。みつは洪作の叔母にあたりますが、年は洪作と同じで、ふたりとも小学校の一年生です。だから洪作は「みっちゃん」と呼んだり、時には「みつ」

と呼びすてにしたりしています。上の家の子供たちの中で、洪作が一番好きなのは、沼津《ぬまづ》の女学校に行っているさき子でした。洪作が二年になった春、さき子は女学校を卒業して家に帰ってきました。洪作はそれがうれしく、日に何回となく上の家へ行くようになりました。伊豆《いず》の山奥の村でみるさき子は、きわ立って明るくハイカラでした。そして、毎日、さき子といっしょに、渓合《たにあい》にわき出している西平《にしびら》の湯へ出かけました。洪作の遊び仲間も加わりました。そういう洪作のようすを見るにつけ、おぬいばあさんはさき子をきらいました。「いやにしゃなしゃなした娘だ。いまにろくでもないことをしでかすずら。」と口癖《くちぐせ》のようにいいました。湯《ゆ》が島《しま》に限《かぎ》りませんが、田舎《いなか》の村里《むらざと》の生活というもの

昭和35年9月　ヴエニス

は、きびしい掟《おきて》にしばられたものです。今日でもその傾向《けいこう》は残っておりましょうが、戦前においては、ほとんど例外《れいがい》なしにそうでした。そしてその掟《おきて》は、その土地土地に古くから伝わった風習《ふうしゅう》です。土地によってさまざまですが、その根本にあるものが、義理《ぎり》人情《にんじょう》という伝統的倫理《でんとうてきりんり》であることには変わりはありません。しかも、田舎《いなか》の生活には秘密《ひみつ》というものはありえません。ひとつの家のどんな小さな出来事《できごと》でも、それはすぐ口から口へと広がり、だれ知らぬもののないこととなってしまいます。上《かみ》の家《いえ》とおぬいばあさんとの対立もそうでした。上の家の人々がおぬいばあさんを義理《ぎり》を知らぬ人間と考えれば、おぬいばあさんのほうは上の家の連中《れんちゅう》は不人情だという、そしてそういう対立は、村中のだれもが認《みと》めている対立なのです。だからそこには、解決《かいけつ》のしようがなかったのです。そういう対立の中間に置《お》かれたのが少年洪作《こうさく》でした。洪作は子供ながら板挟《いたばさ》みになって気をもむこともありました。しかし、洪作はそのために自分を暗くしたり傷つけたりすることはありませんでした。洪作はいつも生き生きしていました。おとなにも望めないそういう態度《たいど》を洪作に可能《かのう》にしたものは何だったでしょうか。作者が長編『しろばんば』を通じて、読者に物語《ものがた》りたかったことは、いろいろあったと思います。伊豆湯が島の自然のすがた、村里の年中行事、人と人とのさまざまにふれあうもよう、それらはすべて作者の関心するところだったと思います。しかし、一番作者の伝えたかったことは、それらのすべてを貫いて生きた少年洪作の自然な、純粋《じゅんすい》な心だったにちがいあ

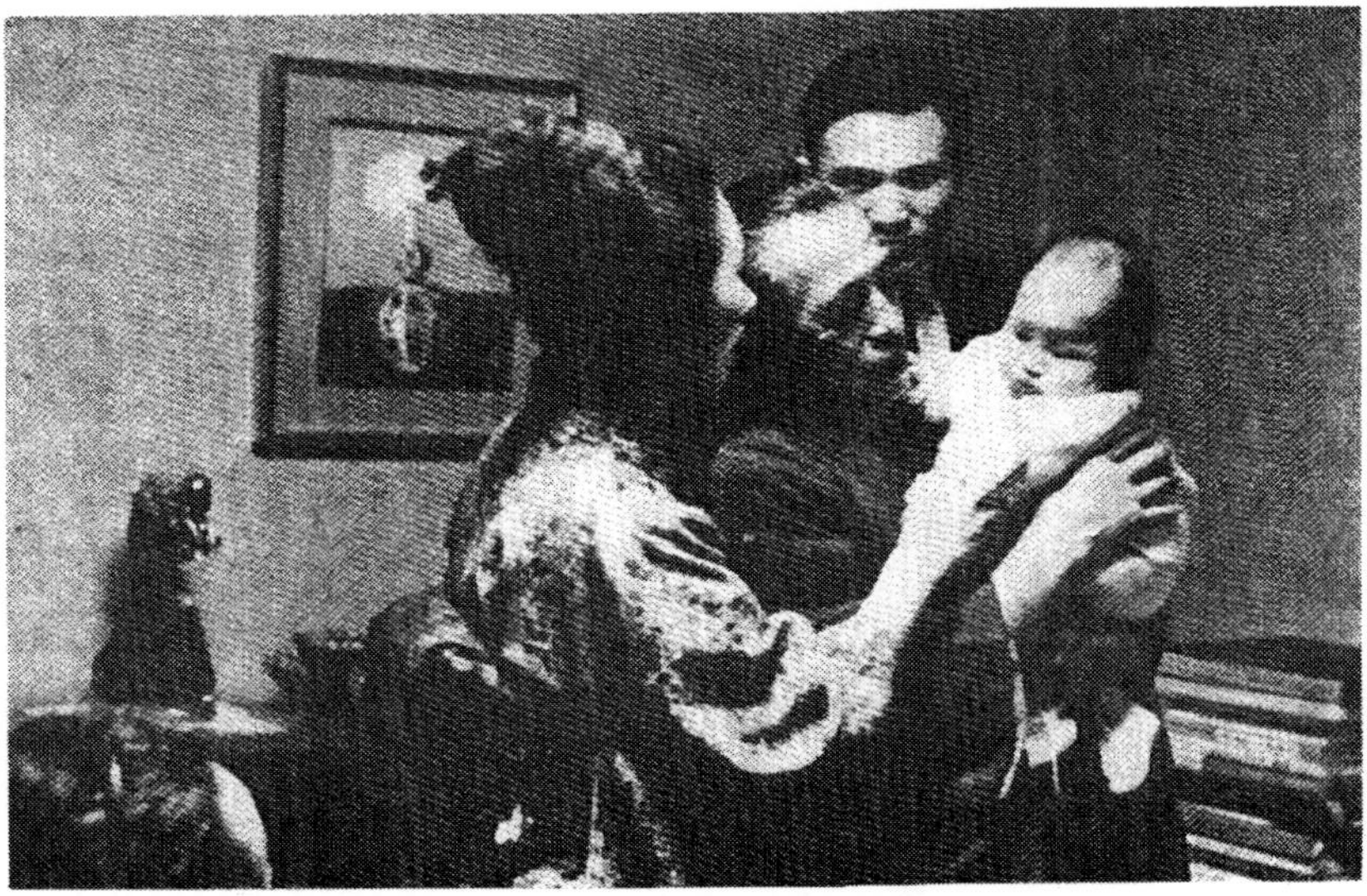

初孫朋子をあやす長女夫婦と（昭和40年）

りません。洪作の目はいつも澄んでいました。洪作の心はいつもあたたかでした。だから洪作は、自分の目に澄んでうつるもの、自分の心にあたたかいと感じるものだけを、いつも受けいれました。無邪気《むじゃき》な子供の心の尊さです。無心《むしん》の知恵《ちえ》といっても同じです。『しろばんば』全編が、静かな純潔《じゅんけつ》な情緒《じょうしょ》につつまれた、過不足《かふそく》のない表現《ひょうげん》であったのは、そういう洪作の心になって、作者がこの作品を書いたからです。そしてこのことは、井上靖の文学に共通する大切《たいせつ》な性格《せいかく》だったのです。

　洪作にとって、一番あたたかい人は「おばあちゃん」でした。だから洪作は、だれが何といおうと、「おばあちゃん」のそばから離れませんでした。豊橋に行った時、母の七重《ななえ》が洪作をそのまま家に引き取ろうとしておぬいばあさんといい争《あらそ》った時も、洪作ははっきり「おばあちゃんと帰る」といいます。ある晩、案内《あんない》も知らない豊橋の夜の道を迷《まよ》った時にも、洪作は「おばあちゃん、おばあちゃん」と叫んだのでした。おぬいばあさんも、不幸な身の上の人だけに意固地《いこじ》な反面《はんめん》まことに情にもろい人でした。洪作に「おばあちゃん」と呼ばれる瞬間《しゅんかん》ごとに、彼女の心はあたためられ満《み》たされるのでした。洪作をひきつける、それに反発《はんぱつ》してきらった上《かみ》の家《いえ》のさき子が、あるとき、「おばあちゃん、食《しょく》に気をつけて、せいぜい長生きなされ。」といったときから、おぬいばあさんはさき子をきらわなくなりました。さき子は上の家の人々のよろこばない結婚《けっこん》をし、やがて胸を病《や》んで死んでゆきます。洪作は、死んだということがよくわかりませんでしたが、さき子が「洪ちゃ……あんた、勉強するわね。他の子と違って、洪ちゃは大きくなったら大学へ行かんならん」といったことが強く思い出されて、さき子の死んだよく日《じつ》から、急に土蔵《くら》にこもって勉強をはじめました。洪作の三年生になった夏の出来事《できごと》でした。さき子の死でいちおう完結《かんけつ》し、その作品を受けて、『続しろばんば』は、洪作の五年生の秋から六年生の一月、洪作が湯《ゆ》が島《しま》から浜松の家に帰るまでを描《か》いています。そして洪作の浜松行きの直前に、おぬいばあさんは死んだのでした。

「十月の中ごろのある夜、洪作はおぬいばあさんのためにそばがきを作ってやった。……おぬいばあさんは、洪作の手もとに目をあてながら、何度も、『火傷《やけど》しなさんな』と注意した。おぬいばあ

ヨーロッパ各地に遊ぶ（昭和35年秋）

さんはうまそうにそばがきを食べた。『洪ちゃに作ってもらったそばがきを食べれば、これで思い残すことはない。』そういったと思うと、おぬいばあさんは皺《しわ》だらけの手を目のところへ持って行った。おぬいばあさんの目からは涙が出ていた。」

無邪気《むじゃき》な少年の心に、あたたかいものを感じさせるものは、洪作にとって常に正しいものでした。そしてそういう洪作の素朴《そぼく》な心が、実は意外《いがい》に深い人間の知恵《ちえ》であることを信じたところに、この作品の成り立つ一番大きな根拠《こんきょ》があったのでしたが、そのことは、裏がえしにすると、洪作の心に冷たく、意地悪《いじわる》く感じられることは、ことごとく不正であったということです。洪作は、そういう冷たさを人に許《ゆる》すことができ

井上文学館開館式に参列する夫妻

ません。たとえ自分の母であっても。しかも、洪作の冷たいと感じることの中には、単に形式的《けいしきてき》なもの、見せかけや虚飾《きょしょく》もふくまれていました。豊橋の家に行った時の描写《びょうしゃ》にこんなところがあります。

「母は、『洪作《こうさく》、だめよ。ひとりで勝《かっ》手《て》に歩きまわっては。ここは伊豆の田《いな》舎《か》と違うからね。』といった。そのことばは洪作には険《けん》のあるものに聞こえた。『うん』洪作が返事をすると、『はいとおっしゃい』母は訂正《ていせい》した。『うん』洪作はまた同じ返事をしてそのことに気付《きづ》くと、あわてておぬいばあさんの袂《たもと》をつかんだ。」

小学生洪作は、しかし、そういう知恵を意識《いしき》し、それにすがって生きていたわけではありません。洪作はただ、無邪気《むじゃき》に、遊んだりさわいだり、時に争ったり、勉強したりしているだけのことです。いつでもほめてくれるのはおぬいばあさんだけ、ほかの人たちからはよく叱《しか》られます。ことに、先

昭和35年秋　アテネ

生の石守森之《いしもりもりの》進《しん》は、洪作の父の兄でしたが、洪作にきびしい人でした。洪作はほめられても、叱られても、やっぱり洪作でした。仲間《なかま》といっしょに庭の木に登って、上の家のさき子が赤ん坊を生むところをのぞこうとしたり、女の子をいじめた紋太《もんた》の額《ひたい》を石でなぐりつけたりします。伊豆の自然は、そういう洪作をつつんで、「正月」の祝い、四月の　馬飛ばし」、「夏休み」、十一月の「運動会」とかずかずの行事をちりばめながら、春から夏へ、夏から秋へと静かにめぐり続けました。六年の歳月《さいげつ》の流れは、少しずつ確実《かくじつ》に洪作を生長させてゆきました。洪作の心には、しだいに、人格《じんかく》の尊《とうと》さ、異性《いせい》のなつかしさ、自己反省《じこはんせい》というようなものが芽生《めば》えてゆきました。洪作が、思春期《ししゅんき》の少年としていろい

敦煌の遺跡にてスケツチする
（昭和 54 年 10 月）

ろな感情《かんじょう》に目ざめはじめたところで、この作品は終わります。おぬいばあさんの死は、洪作の前に、新しい世界の開ける合図《あいず》でもあったのです。

井上靖の人と文学の全体にふれる余裕《よゆう》はもうありません。ここにひとつだけ付け加えておきたいことは、作家井上靖の保ち続けている、個有《こゆう》の性格《せいかく》についてです。井上靖の文壇登場《ぶんだんとうじょう》は、昭和二十四年、『闘牛《とうぎゅう》』によって芥川賞を受けたことによりますから、井上靖は明らかに戦後派のひとりです。しかし、『黯《くろ》い潮《うしお》』『あすなろ物語』『射《しゃ》程《てい》』『氷壁《ひょうへき》』『天平《てんぴょう》の甍《いらか》』『風濤《ふうとう》』などのかずかずの著名《ちょめい》な作品を通じて、井上靖はいつも、自然を人間のように、人間を自然のように描《えが》き続けました。戦後の文学が、人間の偏向《へんこう》や解体《かいたい》の暴露《ばくろ》、頽《たい》廃《はい》と絶望《ぜつぼう》の表白《ひょうはく》、あるいは、激烈《げきれつ》な旧物破壊《きゅうぶつはかい》の情熱であったなかで、井上靖の文学は、常に人間性の確信《かくしん》につらぬかれていました。どんなに暗い素材《そざい》をあつかってもそこにあるあたたかさが流れていました。そしてそういう作家としての本質は、つまり、少年洪作の無心の知恵の展開《てんかい》であったと考えて誤《あやま》りではありません。井上靖に関して、しばしば三つの特徴《とくちょう》があげられます。第一はその古代《こだい》史研究《しけんきゅう》、第二は新聞記者的情熱《しんぶんきしゃてきじょうねつ》、第三は詩的叙情《してきじょじょう》がそれです。河上徹太郎《かわかみてつたろう》氏や神西清《じんざいきよし》氏やにそういう解析《かいせき》の美事《みごと》な論述《ろんじゅつ》があります。私もその通りだと思います。

第一の特徴《とくちょう》はたとえば『天平《てんぴょう》の甍《いらか》』によってうかがえます。京都大学哲学科で美学を専攻したということもここに関連《かんれん》を持ってきます。

第二の特徴は『黯《くろ》い潮《うしお》』に明らかです。下山事《しもやまじ》件《けん》に情熱的《じょうねつてき》に取り組んだのがこの作品です。

第三の特徴は、特にある作品をあげることよりも、井上靖の文学への発足《ほっそく》がそもそも詩を作ることからであったこと、『しろばんば』正編が刊行《かんこう》された昭和三十七年には、詩集『地中海《ちちゅうかい》』が刊行されていることなどをいうべきでしょう。

私はそういう三つの特徴を、さらにその裏でささえているひとつのものの原型《げんけい》を『しろばんば』の少年洪作の心に見たいのです。だから、『しろばんば』を理解《りかい》することは、やがて井上文学全体の理解につながると私は考えるのです。

最後に、『あすなろ物語』が、正・続『しろばんば』を受けた、青春の回想であることを付記して併読《へいどく》を望んでおきます。青年鮎太《あゆた》は、まぎれもなく人となった洪作です。

井上靖及其作品

井上靖

1907-

一

「白輓馬」正、續兩卷是伊豆天城山麓湯島小學的學生伊上洪作六年的生活紀錄。

這個長篇，這樣開始寫着：「那時候，亦卽一九一五、六年左右，大約四十幾年前，一到黃昏，村裏的孩子們，便要嘴裏喊着白輓馬白輓馬，而在家裏前面街道，跑來跑去，追着有如屑棉浮遊於晚霞中的小白動物玩着。」

隨着晚霞逐漸濃郁，白輓馬開始帶些青藍色時，就會遙遠地響來「雪，吃飯了」，「黑卡，回來吃飯吧」的聲音，於是一個走，兩個去，每次留下來的祗有洪作。

洪作是小學一年級的學生。他跟他的祖母（後母的養母）阿內（音譯）在宅邸後面的儲藏室一起生活。他們的宅邸租給一個醫生，而從高高的窗子可以看到富士山的儲藏室生活，對於洪作來說還是蠻快樂的，因爲，阿內祖母由衷地愛惜着他。

不過，洪作並非沒有父母兄弟姐妹的孤兒。他的父母和妹妹，都住在愛知縣的豐橋。他父親捷作是個軍醫，在豐橋師團工作。在五歲以前，洪作一直跟父母在一起，惟其母親七重懷姙他妹妹小夜子的時候，因爲人手不够，他暫時給阿內祖母代養。從五歲到六歲，跟阿內祖母過活的洪作，在不知不覺之中，變成更喜歡阿內祖母，而不肯回到他父母家裏。

「白輓馬」的作者井上靖，係於一九〇七年五月六日，出生在北海道的旭川，父親隼雄，母親叫做八重，他是長子。當時，他父親是旭川第七師團軍醫部的陸軍二等軍醫。乃父的任地，由旭川而靜岡，從靜岡轉到豐橋，井上於一九一三年，七歲時在靜岡離開他父母，而回到他的故鄉靜岡縣田方郡上狩野村湯島，跟他的祖母加濃一起生活；次年，他進湯島小學，一直念到快畢業。

由此，我們當可知道，「白輓馬」是井上靖回憶他小學時代的小說，而少年伊上洪作就是小學生井上靖自己。這部小說所寫的雖然不完全與事實相符，譬如開頭的「一九一五、六年左右」但是，洪作的生活明明是井上靖童年時代的生活。

「白輓馬」是自一九六〇年一月，到一九六二年十二月，在「主婦之友」月刊連載的作品，一九六〇年當時，井上是五十四歲。五十四歲的作者，回憶他八歲左右說「大約四十幾年前」，也與事實非常接近。不過在閱讀自傳小說「白輓馬」之前，我們得先弄清楚洪作少年的家族關係，因爲它極其複雜，而這又是瞭解這個作品的關鍵，因此，以下我想簡單地作個說明。

二

洪作的曾祖父辰之助是地方的名醫，惟與其妻子熙娜（音譯）不睦，因而以其哥哥的兒子文太爲養子，令其繼承家產，他自己則在附近另覓房子，繼續業醫。這時，他由下田找來一個女人，名叫內。洪作所住的是這個房子的儲藏室，而把洪作叫做「坊」（這是對男孩子的愛稱——

譯者），由洪作喊「祖母」的，就是一天到晚照顧洪作，彎着腰在那裏過日子的，那個從下田來的內的晚景。

文太的家是伊上家的大房，被稱爲「上府」。在那裏，等於被內奪去丈夫的曾祖母熙娜還活着。熙娜對於幾乎每天來玩的洪作說：「好可憐，給那賤人做人質，你變成奇奇怪怪。」反此，阿內祖母更不認輸，一年三百六十五天，天天駡上府，說：「你到上府，不會有什麼好處。大五這個小鬼眞是可惡，他在路上碰面也要裝不認識。密（音譯）……不管什麼時候見面，都噘着嘴臉。一定是大人教他們的。」

密是洪作的姑母，但却跟洪作同歲，都是小學一年級學生。所以洪作叫她「阿密」，甚至於直喊「密」。上府的孩子們當中，最討洪作喜歡的是正在沼津女中讀書的沙基子（沙基是音譯）洪作在二年級的春天，沙基子由女中畢業，回到家裏。洪作因此特別高興，而每天要到上府幾趟。在伊豆深山村莊的沙基子顯得格外開朗而時髦。洪作跟沙基子天天到位於谿谷的西平溫泉。洪作的遊伴也隨之而增加。眼看洪作這樣的阿內祖母，遂討厭沙基子而說：「好裝模作樣的傢伙，非出事不可。」

不祇湯島，凡是鄉下的生活，都有極其嚴格的規矩。時至今日，多少還是有這種傾向，在戰前，更是如此。而所謂規矩，就是各地各處自古留下來的風俗。這雖然因爲地方而不同，不過它的根本便是義理人情這種傳統的倫理。而且，鄉下的生活，一點也不可能有秘密。一個家庭的任何芝麻小事，馬上會從這張嘴傳到那張嘴，而為大家所知道。

當然，上府與阿內的對立也不例外。上府的人認為阿內不懂得義理；阿內則說上府的一夥不解人情，她們的對立，是村裏無人不曉的事實，因此它是無從解決的。而夾在這種對立中間的就是少年洪作。洪作雖然對於自己立場覺得很為難，但他却並不因為這樣而傷心和難過。

洪作一直很活潑。他為什麼會有連大人都很難具有的這種態度呢？我認為，作者在其長篇「白輓馬」想告訴讀者的事情很多。譬如伊豆湯島的自然風景，鄉村四季的各種活動，人們的交往等等，都是作者所關心的問題。但我相信，作者最想刻畫的還是，貫穿這一切的少年洪作之自然而純粹的心靈。

洪作的眼睛清麗，心地好，所以他祗接納他看得清，覺得好的東西。這是純眞的孩子心靈的可貴，也可以說是天眞的智慧。「白輓馬」之所以充滿靜而純潔的情趣，表達得恰到好處，就是因為作者以洪作這種心腸來撰寫這個作品所導致。而這也就是井上靖對於文學共同的重要性格。

對於洪作來講，他覺得最親切的是「祖母」。所以不管誰怎麼說，他都不肯離開「祖母」身邊。到豐橋的時候，他母親七重和阿內祖母爭吵，說要把洪作留下來，但洪作還是堅持「要跟祖母回去」。在不懂東西南北的豐橋，晚間迷路時，洪作所叫喊的是「祖母、祖母」。

阿內祖母是個不幸的人，因此很頑固，但却同時也是心腸很軟的人。每被洪作喊叫「祖母」她便覺得心滿意足。吸引洪作，因而討厭上府的沙基子，有一次說：「祖母，要注意飲食，俾多活幾年」以後，阿內祖母便不再討厭沙基子了。

沙基子的婚姻沒有為上府的人們所歡迎，而且不久她就患上肺病去世。洪作還不大懂得什麼是死，但卻牢牢地記着沙基子對他所說的話：「阿洪，……你要好好地用功，跟其他的小孩不同，你長大以後得上大學。」因此自沙基子過去的第二天，他便閉居儲藏室開始用功。這是洪作小學三年級夏天的事情。

以沙基子的死亡，結束「白輓馬」第一部；而「續白輓馬」則描寫自洪作五年級秋季到六年級的一月，他由湯島回到濱松之家以前的事。而在洪作回去濱松稍前，阿內則與世長辭。「十月中旬的一個晚上，洪作為阿內祖母作了蕎麵湯餅。……阿內祖母邊看着洪作的手，邊一再地叮嚀『要小心火』。阿內祖母興高采烈地吃了蕎麵湯餅。說完『我吃了阿洪作的蕎麵湯餅，我死也甘願』的她，把手移到全是皺紋的眼邊。阿內祖母的眼，流着眼淚。」

舉凡給天眞的少年心靈以溫暖的，洪作都認為是好的。是以深信洪作這種樸直的心，乃是人最高的智慧，可以說是這個作品成立的最大關鍵。這等於說，令洪作心靈覺得冷酷的，存心作對的都是壞的。洪作不能饒恕人家的這種冷酷。這個人縱令是他母親。而且，洪作覺得冷酷的，並不包括形式上的東西，表面和粉飾。對於到豐橋的家時，有這樣的描寫：「母親說，『洪作，不可以一個人隨便走，這裏不是伊豆的鄉下。』洪作覺得這句話很陰險。對於洪作『哼』的回答，母親改正說『要說是』。又回答『哼』而發現它不對的洪作，急忙地抓着阿內祖母的袖子。」

不過小學生洪作並沒有意識這種智慧，靠它以生存；他祇是天眞地玩鬧，時或爭吵，和用功而已。經常說對他好的唯有阿內祖母，旁的人則常常責駡他。他的老師石守森之進，是他父親的哥哥，對洪作尤其嚴格。但不管被捧也好，挨駡也罷，洪作還是洪作。

跟其他的小孩攀登院子樹上，想盜看上府的沙基子生嬰孩的場面，用石頭打了欺侮女孩的文太的天庭。伊豆的自然，圍繞着這樣的洪作，「正月」的慶祝，四月的「飛馬」，「暑假」，十一月的「運動會」，由春天而夏天，自夏天而秋天地過去。

六年的歲月，漸漸地，着實使洪作成長。洪作逐漸領略了人格的尊嚴，異性的可愛，和自我反省。這篇作品，寫到思春期的洪作開始擁有各種感情爲止。而阿內祖母的去世，無異是洪作走進新世界的信號。

三

因爲篇幅的關係，我不可能談到井上靖的整個人與文學。所以現在，我祇想進一步談談作家井上靖所一直保有着的固有性格。

井上靖之揷足文壇，始自於一九五〇年以「鬪牛」獲得芥川獎，因此他應該算是戰後派的作家。透過「黯潮」、「羅漢柏物語」、「射程」、「冰壁」、「天平的甍」、「風濤」等名著，井上靖把自然描繪成人，將人刻畫成自然。

在戰後文學偏向暴露人性的瓦解，頹廢與絕望的表白，激烈破壞舊物的氣氛中，井上靖的文學始終充滿對於人性的確信。無論使用再黑暗的題材，它都帶着溫暖。這種作家的本質，自是少年洪作天眞的智慧的展佈。關於井上靖，人們都說他具有以下三種特徵。第一是對於古代史的研究；第二是做爲新聞記者的熱情；第三是詩的敍情。河上徹太郎和神西淸（譯註一）對這有很精采的論述。我也完全同感。

第一個特徵，譬如可以由「天平之甍」窺悉。這與井上靖在京都大學哲學系專攻美學有關係。

第二個特徵顯現於「黯潮」。這是專心追究下山事件（譯註二）的作品。

第三個特徵，這是由於井上靖以詩作走向文學所使然，亦卽與於一九六二年出版「白輓馬」的同時，他也推出了詩集「地中海」，可以爲證。

我更認爲，爲以上三個特徵之基礎的是「白輓馬」的少年洪作的心田。因此，理解了「白輓馬」，就可以瞭解井上靖的整個文學。

最後，我要奉勸各位讀者並看「羅漢柏物語」，因爲它是繼正、續「白輓馬」後，井上靖青春的回憶。青年鮎太，無疑地是成人後的洪作。（譯註三）

（譯註一）　河上徹太郎（一九〇二——一九八〇），文藝評論家，長崎人，東京大學畢業，有「我的詩與眞實」等著作。神西淸（一九〇三——一九五七），小說家、翻譯家，東京人，東京外語大學畢業，著有「神西清全集」八卷；並譯過法國季德和俄國屠格涅夫等人的作品。

（譯註二） 一九四九年七月五日，日本國有鐵道總裁下山定則行方不明，翌日，在常盤線綾瀨附近以轢死體出現的事件。

（譯註三） 高田瑞穗，執筆本文當時是東京成城大學教授；本文譯自井上靖著「白輓馬」一書的「解說」。

一九八二年一月十七日於東京

（原載一九八二年二月十三日「青年戰士報」）

國家圖書館出版品預行編目資料

近代中日關係研究 第二輯：日本的作家與作品 / 塩田良平 編 / 陳鵬仁 譯. -- 初版. -- 臺北市：蘭臺出版社, 2022.11
冊；　公分--（近近代中日關係研究第二輯；3）
ISBN 978-626-95091-9-5(全套：精裝）

1.CST: 中日關係 2.CST: 外交史

643.1　　111011488

近代中日關係研究第二輯 3

日本的作家與作品

編　　者：塩田良平
譯　　者：陳鵬仁
主　　編：張加君
編　　輯：沈彥伶
美　　編：凌玉琳、陳勁宏、塗宇樵
校　　對：楊容容、古佳雯
封面設計：陳勁宏
出　　版：蘭臺出版社
地　　址：臺北市中正區重慶南路1段121號8樓之14
電　　話：(02) 2331-1675 或 (02) 2331-1691
傳　　真：(02) 2382-6225
E - MAIL ：books5w@gmail.com或books5w@yahoo.com.tw
網路書店：http://5w.com.tw/
https://www.pcstore.com.tw/yesbooks/
https://shopee.tw/books5w
博客來網路書店、博客思網路書店
三民書局、金石堂書店
經　　銷：聯合發行股份有限公司
電　　話：(02) 2917-8022　　傳真：(02) 2915-7212
劃撥戶名：蘭臺出版社　　帳號：18995335
香港代理：香港聯合零售有限公司
電　　話：(852) 2150-2100　　傳真：(852) 2356-0735
出版日期：2022年11月 初版
定　　價：新臺幣12000元整（精裝，套書不零售）
ISBN：978-626-95091-9-5